JN024561

川添愛 著

論理と言葉の練習ノート

日々の思考とAIをつなぐ現代の必須科目

東京図書

目　次

登場人物

リズ

高校生。カンタロウの姉。
成績優秀で、自分は論理が得意だと思っている。
カレーとアイドルと甘いものが好き。

カンタロウ

中学生。リズの弟。
カンが鋭いのが自慢で、論理はいらないと思っている。
アニメとゲームと甘いものが好き。

ねこのジョージ

カンタロウとリズの家の飼い猫。
論理にくわしい。

はじめに

論理的に考えようって言われても……

ねぇ、姉ちゃん。どうすればテストの点数が上がるか教えてよ。

あんた、また点数悪かったの？　どうせ、きちんと考えて解いてないんでしょ？

そんなことないよ。「もしかしたら、これが答えなんじゃないかな～」って、カンを働かせて解いてるってば。

はあ？　カンでいい点取れるわけないじゃない。もっと論理的に考えないと。私はあんたと違って、いつだって論理的に考えてるんだからね。

ちぇっ。姉ちゃんは昔っから、口を開くと論理、論理ってうるさいよな。じゃあ聞くけどさ、論理的に考えるって、どういうこと？

そりゃ、「筋が通ってる」っていうか、「こうだからこう」っていう感じに決まってるじゃない。

「筋が通ってる」？　「こうだからこう」？　そんな説明じゃ全然、分からないよ。姉ちゃん、実は全然、分かってないんじゃない？

違うよ！　あんたにも分かるように説明するのが難しいってこと！

何だよ、偉そうに！

ニャー！

ほら、あんたが大声出すから、寝てたジョージが起きちゃったじゃない。「うるさい」って言ってるんだよ、きっと。あんたのせいだからね！

違うよ、姉ちゃんの方が声大きかっただろ。そういえば誰かが言ってたけどさ、これからは「えーあい」の時代だから、論理とかそういうのは要らなくなるんだっ

て。ややこしいことは、ぜ〜んぶ機械に任せればいいんだってさ。姉ちゃんがいくら論理が得意だからって、そんなもんはこの先何の役にも立たなくなるんだ。だから、姉ちゃんみたいなのは「しゅうしょく」できないんだよ、きっと！

あんた、その口の聞き方は何よ！

ニャァアーー！！　お前ら、うるさいぞ！

え？

いい加減にしろ！　さっきから、俺が寝ようとしてるのに下らない喧嘩しやがって。

うそ……。ジョージが、しゃべった……。

……どういうこと？

何だ？　猫がしゃべったらおかしいか？

おかしいに決まってるじゃない！　猫は言葉をしゃべらないんだから！

そうだよ。なんで、猫なのにしゃべれるんだよ！？

「猫なのにしゃべれる」、か。つまりお前たちは、「猫は言葉をしゃべれない」と思っているんだな。だが、それは人間の勝手な思い込みに過ぎない。俺たち猫は、普段人間の見ているところではしゃべらないし、しゃべったとしても、人間には俺たちの言葉が分からない。それだけのことだ。お前たち人間が、「猫が人間の言葉を話すところを見たことがない」ということだけを理由に「猫は言葉をしゃべれない」と結論づけるのは、論理的でも何でもない。

なんだかよく分からないけど、ジョージは頭が良さそうね。

もしかしたら、姉ちゃんより頭いいかも。「論理的」とか言ってるし。

俺の頭がいいかどうかはともかくとして、お前たちの喧嘩を聞いていて分かったことが一つある。お前たちは二人とも、たぶん、俺より「論理」を分かっていない。

ええー？　カンタロウが分かってないのは当然だけど、私まで一緒にしないでよね。私、いつだって論理的に考えてるし。友達からは「理詰めのリズ」って呼ばれてるんだから。

あのな、「いつだって論理的に考えている」なんてことを言うのは、論理が分かっていない証拠だ。そもそも、いつでも、どんなときでも論理的に考えることができる人間なんて存在しない。

人間はたいてい、自分の信じたいことを信じるし、しかもそれが一貫しているとは限らない。自分が少し前に言ったことを忘れて、矛盾したことを考えたりする。自分の見た範囲で起きただけのことを、「つねにそうだ」とか「みんなそうだ」と思い込んだりもする。『論理で人をだます法』という本[1)]には、そういう「人間の傾向」がいくらでも書いてあるぞ。

それに、情報が足りない場合や、状況が不安定なときには、いくら論理的に考えようとしてもできないことがある。そういうときは、勘に頼ったりするしかない。つまり、論理だけで割り切れないことが、世の中にはたくさんあるのだ。

ほらね。やっぱり、カンが大切なんだよ。論理なんて要らないんだ。

あのな、俺はそんなことは言っていないぞ。「論理だけで割り切れないことが世の中にはたくさんある」っていう前提から、「論理は要らない」ってことは論理的に導かれない。

あー、もう、ジョージの言うこと、ぜんぜん分かんないよ！

でもさ、もしジョージの言うことが正しいなら、いくら論理的に考えようと頑張ったとしても、「いつでも論理的に考えられる人」にはなれないし、論理で割り切れないことも多いわけでしょ？　もしかしたら論理って、私が思っていたほど大切じゃないのかな？

そんなことはない。論理が分かれば、「自分や他人がいつ論理的に考えていて、

---

1) ロバート・A・グーラ（著）、山形浩生（訳）(2006)『論理で人をだます法』、朝日新聞社。

いつ論理的に考えていないか」がある程度分かるようになる。また、考えるための材料が足りないときに、いったい何が足りないのかを判断することもできる。自分が極端な考えに陥りそうな状況にも、ある程度気づくことができる。それだけでも、かなり頭はスッキリする。つまり、論理だけでは割り切れない世の中でバランスを取るために、論理が必要なのだ。

よし、決めた！　俺がこれから、お前たちに論理の基本を教えてやる。

えぇー！？

お前たちの将来は、俺の将来を左右する。お前らには、きちんと自分の頭で考えられる大人になってもらわないと俺が困る。だから、お前らに論理の基本が分かるよう、手助けしてやろう。もしかすると、俺の言葉がお前たちに通じているのも、論理の神様か何かの導きかもしれないしな。

ジョージが論理を教えてくれるの？　それは有り難いけど……。でも、猫に教わるって、どうなのかな？

ねえジョージ、論理を勉強したらすぐに成績が上がる？　あと、口げんかで勝てるようになる？

いや、論理を勉強したからって、すぐに成績が上がるとは限らないし、口げんかや議論に強くなるとも限らないな。実際、論理を全然分かってないやつの方が、自分の主張をゴリ押しして「議論に勝った」ことにしたりするからな。

ふ〜ん。じゃ、やめとく。僕、友達と遊んだり、アニメ見たりゲームしたりするので忙しいし。あ、友達からメール来た。もう行かなきゃ。

私も、塾に行く時間だ。じゃあジョージ、またね。

やれやれ、二人ともやる気がないんだな。困ったもんだ。

解説

以上のように、ジョージの飼い主であるリズとカンタロウは、あまり論理を勉強する気がないようです。しかし、この本を手に取った皆さんはきっと、論理のことを知りたい、論理的に考えられるようになりたいと思っていらっしゃることでしょう。そういう皆さんのために、この本のことを簡単に説明しておきましょう。

この本は、論理についてほとんど何も知らない人に向けて、「論理の基礎の基礎」を解説する本です。もちろん、リズのように「論理が分かっているつもり」だけど、本当の意味で分かっているかどうか自信がない人や、カンタロウのように「論理なんてどうでもいい」と思っているけれど、本当にそれでいいのかちょっぴり気になっている人も、この本が想定している読者です。世の中には論理的な考え方を解説する本が数多く出ていますが、それらが難しすぎると感じている人に対しては、この本を通じて、それらを読み通せる基本的な知識をお伝えしたいと思っています。

さきほどジョージが言ったように、「どんなときでもつねに論理的に考えられる人」は存在しません。この本も、読者の皆さんにそんな人になってもらうことを目指しているわけではありません。むしろ、皆さんに論理に触れていただくことによって、複雑な日常の中でもほんの少しだけ、次のようなことをする「頭の余裕」のようなものを手に入れていただきたいと考えています。

- 自分や他人の考え方の筋道を、ある程度点検できる。とくに、「自分は（/この人は）論理的に考えている（/いない）」といったぼんやりとした思いが、実際に正しいのか正しくないのかを判断できる。
- 論理的に結論を出すために、今持っている情報で十分なのか、そうでないのかを判断できる。
- 論理的に考えることが必要な状況や、論理だけで割り切れない状況を見分けることができる。とくに、現実的ではない極端な考え方に注意することができる。
- 日常の中で論理がどのように役立っているかに気づくことができる。

この本では、それぞれの節のテーマごとにいくつかの問題を用意しており、それを登場人物たちと一緒に考えながら学んでいきます。各節の前半では、論理にくわしい猫のジョージと、飼い主の姉弟、リズとカンタロウの会話を通して、その節で学ぶ内容と例題の解き方を学びます。節の後半には、くわしい解説や練習問題があります。各節のポイントを定着させるために、皆さんにもぜひご自身で問題を解いていただきたいと思います。

また、各節とは独立に、「応用のヒント」というコーナーもいくつか設けています。そこでは、各節で学んだ内容を日常に応用しやすくために、より複雑な問題を考えていきます。各節の内容がまだマスターできていないと思う方は、とりあえず「応用のヒント」を飛ばして先に進み、後からまとめてチャレンジしても構いません。

この本は、「1. 論理編」、「2. 言語編」、「3. コンピュータ・AI編」の三つに分かれています。

「1. 論理編」のテーマは、「論理とは何かを知る」ということです。ここでは、どのような考え方が論理的であって、どのような考え方がそうでないかを見分けるための基本的な方法を説明します。「論理」や「論理的」という言葉は、日常では曖昧に使われますが、ここでは論理学の考え方に従って、もっとも基本的な意味での「論理」について学びます。

「2. 言語編」の主なテーマは、「日常の中に論理を生かすために必要なことを知る」ということです。「論理が何であるかが分かれば、それを日常に活かすのは簡単だろう」と思う人は多いかもしれませんが、実際はそうではありません。その理由の大部分は、人間の言葉の複雑さにあります。この章では、論理的な考え方を日常に活かすために気をつけるべき、言葉の曖昧さや危うさについて説明します。

「3. コンピュータ・AI編」のテーマは、「今のコンピュータやAIの設計に論理がどのように関わっているかを知ること」です。カンタロウのように「論理的なことはコンピュータやAIにまかせればいい」と思っている人は多いかもしれませんが、そんなことはありません。むしろ、コンピュータやAIにさせたい仕事をきちんと設計したり、コンピュータやAIが出してくる結果を正しく活用したりするためには、論理の知識が必要となります。

読者の皆さんはきっと、本書の内容を理解できると思います。問題は、ジョージの飼い主たちですね。果たして彼らは論理を理解できるようになるのでしょうか。ご一緒に見ていきましょう。

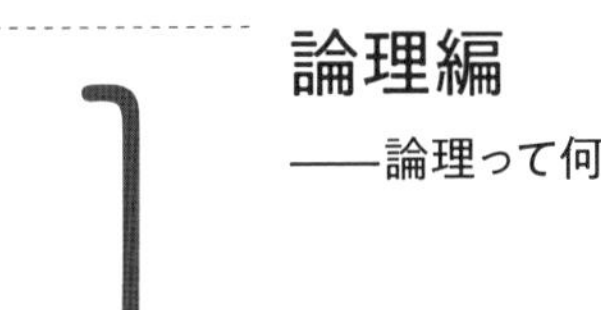

1 論理編
——論理って何?

1.1 まずは、「論理」という言葉を整理しよう

リズとカンタロウが、また言い合いをしているみたいだ。どれどれ、行ってみるか。

……だからさあ、あんたはそういうところがダメなのよ。もっと論理的に考えなさいよ!

だから、論理って何なんだよ? どうせ、また答えられないんだろ?

フフフ、私を甘く見ないでよ。論理って言うのは、「思考の法則・形式。思考や議論を進めていく筋道」よ! あるいは「思考や論証の組み立て」。

なんか、辞書の説明みたいだな。

そのとおり、辞書の「論理」の項目を片っ端から暗記したの。

なるほど、姉ちゃんは暗記が得意だもんな。そうか、辞書の説明を全部覚えたんだったら、姉ちゃんには論理が分かっていると認めるしかないな。

ええと、二人とも何を言ってるんだ? それで、論理が分かったと思っているのか?

だって、論理ってのは辞書に書いてあるとおり、「思考の法則・形式。思考や議論を進めていく筋道」なんでしょ?

そうそう。学校のテストで「論理とは何か説明せよ」って言われたら、そんなふうに答えればいいんだよ。

だが、「思考の法則・形式。思考や議論を進めていく筋道」とか「思考や論証の組み立て」って、具体的にはどういうことだ? 思考の法則って何だ? 筋道とは?

ええと……分かんない。

そうだろうな。でも、これは辞書が悪いんじゃなくて、論理というものがそれだけ難しいってことだ。論理とは何かを説明するには、かなりの手間とスペースが要るのだ。

ただ、辞書の説明からでも分かることがあるぞ。それは、論理が「考えること」に関係する、ということだ。とくに、考えることによって、何らかの「前提」から、何らかの「結論」を導き出すことに深い関係がある。

ゼンテイって何?

大ざっぱに言えば、前提とは、「結論を出すための材料」のことだ。俺たちが何かを考えるとき、たいていは結論を出すための材料があるはずだ。

そういえば、この前リズはカンタロウに、「あんたが数学のテストで60点以上取ったら、ケーキを買ってあげる」って約束してたな。で、カンタロウの数学のテストの結果はどうだったんだ?

あ、その約束、忘れてた。僕、65点取ったんだよ。60点以上だから、姉ちゃんからケーキを買ってもらえるね。さっそく、明日買ってよ。

私もその話、忘れてた……。ちょっとジョージ、カンタロウに余計なこと思い出させないでよね。

ここで、今のカンタロウの考え方に注目しよう。カンタロウの考え方を整理して書

くと、次のようになる。

(前提=カンタロウとリズとの約束) カンタロウが数学の試験で60点以上取ったならば、カンタロウはリズにケーキを買ってもらえる。
(前提=事実) カンタロウは数学の試験で60点以上取った。
(結論) だから、カンタロウはリズにケーキを買ってもらえる。

つまりカンタロウは、「数学の試験で60点以上取ったならば、リズにケーキを買ってもらえる」というリズとの約束と、「数学の試験で60点以上取った」という事実を材料にして、「自分はリズにケーキを買ってもらえる」という結論を導いたんだ。

なるほど。そういった「結論を出すための材料」が「前提」なのね。

そして、「何らかの前提から何らかの結論を導き出すこと」を、「推論」と呼ぶ。論理とは、推論に関わるものだ。さっきカンタロウが行なった推論は、論理の面から見て「正しい推論」だ。なぜなら、さっきの推論は、前提がすべて本当である場合、結論も必ず本当になるからだ。そしてここでは、「論理的な考え方」というのを、「正しい推論にのっとった考え方」だと考えて話を進めていくぞ。

へー。じゃあさ、さっき僕が「姉ちゃんにケーキを買ってもらえる」って思ったとき、僕は論理的に考えてたってわけ?

そうだ。

僕は単に、当たり前の考え方をしただけなんだけどな。論理って、そんなに簡単なものなの?　いつも姉ちゃんが偉そうに「論理、論理」って言ってるから、てっきり難しいことなんだと思ってたよ。全然大したことないじゃん。

何よ、その言い方。でも、今の話を聞くと、論理って、私が思っていたほど難しくなさそうね。単なる「当たり前の考え方」っていうか。

重要なのは、その「当たり前」という感覚なんだ。人は誰でも、普段から絶えず

推論をやっているし、推論の仕方が正しいかどうか――つまり、前提から結論を出すときの「出し方」が正しいかどうかについての「感覚」を持っている。それは、

・「この前提が本当ならば、この結論も本当になる」
・「この前提からこの結論が出てくるのは当たり前だ」

などといった感覚だ。これが、論理の出発点なんだ。

また人間は、「この推論は間違っている」とか、「この前提からこの結論を出すのは矛盾している」といった感覚も持っている。たとえば、さっきと同じ状況で――つまりリズがカンタロウに「数学の試験で60点以上取ったら、ケーキを買ってあげる」と約束して、実際にカンタロウが60点以上取ったという状況で、もしリズがカンタロウに「あんたにはケーキを買ってあげない」って言ったら、カンタロウはどう思う?

そりゃ、「嘘つき!」って言いたくなるよね。約束破ったことになるから。

そうだろう。そんなふうに、誰もが感じる「嘘だ」とか「矛盾している」といった「間違った推論についての感覚」も、論理の出発点になっているんだ。
「推論の正しさについての感覚」を確かめるために、次の例題を考えてみよう。

例題　数日前、リズとカンタロウの家の台所から、夕食用の魚が一匹、何者かに盗まれた。誰が盗んだかを調べているうちに、次のことが分かった。これを「前提a」とする。

前提a. ジョージが犯人であるか、あるいは隣の飼い猫のアルフレッドが犯人である。

さらに調査を進めた結果、次のことも明らかになった。これを「前提b」とする。

前提b. ジョージは犯人ではない。

これらのことから、次の1～3のうち、どの結論を導けばいいだろうか?

1. 隣の飼い猫のアルフレッドが犯人だ。
2. 犯人はジョージでもアルフレッドでもない。
3. ジョージが犯人だ。

こんな問題、簡単すぎるでしょ。答えは「1」の「隣の飼い猫のアルフレッドが犯人だ」しかないよね。

いやいや、姉ちゃん、この問題は簡単すぎて怪しい。たぶん引っかけ問題だ。僕のカンでは、「3」が正解だよ、きっと。で、どうなの、ジョージ?

これは、aとbという「前提」から、1～3のうちのどれを「結論」として導き出すか、という問題だ。たぶん多くの人はリズと同じように、答えは「1」だと思うはずだ。でも、カンタロウのように「こんなに当たり前の答えを選んでいいのだろうか?」と不安になった人も多いと思う。

ここで重要なのは、前提であるaとbを二つとも「本当だ」と思っている人は、必ずリズのように「1」を答えに選ぶということだ。

やっぱりね。だから、「1」以外は間違いでしょ?

いや、「1」以外を選んでも間違いだとは言い切れない。重要なのは、「2」を答えに選ぶ人は、前提aを「本当ではない」と思っているはずだ、ということだ。また、「3」を答えに選ぶ人は、前提bを「本当ではない」と思っているはずだ。

確かに、僕は前提bの「ジョージは犯人ではない」が本当かどうかあやしいと思ったから、「3」を選んだんだよ。もし前提aも前提bも本当なんだったら、姉ちゃんと同じように「1」が答えだって思うんじゃないかな。そうじゃないと、ムジュンした感じがするよね。

ここで重要なポイントは次の三つだ。

- 「もし前提aと前提bが本当ならば、1が本当である」と考えることに対して、「当たり前だ」と感じること
- 2や3を答えに選ぶ人は、前提aか前提bを「嘘なんじゃないか」と思って

いること

・前提aと前提bが本当であることを受け入れた上で2や3を答えに選ぶことについては、「矛盾している」と感じること

こんなふうに、「これらの前提が本当だとしたら、この結論が正しいのは当たり前だ」という感覚とか、「これらの前提が本当だとしたら、この結論を選ぶのは矛盾している」という感覚は、非常に重要だ。さっきも言ったように、論理は、こういった「推論の正しさについての感覚」に基づくものだからだ。まずはこのことをきちんと押さえておこう。

それはそうと、この例題にある「魚の盗難事件」さぁ、こないだ実際に起こったことだよね？　お母さんはお隣のアルフレッドを疑ってたけど、僕はジョージが犯人だと思うなあ。で、実際はどうなの？

あっ、そろそろご近所のパトロールに行く時間だ。じゃあ、また後でな。

あっ、逃げた！　やっぱり怪しい！

POINT

- 「何らかの前提から何らかの結論を導き出すこと」を、「推論」という。
- 論理とは、推論に関わるものである。
- この本では、「論理的な考え方」を、「前提がすべて本当ならば、結論も必ず本当になる」という「正しい推論にのっとった考え方」のことだと考える。
- 論理の出発点は、「当たり前だ」とか「矛盾している」などといった、「推論の正しさについての感覚」である。

解説

ジョージの話にもあったように、誰もが「前提がすべて本当だとしたら結論も必ず本当になる」と思うような推論を、以下では「正しい推論」と呼ぶことにします。「論理」というのは、厳密に言えば「正しい推論の体系（システム）」のことです。そしてこの本では、いわゆる「論理的な考え方」とは「正しい推論にのっとった考え方」だと考えることにします。

もっとも、「論理」や「論理的」という言葉自体、さまざまな使われ方をします。つまり、誰かが「これは論理的だ」と言う考え方のすべてが「正しい推論にのっとった考え方」だとはかぎりません。たとえば、すぐ次の節で見るように、日常では「論理的な考え方」はたびたび「常識的な考え方」と同一視されますが、「正しい推論にのっとった考え方」がすべて常識的であるとはかぎりません。また、「論理的であるとはどういうことか」という問い自体、簡単には答えの出ない難しい問題です。よって、誰かの「論理的」という言葉の使い方がこの本と違うからといって、それが絶対に間違っているとも言えません。ただしこの本では、論理というものについての見通しをすっきりさせるために、「論理的な考え方＝正しい推論にのっとった考え方」という見方を採用します。

では、どういった考え方が正しい推論にのっとっているのでしょうか？　それを見極めるのは簡単なことではありません。「正しい推論とは何か？　正しい推論とそうでない推論は、どのように見分ければいいか？」という問題は、ここから先の重要なテーマです。それを説明するにあたって、この本ではいわゆる論理学の成果の一部を紹介することになります。その準備のために、ここで簡単に、「論理学とは何か」について触れておきましょう。

論理学というのは、その名のとおり、論理について研究する学問のことです。論理学は、古代ギリシャの哲学者たちが、「みんなが正しいと思う推論とはどのようなものだろうか？」と考えたことに起源を持ちます。昔も今と同様に、人を説得したり、意見の違う人と議論したりする必要がありました。みんなが正しいと思う推論の性質を知ることは、そういったことをする上で有利に働くと思われたのです。

そのような経緯で生まれ、発達してきた論理学は、現在ではいわゆる「ものの考え方」だけでなく、さまざまなことに関わっています。

たとえば、数学は論理と深い関係にあります。ご存じのとおり、数学では「証明」が重要な役割を果たします。どんな証明の仕方が正しいのか、証明とはどうあるべきなのかを決めているのが論理です。そういった意味で、論理はまさに数学の「土台」であると言えます。物理学、化学、生物学などを始めとする自然科学も、その基礎には論理があります。

また、論理は言葉とも密接に関係しています。自分の考えを人に伝えるには、言葉をうまく使わなければなりません。人間の言葉の意味はとても複雑ですが、その一部を明確にするために論理が使われています。論理と言葉の関係には、「2.言語編」で触れます。

さらに無視できないのが、論理とコンピュータの関係です。実は、この世にコンピュータが生まれた過程には、論理が重要な役割を果たしています。また、コンピュータに仕事をさせるための「プログラミング」にも、論理が深く関わっています。これについては「3.コンピュータ・AI編」で紹介します。

論理学と他の分野との関係は、以下のような図で示すことができます。ご覧のとおり、この本で触れられることはほんの一部(下の図で、濃いグレーの矢印の部分)ですが、この全体像を大ざっぱに頭に入れておいていただければ、本書の内容の理解に役立つでしょう。

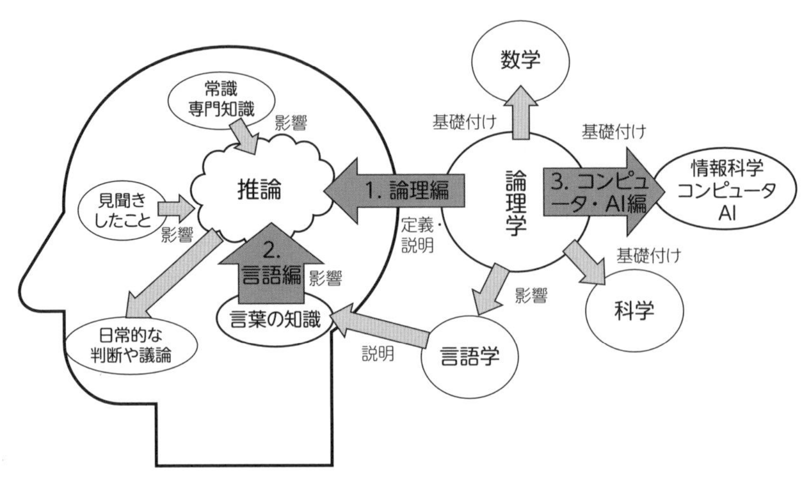

1.2 正しい推論には型がある

前の節で言ったとおり、論理は人間の持つ「推論の正しさについての感覚」を出発点にしている。つまり、論理は「みんなが正しいと思う推論はどんなものだろうか?」という問いから始まっているんだ。ここで、「正しい推論」の特徴について考えてみよう。実は、「正しい推論」には「型」がある。古代ギリシャの哲学者であるアリストテレスは、「正しい推論には、いくつかの『型』がある」という重要な発見をしたんだ。

型って? ケーキの型みたいな?

ケーキの型は、中に生地を流し込めば、同じ形のケーキをいくつも作ることができるな。「正しい推論の型」は、中に「言葉」を入れることで、正しい推論をいくつも生み出すことができるんだ。ある意味、正しい推論に共通する形というか、パターンのようなものだと考えてもらえるといい。そういった「型」の中には、次の

ようなものがある。これらにはそれぞれ「選言的三段論法」とか「モーダスポネンス」という名前がある。

正しい推論の型その1（**選言的三段論法**）
（前提）Aか、あるいはB。
（前提）Aではない。
（結論）（だから、）B。

正しい推論の型その2（**モーダスポネンス**）
（前提）（もし）Aならば、B。
（前提）A。
（結論）（だから、）B。

ちなみに、AとかBとかいう記号は、推論の「型」を分かりやすく見せるためのものだ。AにもBにも「文」が入る。試しに、「型その1」のAの部分に「ジョージが犯人である」を入れ、Bの部分に「アルフレッドが犯人である」を入れてみてくれ。

ええっと、こう？

（前提）[ジョージが犯人である]$_A$か、あるいは[アルフレッドが犯人である]$_B$。
（前提）[ジョージが犯人である]$_A$ではない。
（結論）（だから、）[アルフレッドが犯人である]$_B$。

あっ、これ、前の節の「魚を盗んだ犯人は誰か」を考える例題に出てきたね。「ジョージが犯人であるではない」っていう部分がちょっと変だけど。

ここでは推論の大まかな「形」が重要なので、日本語として不自然な部分はあまり気にしなくていい。

　次は、「型その2」のAに「カンタロウが数学の試験で60点以上取った」を入れ、Bに「カンタロウはリズにケーキを買ってもらえる」を入れてみよう。すると、次のようになる。

(前提)（もし）[カンタロウが数学の試験で60点以上取った]$_A$ならば、[カンタロウはリズにケーキを買ってもらえる]$_B$。
(前提) [カンタロウが数学の試験で60点以上取った]$_A$。
(結論)（だから、）[カンタロウはリズにケーキを買ってもらえる]$_B$。

これも、前の節で見たスイロンだね。

こんなふうに、「型その1」と「型その2」は、正しい推論の特徴を捉えているんだ。これらの「型」の中のAやBには、原則として「文」が入る[2)]。アリストテレスが発見したのは、AやBに入る文の内容にかかわらず、「型その1」や「型その2」のような形をしていれば正しい推論になる、ということだ[3)]。

そのことを確認するために、次の例題を考えてみてくれ。

例題　「正しい推論の型その1」と「その2」のAとBに、以下のi, ii, iii, ivから好きな文を入れて推論を作ってみよう。ただし、AとBには必ず別のものを入れるようにしてほしい。また、日本語として不自然なところは、自然な形に整えて構わない。

i. 今日の夕食はカレーである
ii. 今日の夕食はすき焼きである
iii. 明日雨が降る
iv. 運動会が中止になる

2) より厳密に言えば、これらの「型」に入る文は、真偽（本当か、本当ではないか）が明確に決まるものに限られます。たとえば、疑問文や命令文などは、ここで言う「文」には含まれません。真偽が決まるような文（あるいはその内容）は、専門用語で「命題」と呼ばれますが、この本では以下でも差し障りがないかぎり「文」という言葉を使っていきます。
3) ただし、AとBにまったく同じ文が入るなどといった、特殊な場合を除きます。

簡単な問題ね。私は、こんなのを作ったよ。

リズの答え1

「型その1」のAにｉ、Bにiiを入れる：

(前提) 今日の夕食はカレーであるか、あるいは今日の夕食はすき焼きである。

(前提) 今日の夕食はカレーではない。

(結論) だから、今日の夕食はすき焼きである。

リズの答え2

「型その2」のAにiii、Bにivを入れる：

(前提) もし明日雨が降るならば、運動会が中止になる。

(前提) 明日雨が降る。

(結論) だから、運動会が中止になる。

うん、どちらも正しい推論になっているな。

あのさあ、僕、こんなの作ったんだけど、どっちも変だよね？

カンタロウの答え1

「型その1」のAにｉ、Bにiiiを入れる：

(前提) 今日の夕食はカレーであるか、あるいは明日雨が降る。

(前提) 今日の夕食はカレーではない。

(結論) だから、明日雨が降る。

カンタロウの答え2

「型その2」のAにii、Bにivを入れる：

(前提) もし今日の夕食がすき焼きならば、運動会が中止になる。

(前提) 今日の夕食はすき焼きである。

(結論) だから、運動会が中止になる。

何これ？　あんた、なんでこんな変なの作ったのよ？

だって、ジョージが「AやBに何を入れても正しくなる」って言ってたからさ。だったら、僕の答えだって正しいはずじゃないか。でも実際は、「今日の夕食はカレーであるか、あるいは明日雨が降る」とか、「もし今日の夕食がすき焼きならば、運動会が中止になる」とか、意味不明なのができちゃったよ？

確かにそのような前提は意味不明だ。こんなふうに、「型その1」や「型その2」は常識的に見てよく分からない推論を生み出してしまうこともある。

ただし、「常識的かどうか」ということと、「推論として正しいかどうか」つまり「論理的かどうか」ということは、実はまったく別のことなんだ。

え？　どういうこと？

つまり、カンタロウが作った推論も、正しい推論だということだ。単に、常識としておかしいというだけで。

わけの分からない推論のどこが正しいのよ？

すでに言ったとおり、「正しい推論」というのは、誰もが「この前提が本当だとしたら、この結論が本当になるのは当たり前だ」と思うような推論のことだ。今注目してほしいのは、この中の「前提が本当だとしたら」という部分だ。これはつまり、「前提が本当であるような世界を仮定したら、その中では結論も必ず本当になる」ということであり、「前提が現実の世界で本当であるかどうか」とか、「常識的にあり得そうか」ということは、実は問題ではないのだ。こんなふうに、推論の正しさを評価するときは、「前提が成り立つ世界」があると仮定して、その中で考えなくてはならない。そして、「前提が成り立つ世界」を考えるときには、いわゆる「常識」を捨てなくてはならない場合があるんだ。

たとえば、「カンタロウの答え1」が正しい推論であるかどうかを判断するとき、考えなくてはならないのは、「今日の夕食はカレーであるか、あるいは明日雨が降る」という前提が成り立つような世界だ。つまり、今日の夕食のメニューが次の日のお天気に関係するような世界を考える必要があるわけだ。

ええと……ちょっと頭を柔らかくする必要があるけど、もしそういう変な世界があるとして、その中で考えるとすれば、カンタロウの作った推論は正しそうね。

そうだろう。このことは、論理について非常に重要なポイントを示している。それは、「推論が正しいこと」は、必ずしも「常識からみて正しいこと」ではない、ということだ。

俺たちが誰かの言うことを「論理的である」と評価するとき、そこにはたいてい、「常識的に正しそうだ」とか「倫理的に見て問題がなさそうだ」などといった思いが込められる。しかし「論理的であること（＝正しい推論にのっとっていること）」と、常識的であったり倫理的であったりすることとは、別のことなんだ。

POINT

- 正しい推論には「型」がある。
- 論理では原則として、前提そのものが常識的であるかは問題にしない。
- 推論の正しさを判断するには、「前提が成り立つような世界で、結論が必ず正しくなるか」を考える必要がある。

解説

この節のポイントをしっかり押さえるために、次の練習問題を考えてみましょう。

練習問題　次の推論は正しい推論だろうか？　つまり「もし前提が本当ならば結論も必ず本当になる」と言えるだろうか？　この節の話を手がかりにして考えてみよう。

(1)

(前提1) リズの方がカンタロウより年上であるか、あるいはカンタロウの方がリズより年上である。

(前提2) リズはカンタロウより年上ではない。

(結論) だから、カンタロウの方がリズより年上である。

(2)

(前提1) もしこの男を水に沈めてすぐに浮かんできたならば、この男は魔女である。

(前提2) この男を水に沈めるとすぐに浮かんできた。

(結論) だから、この男は魔女である。

(1) まず、この推論がどのような「型」にのっとっているかを見極めてみましょう。この節に出てきた「正しい推論の型」にのっとっているでしょうか？

「リズ（の方）がカンタロウより年上である」をA、「カンタロウ（の方）がリズより年上である」をBとしましょう。すると、次のようになります。

(前提1) [リズの方がカンタロウより年上である]$_A$か、あるいは[カンタロウの方がリズより年上である]$_B$。

(前提2) [リズはカンタロウより年上]$_A$ではない。

(結論) だから、[カンタロウの方がリズより年上である]$_B$。

ご覧のとおり、この推論は、形の上では「正しい推論の型その1（選言的三段論法）」になっています。しかし、結論の「カンタロウはリズより年上である」は、事実ではありません。

結論が事実と食い違っているのは、前提2の「リズはカンタロウより年上ではない」が事実ではないからです。このように、前提の中に事実と異なる文が含まれていたら、推論そのものが正しくても間違った結論が出てくることがあります。

(2)の推論の、「この男を水に沈めて（/沈めると）すぐに浮かんでくる」という文をA、「この男は魔女である」という文をBとします。すると次のようになります。

(前提1) もし[この男を水に沈めてすぐに浮かんできた]$_A$ならば、[この男は魔女である]$_B$。

(前提2) [この男を水に沈めるとすぐに浮かんできた]$_A$。

(結論) だから、[この男は魔女である]$_B$。

この推論の型は、この節で見た「型その2（モーダスポネンス）」です。つまり、この推論は、形の上では「正しい推論の形」をしていることが分かります。

しかし、おそらく多くの人は、この推論を「奇妙だ」と感じたはずです。なぜなら、男性について「魔女だ」と言ったり、「水に沈めて浮かんできたら魔女だ」と言ったりするなど、今の常識から見て明らかにおかしな部分があるからです。しかし、中世のヨーロッパでは、このような推論が使われていた可能性があるのです。

魔女狩りが盛んに行われていた中世ヨーロッパでは、女性のみならず男性も「魔女」とされることがありました。また、魔女の疑いのある人物の手足を縛って水に沈め、浮かんできたら有罪、沈んだままなら無罪とする裁判方法も用いられていたそうです。つまり、「もしこの男を水に沈めてすぐに浮かんできたならば、この男は魔女である」という非常識な前提が「本当である」とされていた時代や地域があった可能性があるのです。

この推論には、今の私たちから見ると倫理的に問題があります。しかし、もし前提が本当ならば――つまり、「この前提が本当であるとされた、中世ヨーロッパの世界」で考えれば、結論は「本当」になってしまいます。そういった意味で、この推論も、「論理的」なのです。

以上のように、ある推論が正しいかどうか、つまり「論理的かどうか」を考えるとき、「常識からみておかしいから論理的ではない」「倫理的に問題があるから論理的ではない」などということにはなりません。また逆に、「論理的だから常識的だ」「論理的だから倫理的にも問題ないはずだ」と言うこともできません。論理はあくまで推論の正しさ、つまり「前提からの結論の導き出し方」を問題にするのであって、「前提そのものの正しさ」は問題にしないのです。魔女狩りの論理のように、推論としては正しくても、おかしな前提からはおかしな結論が出ることがあるのです。

1.3 じゃあ、何のために論理なんか勉強するの？

なんかさあ、前の節の話聞いて、がっかりしたんだけど。

私も。「推論が正しいこと」、つまり「論理的であること」って、必ずしも「絶対に正しい」とか「常識的に正しい」ってわけじゃないのよね？　だったら、論理を勉強する意味なんてある？

その疑問はもっともだな。では、ここで改めて、日常生活の中で何のために論

理が必要なのかを確認しておこう。

一つは、自分や他人が「論理的だ」と主張している考え方が、実際に正しい推論にのっとっているのかを見極めるためだ。人間は「正しい推論についての感覚」を持ってはいるが、それがつねに正しく働くとは限らない。思い込みだとか、感情だとか、さまざまなことに影響されて、論理的におかしなことを考えたり、口走ったりすることがあるからな。それに、人間はいつも論理的なことばかり言わなければならないという決まりはないし、そんなことができる人間もいない。ただ、自分や他人が「これは論理的だ」と思い込んでいることについては、「本当にそうだろうか?」と確認した方がいい場合がある。

たとえば、誰かが「ナントカだ。だから、カントカだ」とか「ナントカだ。なぜなら、カントカだからだ」と主張する場面の多くは、論理を働かせる必要のあるケースだ。そういった、「だから」や「なぜなら」を含む文は、主張と一緒にその理由(根拠)を述べている。主張を述べるときに一緒に理由を述べることは、とても重要だ。

確かに、学校の先生もよく「論理的に話したり、論理的な文章を書いたりするときには、主張だけでなく必ず理由も述べましょう」って言うよね。

そうだろう。ただし、単に理由を言いさえすればいいというわけではない。この点を明確にするために、次の例題を考えてみよう。

例題　リズとカンタロウの家に刑事がやってきて、次の(1)~(4)のように言ったとする。これらについて、あなたはどう思うだろうか?

(1) カンタロウを逮捕する。なぜなら、今日は雨が降っているからだ。

(2) 犯人は40代の女だ。カンタロウは10代の男だ。だから、カンタロウが犯人だ。

(3) 犯人は黒い服を着ていた。リズは今、黒い服を着ている。だから、リズが犯人だ。

(4) 犯人はリズであるか、あるいはカンタロウである。犯人はリズではない。だから、犯人はカンタロウだ。

うわ、なんだよこれ。

うーん。(1)〜(3)はどれも、理由としておかしいよね。

(1)〜(3)の文を読んで、ほとんどの人はそんなふうに思うだろうな。

まず(1)については、「なぜなら」という言葉は使われているものの、刑事の言う「カンタロウを逮捕する」という主張と「今日は雨が降っている」という理由との間には、直接的な関係がない。(2)は、犯人は40代の女性だということが分かっているのに、カンタロウが犯人だと結論づけている。

(1)と(2)がひどすぎるので(3)は多少ましに見えるかもしれないが、よく読むとこれもおかしい。犯人と同じ色の服を着ているからといって、犯人だと決めつけられてはたまらない。

(1)〜(3)が示しているのは、主張とその理由の間は、単に「だから」や「なぜなら」でつながれていればいいというわけではない、ということだ。つまり理由というものは「なんでもいいから、ただあればいい」というものではなく、「まともな理由」である必要があるのだ。

じゃあ、「まともな理由」ってどんなものなの?

それは、「正しい推論によって、そこから主張を導き出せるようなもの」だ。つまり、論理的な「理由と主張」の関係は、「正しい推論における、前提と結論」の関係なのだ。

これまでに見た「正しい推論」の例では、この点がクリアされている。たとえば次の例では、前提が結論にとって「まともな理由」になっているだろう。

正しい推論の例その1(**選言的三段論法**):

(前提) ジョージが犯人であるか、あるいはアルフレッドが犯人である。

(前提) ジョージは犯人ではない。

(結論) だから、アルフレッドが犯人だ。

正しい推論の例その2（モーダスポネンス）：

（前提）カンタロウが数学の試験で60点以上取ったならば、カンタロウはリズにケーキを買ってもらえる。

（前提）カンタロウは数学の試験で60点以上取った。

（結論）だから、カンタロウはリズにケーキを買ってもらえる。

「正しい推論の型」がどんなものかが分かると、自分や他人の言う「理由＋主張」、つまり「前提＋結論」が適切かどうかを確かめられるようになる。それは、論理を学ぶことの大きなメリットの一つだ。

じゃあさ、例題の(4)は「正しい推論」（選言的三段論法）だよね？　ということは、この中の「犯人はリズであるか、あるいはカンタロウである。犯人はリズではない」っていう部分は、「犯人はカンタロウだ」っていう主張にとって、「まともな理由」になるわけね？

そうだ。

ええー？　僕はそんなの、納得しないからね。だってそもそも、「犯人はリズであるか、あるいはカンタロウである」っていう前提自体がおかしいじゃん。

でも、前の節でジョージが言ってたように、推論が正しいかどうかは、「前提が本当であるような世界」で考えないといけないんでしょ？　だったら、前提を疑っちゃいけないんじゃないの？

いいや、カンタロウのように前提を疑うことはとても重要だ。「前提が本当であるような世界で考える」というのは、「推論そのものが正しいかどうか」を確認するときの話だ。前にも言ったとおり、推論そのものが正しくても、前提がおかしければおかしな結論が出る。もし前の節の練習問題の「魔女狩りの論理」みたいなことを現代の人々が言い出したら、積極的に前提を疑った方がいい。

ああ、確かにね。

また、「理由がまともかどうか」を確かめるには、推論の前提をはっきりさせる必要がある。そもそも、どんな前提があるかが分からないと、相手が出してきた結論を受け入れるべきかどうかも分からない。逆に、前提がはっきりすれば、「その前提は本当に正しいのだろうか」「自分も同じ前提を受け入れていいのだろうか」と問うことができる。

このような疑問を持つことは、他人の主張を評価する上で重要だ。次の例題を考えてみよう。

例題　リズとカンタロウの家にやってきた刑事が、「犯人はリズであるか、あるいはカンタロウである。犯人はリズではない。だから、犯人はカンタロウだ」と言った。この推論自体は正しい。しかし、カンタロウは納得がいかないため、刑事に「あなたはなぜ、『犯人はリズであるか、あるいはカンタロウである』と思っているのですか?」と聞いてみた。刑事の答えが(1)～(3)のようなものであった場合、あなたはどう思うだろうか?

(1) 理由なんかない。犯人はリズかカンタロウに決まっている。
(2) さまざまなことを全面的に考えた結果、犯人はリズであるか、あるいはカンタロウであるということになった。
(3) 事件の現場で、リズの指紋とカンタロウの指紋が検出された。だから、犯人はリズであるか、あるいはカンタロウである。

この問題はつまり、前の例題の(4)の続きで、「理由の理由」を尋ねているわけね。別の言い方をすれば、「前提の前提」ってことになるね。

(1)はひどいな。理由なんかなくて、単にそう思ってるだけじゃないか。

つまり「カン」ってことだよね。いつもあんたがやってることと同じじゃない?

そう言われると、弱るなあ。

(1)については、「なんだこりゃ」と呆れる人が多いだろう。(1)のように答える刑

事は、「犯人はリズであるか、あるいはカンタロウだ」という前提について具体的な理由を持っているわけではなくて、単に「これが正しい」と思い込んでいるんだ。この場合、ここからさらに推論をさかのぼっていくことはできない。

確かに、「俺がそう思うからそうなんだ」とか「カンだ」って言われたら、それ以上何も言えないよね。

(2)についても、「前提の前提」についての情報はゼロに等しい。「さまざまなことを全面的に考えた」と言われても、具体的にどういうことか分からないからな。論理に基づいた議論をするためには、具体的な理由を相手に問いただすしかない。もし相手がそれに答えなければ、話はそこで止まってしまう。

(1)や(2)は極端な例だが、実はどんな推論も、その前提をさかのぼっていけば必ず「それ以上さかのぼれないポイント」に突き当たる。つまり、その人が「理由はないけど、これは正しい」と思っている前提に出くわすんだ。他人の言うことに納得できるかどうかは、「理由はないけど正しい」という、推論の一番深いところにある前提を共有できるかということが大きな分かれ道になる。もしそこを共有できないのであれば、分かり合うのは難しい。しかし、「なぜ分かり合えないのか」ということ自体は、論理を手がかりにすれば、ある程度突き止めることができるんだ。

ところで、(3)の「事件の現場で、リズの指紋とカンタロウの指紋が検出された。だから、犯人はリズであるか、あるいはカンタロウである」についてはどうだ？

(3)は、「まあ、そうかな」と思うけど。

そう？　(3)だっておかしくない？　私とカンタロウの指紋が検出されたからといって、私たちのうちのどちらかが犯人だとは限らないでしょ。それに、犯人が手袋をしていたら、指紋を残した人たちの中に犯人はいないことになるよ。

いいところに気がついたな。実は、(3)には隠れた前提がある。次の「前提1」がそれだ。自然に聞こえるように、「〜と考えるのは当然のことである」を補って読んでもいい。

（前提1＝隠れた前提）もし事件の現場でリズの指紋とカンタロウの指紋が検出されたら、犯人はリズであるか、あるいはカンタロウである（と考えるのは当然のことである）。

（前提2）事件の現場でリズの指紋とカンタロウの指紋が検出された。

（結論）だから、犯人はリズであるか、あるいはカンタロウである。

これは、「正しい推論の型その2（モーダスポネンス）」にのっとった推論だ。(3)の刑事の説明に納得した人は、暗黙のうちにこの前提1を正しいと思っているはずだ。一方、(3)に納得しないリズのような人は、前提1を疑わしく思っているはずだ。こんなふうに、「隠れた前提」を洗い出すことで、「立場の違い」を明確にすることができる。

なるほどね。前提が隠れていることって多いの？

ほとんどの場合、前提は隠れていると思っていたほうがいい。人が自分の考えや意見を口に出すとき、前提を何もかも明らかにした上で結論を述べることはあまりない。日常では、前提の一部しか言わないことが多いし、結論だけ言うこともある。

論理を学べば、誰かが言ったことに対して、「この人の言うことは正しい推論にのっとっているのだろうか？　もしそうだとしたら、この人が言っていない前提は何だろう？」と推測することができるようになる。もちろん、最初から相手の言うことに矛盾があったりしたら無理な話だがな。

POINT

- 誰もが納得するような、まともな「理由と主張」の関係は、「正しい推論における、前提と結論」の関係である。
- 日常の推論にはたいてい、隠れた前提がある。
- 推論をさかのぼっていくと、必ず「それ以上さかのぼれないポイント」が存在する。

解説

ジョージの説明にあったように、人が自分の考えを述べるとき、前提をすべて明らかにするとは限りません。とくに、話し手が「当たり前」だと思っているような前提は、明確に述べられることなく、隠されたままでいることがほとんどです。しかし、自分にとっての「当たり前」が、つねに他人と共有されているとは限りません。そんなとき、前提を明らかにしないままでいると、話が平行線をたどってしまう可能性があります。そのような事態を防ぐには、相手の持つ「隠れた前提」を探る必要が出てきます。

ここで、隠れた前提を探る練習をしてみましょう。

練習問題 (1) 朝、リズとカンタロウが天気予報を見て、それぞれ次のように言った。

 今日の降水確率は40%ね。だから、傘を持っていこう。

 今日の降水確率は40%だね。だから、傘を持っていかなくていいや。

リズとカンタロウがこのように言うとき、それぞれに隠れた前提がある。「正しい推論の型その2（モーダスポネンス）」を使って、隠れた前提を補い、二人の考え方の違いを探ってみよう。

(2)「自分が将来就きたい職業と、その職業に就きたい理由を述べなさい」と言われて、カンタロウは次のように答えた。
「僕はゲーム会社に就職します。なぜなら、僕は漫画家にはなれないからです」

カンタロウが「正しい推論の型その1（選言的三段論法）」に従ってこのように述べているとしたら、カンタロウが言っていない「隠れた前提」が存在することになる。それはどのようなものだろうか?

(1) リズとカンタロウの言ったことを「前提」と「結論」に分けると、次のようになります。

リズの言ったこと
(前提) 今日の降水確率は40%だ。
(結論) (だから、)傘を持っていく。

カンタロウの言ったこと
(前提) 今日の降水確率は40%だ。
(結論) (だから、)傘を持っていかない。

もしリズの言ったことが「正しい推論の型その2(モーダスポネンス)」にのっとっているとすると、次のような前提が隠れていることになります。

(隠れた前提) もし今日の降水確率が40%ならば、傘を持っていく。
(前提) 今日は降水確率が40%だ。
(結論) (だから、)傘を持っていく。

また、カンタロウの言ったことが「正しい推論の型2」にのっとっているとすると、次のような前提が隠れていることになります。

(隠れた前提) もし今日の降水確率が40%ならば、傘を持っていかない。
(前提) 今日は降水確率が40%だ。
(結論) (だから、)傘を持っていかない。

つまりリズは「降水確率が40%ならば、傘を持っていく」という考えを持っており、カンタロウは「降水確率が40%ならば、傘を持っていかない」という考えを持っていることになります。

皆さんは、降水確率が40%のとき、リズのように傘を持っていくでしょうか？　それとも、カンタロウのように「持っていかない」という選択をするでしょうか？　このあたりは人によりますので、「持っていく派」と「持っていかない派」のどちらが正しいとは言えません。

しかし、この問題のように推論をさかのぼり、「隠れた前提」をはっきりさせれば、「なぜこの人は、『降水確率が40%ならば、傘を持っていく』と思っているのだろう」とか、「なぜ私は、『降水確率が40%ならば、傘を持っていかない』ことにしているのだろう」というふうに、さらにその奥にある理由に思いを馳せ、考えを深めることができます。

(2) このカンタロウの答えについては、多くの人が「何を言っているか分からない」と思ったことでしょう。ここで表現されている推論は次のようなものです。

(前提) 僕は漫画家にはなれない。
(結論) (だから、)僕はゲーム会社に就職する。

ここで考えなければならないのは、これにどのような前提が加われば「正しい推論の型その1(選言的三段論法)」の形になるか、ということです。「正しい推論の型その1」に従って、隠れた前提を補ってみると、次のようになります。

(隠れた前提) 僕は漫画家になるか、あるいは(僕は)ゲーム会社に就職する。
(前提) 僕は漫画家にはなれない。
(結論) 僕はゲーム会社に就職する。

つまり、もしカンタロウが「正しい推論の型その1」にのっとって論理的に考えているとすると、「僕は漫画家になるか、あるいはゲーム会社に就職する」という前提を持っていることになります。この前提があることが分からないと、カンタロウ以外の人にとって、「僕はゲーム会社に就職します。なぜなら、僕は漫画家にはなれないからです」という発言は意味不明になってしまいます。聞き手に対して親切な発言にするには、この前提を明確にし、できれば「なぜそもそも『漫画家になるか、ゲーム会社に就職する』と思っているのか」ということまで説明した方がいいでしょう。

ちなみに、隠れた前提を明確にしたいとき、「正しい推論の型その1」にのっとった場合も「正しい推論の型その2」にのっとった場合も、結果は同じになります。(2)の問題では「正しい推論の型その1」を使って「僕は漫画家になるか、あるいは(僕は)ゲーム会社に就職する」という隠れた前提を補いましたが、もし「正しい推論の型その2」を使うと、次のようになります。

(隠れた前提) もし僕が漫画家になれないならば、(僕は) ゲーム会社に就職する。
(前提) 僕は漫画家にはなれない。
(結論) 僕はゲーム会社に就職する。

ここで付け加えた「僕が漫画家になれないならば、(僕は) ゲーム会社に就職する」は、先ほどの「僕は漫画家になるか、あるいは (僕は) ゲーム会社に就職する」と、論理の面では同じことを言っていることになります。これについては1.5節の練習問題で解説します。

ジョージの説明にもあったように、推論の前提をさかのぼっていくと、必ず「それ以上さかのぼれないポイント」があります。つまり「これ自体の正しさに理由はないけど、この前提は正しいことにして、そこから推論を始めよう」という部分があるのです。そのような、推論の一番深いところにある前提を、専門用語で「公理」と呼びます。

議論をする上で、何を「公理」とするかはとても大切です。数学の世界では、数学者たちは「二つの点が与えられたら、その二点を通る直線を引くことができる」とか、「0という自然数が存在する」などといったことを公理とし、公理からの推論によって、数学的な主張が正しいことを証明しようとします。公理からの正しい推論によって導き出される結論は、「定理」と呼ばれます。

科学の世界では、科学者たちは自然現象を論理的に説明するための公理を提唱します。そういった公理の集まりが、いわゆる「理論」と呼ばれるものです。また、政治や裁判では、いわゆる法律が公理となり、それにのっとった議論をすることが求められます。

こんなふうに、さまざまな場で、「この結論は、公理 (＝それ以上さかのぼれない前提) から論理的に導かれるだろうか?」ということが問題になります。それらをきちんと考えるためにも、論理は必要なのです。

応用のヒント 1

推論を見つける・推論を表現する

ここまでの話をまとめると、厳密な意味での「論理的な発言」や「論理的な文章」というのは、「正しい推論を述べた発言や文章」であるということになります。自分や他人の言うことが論理的かどうかを考えるには、その中で述べられている推論が正しい推論であるかどうかを見極める必要があります。またそのためには、そもそも言葉の中のどの部分が推論を表しているのかを知る必要があります。

言葉の中から推論を見つけるときに分かりやすい目印となるのは、「だから」や「なぜなら(ば)」といった言葉です。先ほど説明したように、これらの言葉は前提(=理由)と結論(=主張)をつなぐものです。「だから」と似た働きをする言葉としては「ゆえに」「〜から」「〜ので」などがあり、「なぜなら(ば)」の仲間としては「というのは」などがあります。また、「つまり、〜ということになる」「ということは、〜ということになる」も、似たような用法で使われることがあります。

- 【**前提**】。だから/ゆえに/したがって/よって、【**結論**】。
- 【**前提**】(だ)から/(な)ので、【**結論**】。
- 【**結論**】。なぜなら(ば)/というのは/その理由は、【**前提**】だからだ。
- 【**前提**】。つまり/ということは、【**結論**】ということになる。

これら以外にも推論を表現する方法はありますが、上のいずれかを明確に使った方が、聞き手や読み手にとっては分かりやすいでしょう。しかし、これまでにも見たように、単に「だから」「なぜならば」のような言葉が入っていればいいというものではありません。次の応用問題を考えてみてください。

応用問題

「自分が将来就きたい職業と、その職業に就きたい理由を述べなさい」という作文の問題で、リズは次のような答えを書いた。この答えに問題はないだろうか？あるとしたら、どのように改善したらよいだろうか？

リズの答え
「現代のようなグローバルな時代を生き抜くためには、英語の能力が不可欠です。ですから、私は英語の先生になりたいと思っています。もちろん、世界には他にもさまざまな言語があるので、英語が絶対に必要だというわけではありません。しかし、私は英語が好きで、人にものを教えるのも好きです。よって、大学生になったら、本場の英語に触れるために留学をするつもりです。」

リズの答えの問題点は、次の三点にまとめられます。

①理由が説得力のある形でまとめられていない

リズが答えなければならないのは、「自分が将来就きたい職業と、その職業に就きたい理由」です。言い換えれば、「私はこれこれこういう職業に就きたい」ということを結論（＝主張）として述べ、その結論を導き出す材料としての前提（＝理由）を述べることが求められているわけです。ここで、1）前提の信憑性が高く、2）前提と結論が「正しい推論」でつなげられている場合は、聞き手に「この人は論理的に話している」という印象を与えることができます。逆に、そうでなければ、「何か変だな」とか「情報が足りないな」などと思われる可能性があります。とくに前提の信憑性が足りない場合は、推論自体が正しくても結論の説得力は薄くなります。

リズの答えの中ですぐに目につくのは、冒頭の二文です。ここでは、「ですから（＝だから）」の前後で、次のような推論が表現されていることになります。

（前提）現代のようなグローバルな時代を生き抜くためには英語の能力が不可欠だ。
（結論）だから、私は英語の先生になりたいと思う。

このリズの考えが「正しい推論の型その1（モーダスポネンス）」にのっとっているとすれば、次のような「隠れた前提」があることになります。ここでは「隠れた前提」が自然に聞こえるように、「〜のは当然のことである」を補っています。

(隠れた前提) 現代のようなグローバルな時代を生き抜くために英語の能力が不可欠であるならば、私が英語の先生になりたいと思うのは当然のことである。
(前提) 現代のようなグローバルな時代を生き抜くためには英語の能力が不可欠だ。
(結論) だから、私は英語の先生になりたいと思う。

しかしこの推論は、読む人によっては、やや説得力に欠けるかもしれません。というのも、隠れた前提の「もっともらしさ」がさほど強くないからです。実際、現代を生き抜くために英語の能力が不可欠だと思っている人のすべてが英語の先生を目指すとは限りません。リズの作文をより説得的なものにするには、何か別の理由もあった方が良いように感じられます。

リズの作文をもう少し先まで読むと、「別の理由」が述べられた部分があります。それは、四文目の「しかし、私は英語が好きで、人にものを教えるのも好きです」という部分です。この部分を前提とし、「私は英語の先生になりたいと思う」を結論にすると、次のような推論になります。

(前提) 私は英語が好きで、人にものを教えるのも好きだ。
(結論) だから、私は英語の先生になりたいと思う。

このリズの推論に、「正しい推論の型その1(モーダスポネンス)」にのっとって「隠れた前提」を補うと、次のようになります。

(隠れた前提) 私が英語が好きで、人にものを教えるのも好きであるならば、私が英語の先生になりたいと思うのは当然のことである。
(前提) 私は英語が好きで、人にものを教えるのも好きだ。
(結論) だから、私は英語の先生になりたいと思う。

この「隠れた前提」は、先ほど見た推論のそれに比べれば、より説得力がありそうです。何か好きな分野があって、人にものを教えることも好きであれば、その分野の先生になりたいと思うのは自然なことだからです。リズの答えをより説得的にするには、こちらの推論も前面に持ってくるべきでしょう。しかしリズの作文では、「私は英語が好きで、人にものを教えるのも好きだ」という内容は、「私は英語の先生になりたい」ことを述べた部分から離れたところにあり、両者の関係は明確ではありません。

この推論を答えの中で際立たせるには、冒頭で「私は将来、英語の先生になりたいと思っています。なぜなら、私は英語が好きで、また人にものを教えるのも好きだからです」のように述べるのが良いでしょう。また、「現代のようなグローバルな時代を〜」の部分は、この後に補助的に付け加えることができます。そうする場合、さらに「この選択が、自分の幸福と社会への貢献の両方を考慮に入れた上での選択である」ということを述べれば、より説得力が増すでしょう。

改善例

「私は将来、英語の先生になりたいと思っています。なぜなら、私は英語が好きで、人にものを教えるのも好きだからです。また、現代のようなグローバルな時代を生き抜くためには、英語の能力が不可欠です。自分の好きなことを通して社会に貢献するには、英語の先生になるのが一番だと考えています。」

②矛盾がある

リズは、答えの中の一文目で「英語の能力が不可欠です」と述べているのに、三文目で「英語が絶対に必要だというわけではありません」と述べています。リズは「他にもさまざまな言語がある」と言うことで自分の視野の広さをアピールしたかったのかもしれませんが、矛盾が生じてしまうと、話の説得力は大幅に弱まってしまいます。

③余計なことを述べている

リズは最後に「よって、大学生になったら、本場の英語に触れるために留学をするつもりです」と書いていますが、これは余計な情報です。そもそも質問は「将来就きたい職業と、それを選んだ理由」であり、「大学生になったらどうするか」などということは尋ねられていません。何かを話したり書いたりしていると、つい言いたいことをあれこれ思いついてしまうものですが、そういったことまですべて表現してしまうと話の主旨が伝わりづらくなってしまいます。

また、最後の文に「よって」という言葉が入っているのも問題です。これも推論を表す言葉ですが、いったいどういう前提から「大学生になったら、本場の英語に触れるために留学をする」という結論が引き出されているのかが明確ではありません。

文章の最後を「だから、〜」「よって、〜」「したがって、〜」という文で締めくくるのはよくあることですが、前提がはっきりしない状況でこれらの言葉をむやみに使うとあやふやな印象を与えてしまうので、注意が必要です。

1.4 正しい推論とそうでないものを見分ける方法：文の真偽と世界

姉ちゃん、ちょっと聞いてよ。今日さ、僕と同じクラスの糸元さん、学校に来なかったんだ。

ふーん。糸元さんって、あんたの好きな子でしょ。会えなくて残念だったね。

僕、心配なんだよね。糸元さん、風邪を引いたんだよ、きっと。

は？　糸元さんは学校を休んだだけでしょ？　それがどうして「風邪を引いた」ことになるのよ。

だってさ、普通、風邪を引いたら学校休むでしょ？　だから糸元さんが学校を休んだってことは、風邪を引いたってことになるじゃないか。ねえジョージ、これ、論理的だよね？　いつもジョージが話してる「正しいスイロン」だよね？

それはどうだろうな。今カンタロウが言ったことのうち、どれが前提で、どれが結論かを整理すると、次のようになる。

> **（前提）** 糸元さんが風邪を引いたならば、糸元さんは学校を休む。
> **（前提）** 糸元さんは学校を休んだ。
> **（結論）** （だから、）糸元さんは風邪を引いた。

そうそう、まさにそれだよ。前に見た「正しい推論」にそっくりじゃん。

確かに、これは「正しい推論の型その2（モーダスポネンス）」に似ているな。

> 正しい推論の型その2（**モーダスポネンス**）
> **（前提）** Aならば、B。
> **（前提）** A。
> **（結論）** B。

だが、今カンタロウが言った推論の型は、これとは少し違うんだ。「糸元さんが風邪を引く」をA、「糸元さんが学校を休む」をBとすると、次のような「型」になる。このような型の推論を「アブダクション」と言う。

必ずしも正しくない推論の型その1（アブダクション）

（前提） Aならば、B。

（前提） B。

（結論） A。

あ、「正しい推論の型その2」と「アブダクション」とでは、二つ目の前提と結論が逆になってるね。

そうなんだ。この形の推論（アブダクション）は、たとえ前提が本当でも、結論が本当になるとは限らない。つまり推論には、「正しい推論」と「必ずしも正しくない推論」があるのだ。

ところで、カンタロウの好きな糸元さんは、猫を飼っているだろう？

うん、ルートヴィッヒっていう猫を飼ってるらしいよ。

実は、ルートヴィッヒは俺の友猫なんだ。今日もルートヴィッヒに会ってきたんだが、「飼い主はインフルエンザで学校を休んでる」って言ってたぞ。

ほらね。学校休んだからといって、必ずしも風邪だとは限らないよね。

そうかあ。でもさ、「必ずしも正しくない推論の型」があるなんて、聞いてないよ。今まで、「正しい推論の型」しか習ってないから。

確かにね。「正しい推論の型」や「そうでない推論の型」が他にもあるんだったら、全部教えてくれないかな。教えてくれれば覚えるから。私、暗記得意だし。

教えてもいいが、「正しい推論の型」も「必ずしも正しくない推論の型」も、無限にあるぞ。

えっ！

もちろん、「よくある型」は覚えておいた方が便利だ。でも、すべて暗記するのは不可能だし、そうする必要もない。重要なのは、「正しい推論の型」がなぜ正しいのかを理解することだ。

正しい推論というのは、「前提が本当であるような世界では、結論が必ず本当になる」ような推論だった。これが具体的にどういうことか、もう少し踏み込んでみよう。ここでは、「正しい推論の型その2（モーダスポネンス）」にのっとった、次の推論について考えてみるぞ。

（前提1） 明日雨が降るならば、運動会が中止になる。
（前提2） 明日雨が降る。
（結論）（だから、）運動会が中止になる。

まず、前提2から考えてみよう。この「明日雨が降る」という文が本当であるような世界とは、どんな世界だろうか？

そりゃ、明日雨が降るような世界だよね。当たり前だけど。

ここからは、「本当である」ということを「真（しん）である」と言い表し、「間違いである」とか「嘘である」ことを「偽（ぎ）である」と言い表すことにしよう。今リズが言ったように、「明日雨が降る」という文は、明日雨が降るような世界では「真」だ。逆に、明日雨が降らない世界では「偽」だということになる。

	「明日雨が降る」という文の真偽
明日雨が降る世界	真
明日雨が降らない世界	偽

今後、こういう表を「世界と真偽の対応表」と呼んでいくことにする。結論の「運動会が中止になる」という文の真偽については、以下のような「対応表」を作る

ことができる。

	「運動会が中止になる」という文の真偽
運動会が中止になる世界	㊟
運動会が中止にならない世界	偽

さて、ここで前提1の「明日雨が降るならば、運動会が中止になる」という文の真偽について考えよう。この文が真であるような世界はどんな世界だろうか?

そりゃ、「明日雨が降るならば、運動会が中止になるような世界」じゃないの?

基本的にはカンタロウの言うとおりなんだが、こういう形の文については、部品に分解して考えてみよう。この文は「明日雨が降る」という文と、「ならば」という言葉と、「運動会が中止になる」という文の三つから成り立っている。

明日雨が降る　ならば、　運動会が中止になる

「ならば」の前後の「明日雨が降る」と「運動会が中止になる」という文については、ついさっき、それぞれがどんな世界で真あるいは偽になるかを見た。そのときに考えた「世界」を組み合わせると、次のように四通りの世界ができる。

- 明日雨が降って、運動会が中止になる世界（**世界1**）
- 明日雨が降って、運動会が中止にならない世界（**世界2**）
- 明日雨が降らず、運動会が中止になる世界（**世界3**）
- 明日雨が降らず、運動会が中止にならない世界（**世界4**）

この四通りの世界で、「明日雨が降るならば、運動会が中止になる」という文が真になるか偽になるか考えるんだ。

そう言われても、いまいちピンとこないけどな。

よく分からないときは、お前たちの学校の先生が「明日雨が降ったら、運動会は中止になります」と言ったところを想像してみるといい。先生がそんなふうに言った上で、実際に（世界1）〜（世界4）のようになったとしたら、お前たちはどの場合に「先生は本当のことを言った」と思い、どの場合に「先生は嘘を言った」と思うだろうか？

ええと、（世界1）の「明日雨が降って、運動会が中止になる世界」では、先生の言う「明日雨が降ったら、運動会は中止になります」は「本当」ってことになるよね？　だって、この世界では先生が言ったとおり、雨が降った場合に運動会が中止になるんだから。

で、（世界2）みたいに「明日雨が降って、運動会が中止にならない」ってことになったら、先生に「嘘つき」って言いたくなるな。だって、雨が降ったのに中止にならないんだったら、先生の言ったことは嘘ってことになるからね。

そうだな。とりあえず、（世界1）と（世界2）までの真偽を表に書いておこう。

	「明日雨が降るならば、運動会は中止になる」の真偽
明日雨が降って、運動会が中止になる世界（世界1）	真
明日雨が降って、運動会が中止にならない世界（世界2）	偽
明日雨が降らず、運動会が中止になる世界（世界3）	
明日雨が降らず、運動会が中止にならない世界（世界4）	

では、（世界3）はどうだろう。

（世界3）は、「明日雨が降らず、運動会が中止になる世界」だね。ここでも「明日雨が降ったら、運動会が中止になります」は嘘になるよね？　だって、雨が降らなかったのに中止になるんだよ？　僕は運動会を楽しみにしてるから、こんなことになったら納得いかないよ。

そう？　私は別に、嘘にならないと思うけど。だって、たとえ雨が降らなくても、何か別の理由で運動会が中止になるかもしれないじゃない。たとえば、何か災害が起こったとかさ。そんなときに先生を嘘つき呼ばわりするのは変じゃない？　先生は単に、雨が降った場合のことだけを言ってるんだから。

うーん、そうかなあ。「雨が降ったら運動会は中止になる」ってことは、「雨が降らなかったら、運動会は中止にならない」って言ってることになると思うんだけど。ねえジョージ、どうなの？

実は、これは難しい問題なんだ。ただし、論理の範囲では、(世界3)では「明日雨が降ったら、運動会が中止になります」という文が「真」になるという考え方が採られている。つまり、今リズが言ったような、「この文は、雨が降った場合のことだけを言っていて、雨が降らなかった場合については何も言ってない」という考え方をするんだ。

なるほど。でも、「論理の範囲では」ってどういうこと？

つまり、論理の範囲を超えて「言葉の使い方」のレベルになると、カンタロウが言ったような考え方も出てくるってことだ。つまり日常的には、「明日雨が降るならば、運動会は中止になる」と言われたら、「雨が降らなかったら中止にはならないんだな」と思う人が出てくる。なぜこんなことになるのかは、「2. 言語編」で説明するぞ。

　さて、(世界4)の「明日雨が降らず、運動会が中止にならない世界」が残っているが、これについてはどうだ？

ええっと、そういう世界では、「明日雨が降るならば、運動会は中止になる」って言った先生は別に嘘を言ったことにならないよね。だから「真」でOK？

OKだ。これまでの答えをまとめると、次のようになる。

	「明日雨が降るならば、運動会は中止になる」の真偽
明日雨が降って、運動会が中止になる世界（世界1）	真
明日雨が降って、運動会が中止にならない世界（世界2）	偽
明日雨が降らず、運動会が中止になる世界（世界3）	真
明日雨が降らず、運動会が中止にならない世界（世界4）	真

結局、（世界2）以外の世界では全部、真なのね。

これで、前提1「明日雨が降るならば、運動会は中止になる」と前提2「明日雨が降る」、結論「運動会は中止になる」のすべてが、どんな世界で真になり、どんな世界で偽になるか分かった。つまり、推論が正しいかどうかを確かめる下準備ができたんだ。

ここで、前提1と前提2が真であるような世界だけ残し、偽であるような世界を消してみよう。すると、次のようになる。

	（前提1）「明日雨が降るならば、運動会は中止になる」の真偽	（前提2）「明日雨が降る」の真偽
明日雨が降って、運動会が中止になる世界（世界1）	真	真
~~明日雨が降って、運動会が中止にならない世界（世界2）~~	偽（←ここに注目して世界を消す）	真
~~明日雨が降らず、運動会が中止になる世界（世界3）~~	真	偽（←ここに注目して世界を消す）
~~明日雨が降らず、運動会が中止にならない世界（世界4）~~	真	偽（←ここに注目して世界を消す）

（世界2）は、前提1「明日雨が降るならば、運動会は中止になる」が偽になるから消えるのね。そして（世界3）と（世界4）は、前提2の「明日雨が降る」が偽になるから消えるのね。

そうだ。ここで残った（世界1）の中で、結論の「運動会は中止になる」が真になるか偽になるかを見てみよう。どうだ？

（世界1）しか残ってないから簡単だね。結論は「真」だよ。

	（結論）「運動会は中止になる」の真偽
明日雨が降って、運動会が中止になる世界（世界1）	真（←これを確認）

正しい推論では、今やったように「前提の文が真であるような世界」だけを残していくと、その中では必ず、結論の文が真になるんだ。このことは、正しい推論の型に共通する性質なんだ。

なるほど、前にジョージが言ってた、「正しい推論では、前提がすべて真であるような世界で、結論が必ず真になる」っていうことが、こうやって確かめられるわけね。

さて、今の考え方の流れを、記号を使ってより簡単に見ていこう。「明日雨が降る」をA、「運動会が中止になる」をBに置き換えると、表は次のようになる。

	「AならばB」の真偽	「A」の真偽	「B」の真偽
Aが真で、Bも真である世界	真	真	真
Aが真で、Bが偽である世界	偽	真	偽
Aが偽で、Bが真である世界	真	偽	真
Aが偽で、Bも偽である世界	真	偽	偽

今後、「AならばB」のような文を「ならば文」と呼んでいくぞ。「ならば」以外にも、「たら」「れば」「場合は」など、何らかの条件を述べるような言葉が入った文は「ならば文」と呼ぶことにする。「ならば文」の真偽については、上の表の「パターン」をしっかり頭に入れておいてくれよ。

「AならばB」は、Aが真、Bが偽のときは偽で、それ以外の組み合わせの時はぜんぶ真なんだね。これなら僕でも覚えられるよ。

「正しい推論の型その2（モーダスポネンス）」の正しさを確かめるには、①2つの前提が真になるような世界だけを残し、②その中で結論が真になっていることを確認するといい。

正しい推論の型その2（モーダスポネンス）
（前提）AならばB。
（前提）A。
（結論）B。

	（前提）「AならばB」の真偽	（前提）Aの真偽	（結論）Bの真偽
Aが真で、Bも真である世界	真	真	真（←②ここが真であるか確認する）
~~Aが真で、Bが偽である世界~~	偽（←①ここに注目して世界を消す）	真	偽
~~Aが偽で、Bが真である世界~~	真	偽（←①ここに注目して世界を消す）	真
~~Aが偽で、Bも偽である世界~~	真	偽（←①ここに注目して世界を消す）	偽

ねえ、推論には「必ずしも正しくない推論」もあるんでしょ？　さっきカンタロウが言ってた、「糸元さんが風邪を引いたならば、糸元さんは学校を休む。糸元さんは学校を休んだ。だから、糸元さんは風邪を引いた」ってやつはどうなるの？

その推論の型は、こうだったな。

必ずしも正しくない推論の型1（アブダクション）
（前提）Aならば、B。
（前提）B。
（結論）A。

今までと同じ手順で、この推論が正しいかどうか確かめてみよう。この推論に出てくる「AならばB」と「B」と「A」の「世界と真偽の対応表」は、次のようになる。

	（前提）「AならばB」の真偽	（前提）Bの真偽	（結論）Aの真偽
Aが真で、Bも真である世界	真	真	真
Aが真で、Bが偽である世界	偽	偽	真
Aが偽で、Bが真である世界	真	真	偽
Aが偽で、Bも偽である世界	真	偽	偽

ここから、①前提の「AならばB」が偽であるような世界を消し、「B」が偽であるような世界も消して、両方が真であるような世界だけが残るようにする。そして、②残った世界で、結論の「A」の真偽がどうなっているか見るんだ。

	（前提）「AならばB」の真偽	（前提）Bの真偽	（結論）Aの真偽
Aが真で、Bも真である世界	真	真	真（←②ここが真であるか確認する）
~~Aが真で、Bが偽である世界~~	偽（←①ここに注目して世界を消す）	偽（←①ここに注目して世界を消す）	真
Aが偽で、Bが真である世界	真	真	偽（←②ここが真であるか確認する）
~~Aが偽で、Bも偽である世界~~	真	偽（←①ここに注目して世界を消す）	偽

ふむふむ。残ったのは、上から一番目と三番目だね。そして、上から一番目の世界では、結論の「A」は真だね。でも、上から三番目の世界では偽になってる。つまり、結論が偽になるような世界が残っているのか。

そうだ。こんなふうに「必ずしも正しくない推論」では、すべての前提が真になるような世界だけを残しても、その中に結論が偽になる世界があるんだ。「正しい推論」と「必ずしも正しくない推論」の違い、分かってもらえただろうか？

それはそうとさ、ジョージは糸元さんの飼い猫のルートヴィッヒと友達なんだっ

て？　じゃあさ、糸元さんのこと、いろいろ聞いといてよ。

そういえば、ルートヴィッヒがこう言ってたな。「うちの飼い主には好きな人がいるみたいだ」って。

本当に？　それ、僕のことだよ！　だって、もし糸元さんが僕のことを好きなら、当然、「糸元さんには好きな人がいる」ってことになるからね。

いや、それはおかしいでしょ？　あんたが今言った推論は、こうよ？　これ、さっき見た「アブダクション」でしょ。つまり、結論は必ずしも正しくならないんだよ。

（前提） もし糸元さんがカンタロウのことを好きならば、糸元さんには好きな人がいる（ということになる）。
（前提） 糸元さんには好きな人がいる。
（結論）（だから、）糸元さんはカンタロウのことが好きである。

まったく、姉ちゃんは細かいなあ。別に、論理とかどうでもいいんだよ。それに、「結論は必ずしも正しくない」って言ったって、「絶対に間違ってる」ってわけじゃないでしょ。つまり、糸元さんが僕のことを好きだっていう可能性はあるんだ。いや、僕のカンでは絶対、そうだよ！

あんた、あまりにもポジティブすぎるでしょ……。

まあ、「そう思いたい」っていう気持ちには、論理はなかなか勝てないってことだな。

POINT

- 推論には、前提が本当であれば結論も必ず本当になるような「正しい推論」と、そうではない「必ずしも正しくない推論」がある。
- 「ならば文」は、「ならば」の前の文が真で後の文が偽のときは「偽」になり、それ以外の場合はすべて「真」になる。
- 正しい推論を見分けるには、「世界と真偽の対応表」が利用できる。

解説

ジョージの説明にあったように、推論には「正しい推論」と「必ずしも正しくない推論」があります。ここで言う「正しい推論」は、「演繹（えんえき）」とか「演繹的推論」などと呼ばれます。これに対し、「必ずしも正しくない推論」には、この節で見た「アブダクション」や、「帰納」と呼ばれるものがあります。帰納については後の1.10節で説明します。

この節では、「正しい推論」と「必ずしも正しくない推論」を見分ける方法を説明しました。手順を整理すると、以下のようになります。

(1)　「世界と真偽の対応表」を用意し、前提に含まれる文がどういう場合に真になり、どういう場合に偽になるかを確かめる。

(2)　「対応表」から、前提が偽になる世界を消し、真になる世界だけを残していく。

(3)　残った世界のすべてで、結論が真になっているかどうかを確かめる。なっていたらそれは「正しい推論」で、なっていなければ（つまり、結論が偽であるような世界が残っていたら）「正しい推論」ではない。

この方法に慣れるために、練習問題をやってみましょう。

練習問題　「ならば文」が関わる推論の型には、次のようなものがある。この推論には、A、B、Cという三つの文が関わっている。

（前提1）AならばB。
（前提2）BならばC。
（結論）（だから、）AならばC。

この型の推論が正しいかどうかを、「世界と真偽の対応表」を使った方法で確かめてみよう。
ただし、この推論にはA、B、Cという三つの文が出てきているので、世界を八つ考えなくてはならない。まずは、次の表を埋めることから始めよう。

	(前提1)「AならばB」の真偽	(前提2)「BならばC」の真偽
Aが真で、Bが真で、Cが真である世界		
Aが真で、Bが真で、Cが偽である世界		
Aが真で、Bが偽で、Cが真である世界		
Aが真で、Bが偽で、Cが偽である世界		
Aが偽で、Bが真で、Cが真である世界		
Aが偽で、Bが真で、Cが偽である世界		
Aが偽で、Bが偽で、Cが真である世界		
Aが偽で、Bが偽で、Cが偽である世界		

その上で、表の中で(前提1)「AならばB」と(前提2)「BならばC」が真になるような世界だけを残し、それらの世界のすべてで(結論)「AならばC」がすべて真になるかどうかを確かめる。結果はどうなるだろうか?

まず、(前提1)「AならばB」と(前提2)「BならばC」の真偽を表に入れていくと、次のようになります。

	(前提1)「AならばB」の真偽	(前提2)「BならばC」の真偽
Aが真で、Bが真で、Cが真である世界(世界1)	真	真
Aが真で、Bが真で、Cが偽である世界(世界2)	真	偽
Aが真で、Bが偽で、Cが真である世界(世界3)	偽	真
Aが真で、Bが偽で、Cが偽である世界(世界4)	偽	真
Aが偽で、Bが真で、Cが真である世界(世界5)	真	真
Aが偽で、Bが真で、Cが偽である世界(世界6)	真	偽
Aが偽で、Bが偽で、Cが真である世界(世界7)	真	真
Aが偽で、Bが偽で、Cが偽である世界(世界8)	真	真

その中で、「AならばB」と「BならばC」が偽になる世界を消すと、四つの世界が消え、四つの世界が残ります。

	(前提1)「AならばB」の真偽	(前提2)「BならばC」の真偽
Aが真で、Bが真で、Cが真である世界(世界1)	真	真
~~Aが真で、Bが真で、Cが偽である世界(世界2)~~	真	偽(←ここに注目して世界を消す)
~~Aが真で、Bが偽で、Cが真である世界(世界3)~~	偽(←ここに注目して世界を消す)	真
~~Aが真で、Bが偽で、Cが偽である世界(世界4)~~	偽(←ここに注目して世界を消す)	真
Aが偽で、Bが真で、Cが真である世界(世界5)	真	真
~~Aが偽で、Bが真で、Cが偽である世界(世界6)~~	真	偽(←ここに注目して世界を消す)
Aが偽で、Bが偽で、Cが真である世界(世界7)	真	真
Aが偽で、Bが偽で、Cが偽である世界(世界8)	真	真

残った世界(世界1、世界5、世界7、世界8)で、結論の「AならばC」が真になるかどうかを確かめると、次のようになります。ジョージの説明にあったように、「ならば文」は、「ならば」の前の文が真で、後ろの文が偽であるような世界以外では、すべて真になります。残った世界を見てみると、この中には「Aが真でCが偽」であるような世界はありません。つまり、どの世界でも、結論の「AならばC」は真になります。

	(結論)「AならばC」の真偽
Aが真で、Bが真で、Cが真である世界(世界1)	真
Aが偽で、Bが真で、Cが真である世界(世界5)	真
Aが偽で、Bが偽で、Cが真である世界(世界7)	真
Aが偽で、Bが偽で、Cが偽である世界(世界8)	真

以上の手順で、この推論は正しいということが確認できました。つまり、「AならばB」と「BならばC」という二つの前提から「AならばC」という結論を導く推論は、正しい推論の型にのっとっているということになります。この型の推論の例としては、次のようなものが挙げられます。

（前提1）明日雨が降ったら、運動会が中止になる。
（前提2）運動会が中止になったら、カンタロウはがっかりする。
（結論）（だから、）明日雨が降ったら、カンタロウはがっかりする。

「ではない文」と「あるいは文」を含む推論

あのさ、今までに習った「正しい推論の型」は、他にもあったよね。「ジョージが犯人か、あるいはアルフレッドが犯人だ。ジョージは犯人ではない。だから、アルフレッドが犯人だ」ってやつ。あれの正しさも、「世界と真偽の対応表」で確かめられるの？

リズが言っているのは「正しい推論の型その1（選言的三段論法）」だな。この推論の正しさを確かめるのにも、さっきの方法が使えるぞ。

正しい推論の型その1（選言的三段論法）
（前提）Aか、あるいはB。
（前提）Aではない。
（結論）B。

この推論には「あるいは」という言葉と、「ではない」という言葉が出てきている。まずは、これらを含む文がどういうときに真や偽になるかを考えよう。

まず「Aではない」の方が簡単だから、こっちから見ていこう。このような文を、これから先「ではない文」と呼んでいくことにする。「Aではない」という文は、Aが真であるような世界では偽、Aが偽であるような世界では真になる。

	「Aではない」の真偽
Aが真であるような世界	偽
Aが偽であるような世界	真

たとえば、「ジョージは犯人ではない」という文の真偽は、次のようになる。

	「ジョージは犯人ではない」の真偽
「ジョージが犯人である」が真であるような世界	偽
「ジョージが犯人である」が偽であるような世界	㊟真

つまり、「ではない」が付くことで、真偽が逆転するわけね。

そうだ。次に、「Aか、あるいはB」という文について見ていこう。このような文を今後、「あるいは文」と呼ぶぞ。まずは、「ジョージが犯人であるか、あるいはアルフレッドが犯人だ」という文の真偽が、次の世界でどうなるかを考えてみてくれ。

- ジョージが犯人で、アルフレッドも犯人であるような世界（世界1）
- ジョージが犯人で、アルフレッドは犯人ではないような世界（世界2）
- ジョージは犯人ではなく、アルフレッドが犯人であるような世界（世界3）
- ジョージは犯人ではなく、アルフレッドも犯人ではないような世界（世界4）

（世界1）のとき、「ジョージが犯人であるか、あるいはアルフレッドが犯人だ」は偽だよね？

そう？　私は別に、偽じゃないと思うけど？

いや、偽だよ。だって、元の文は、ジョージかアルフレッドが犯人だって言ってるんだよ？　両方犯人だったら「間違い」に決まってるじゃないか。「AかBか」だったら、どちらか一つじゃないといけないんだよ。たとえば、うちの親が「今晩はカレーかすき焼きだ」って言ったら、カレーとすき焼きが両方出てくることはあり得ないじゃん。

でもさ、喫茶店でコーヒーや紅茶を飲むとき、「砂糖かミルクはおつけしますか？」って聞かれて「両方ください」って言うことはあるじゃない。だから、「AかB

か」って言ったとしても、「どちらか片方だけ」とは限らないんじゃない?

まあまあ、二人とも、間違ってはいない。実は、「あるいは文」には、お前たちが言った両方の解釈があるんだ。つまり「Aか、あるいはB」には、「AとBの両方が真である場合にも、文全体が真であるような解釈」と、「AかBのどちらか片方のみが真である場合にだけ、文全体が真であるような解釈」の両方がある。

ええっと……よく分からないんだけど、「あるいは文」には二種類あるってこと?

そう考えてもらってOKだ。ここでは二種類の「あるいは文」を、「あるいは文(両方OKバージョン)」と「あるいは文(どちらか片方バージョン)」と呼ぶことにしよう。これら二種類の「あるいは文」の真偽は、「あるいは」の前後の文がどちらも真であるような世界では、次のようになる。

	「AあるいはB(両方OKバージョン)」の真偽	「AあるいはB(どちらか片方バージョン)」の真偽
Aが真で、Bも真である世界	真	偽

「あるいは文」がどちらのバージョンで解釈されやすいかは、表現の仕方とか、文の内容によって変わる。たとえば、「AかBかのどちらかだ」という言い方だと、「どちらか片方」と解釈されやすい。また、AとBが表す状況が同時に起こりえない場合——たとえば「投げたコインの面が表であるか、あるいは裏であるか」とかだと、必ず「どちらか片方」になる。リズが言った「砂糖をつけるか、あるいはミルクをつけるか」のような状況は、「両方OK」という解釈がしやすい。

ふーん。僕はいまいち納得できないけど、とりあえず「あるいは文」が二種類あるっていう考え方があることは分かったよ。

では、(世界2)〜(世界4)についてはどうだ? 「ジョージが犯人であるか、あるいはアルフレッドが犯人だ」は真だろうか、偽だろうか?

ええと、(世界2)の「ジョージが犯人で、アルフレッドは犯人ではないような世界」では、「あるいは」が「両方OKバージョン」だろうと、「どちらか片方バー

ジョン」だろうと、「真」ってことでいいよね。

で、(世界3)の「ジョージが犯人ではなく、アルフレッドが犯人であるような世界」では、どちらのバージョンでも真。

そして、(世界4)の「ジョージが犯人ではなく、アルフレッドも犯人ではないような世界」では、どちらも偽。

そのとおりだ。「世界と真偽の対応表」を完成させると、次のようになる。

	「AあるいはB(両方OKバージョン)」の真偽	「AあるいはB(どちらか片方バージョン)」の真偽
Aが真で、Bも真である世界	真	偽
Aが真で、Bが偽である世界	真	真
Aが偽で、Bが真である世界	真	真
Aが偽で、Bも偽である世界	偽	偽

結局、「両方OKバージョン」と「どちらか片方バージョン」の違いは、一番上の世界で真になるか偽になるかの違いだけなんだね。

そうだ。さて、ここで「正しい推論型その1(選言的三段論法)」がなぜ正しくなるかを見ていこう。

やり方はもう知ってるだろうから、リズとカンタロウでやってみてくれ。ここでは、二種類の「あるいは文」のうち、「どちらか片方バージョン」を使ってやってみよう。

正しい推論の型その1(選言的三段論法)

(前提) Aか、あるいはB。(「どちらか片方」バージョン)

(前提) Aではない。

(結論) B。

ええっと、まずは「世界と真偽の対応表」から、前提が偽になるような世界を消していくのよね。一つ目の前提の「Aか、あるいはB」が偽になるような世界を消すと、次のようになるね。

	（前提）「AあるいはB（どちらか片方バージョン）」の真偽
~~Aが真で、Bも真である世界~~	偽（←ここに注目して世界を消す）
Aが真で、Bが偽である世界	真
Aが偽で、Bが真である世界	真
~~Aが偽で、Bも偽である世界~~	偽（←ここに注目して世界を消す）

それから、もう一個の前提の「Aではない」が偽になる世界も消さないといけないんだよね。「Aではない」はAが真であるような世界では偽だったから、上から二つ目の世界も消さないといけないね。

	（前提）「AあるいはB（どちらか片方バージョン）」の真偽	「（前提）Aではない」の真偽
~~Aが真で、Bも真である世界~~	偽	偽
~~Aが真で、Bが偽である世界~~	真	偽（←ここに注目して世界を消す）
Aが偽で、Bが真である世界	真	真
~~Aが偽で、Bも偽である世界~~	偽	真

残ったのは、上から三番目の、「Aが偽であり、Bが真であるような世界」だけか。ここでは結論の「B」は真になるから、正しいってことが分かったね。

	（結論）「B」の真偽
Aが偽で、Bが真である世界	真

そういえばさ、さっきお父さんが「リズかカンタロウがジョージのキャットフードを買ってきてくれたら助かる」って言ってたよ。僕は忙しくて行けないから、姉ちゃん行ってきてよ。

は?　何言ってんのよ。私だって忙しいんだから、あんたが行けばいいでしょ?

いいや、姉ちゃんより僕の方が忙しいって!　だから、姉ちゃんが行くべき。

いいや、あんたが行くべき!

たぶん、父ちゃんは「両方OKバージョン」のつもりで「リズかカンタロウ」って言ったんだろうけどな。まあでも、下手に口出しして俺に八つ当たりされたら困るから、ここは退散するか……。

POINT

- 「あるいは文」には、「両方OKバージョン」と「どちらか片方バージョン」の二種類がある。どちらに解釈されやすいかは、場合による。
- 「あるいは文(両方OKバージョン)」は、「あるいは」の前後の文が両方とも偽のときだけ偽で、それ以外の場合は真になる。
- 「あるいは文(どちらか片方バージョン)」は、「あるいは」の前後の文の一方が真で一方が偽のときは真で、それ以外の場合は偽になる。
- 「ではない文」は、「ではない」の付いた文が真のとき偽、偽のとき真になる。

解説

以上のように、「あるいは文」と「ではない文」が関わる推論の正しさを確かめる時にも、「世界と真偽の対応表」を使うことができます。これらの文が関わる他の推論についても、正しさを確かめる練習をしてみましょう。

練習問題　次の推論の型が正しいことを確かめてみよう。

(1)

「正しい推論の型その1」

(前提) Aか、あるいはB。(両方OKバージョン)

(前提) Aではない。

(結論) B。

(2)

(前提) Aではないか、あるいはB。(両方OKバージョン)

(結論) AならばB。

(3)

(前提)「Aではない」ということはない(=「Aではない」ではない)。

(結論) Aである。

(1) まずは、一つ目の前提が偽になるような世界を消してみましょう。この節で見たように、「あるいは文(両方OKバージョン)」は、「あるいは」の前後の文がどちらも偽である世界では偽になります。よって、次の「世界と真偽の対応表」では、上から四番目の世界が消えます。

	(前提)「AあるいはB(両方OKバージョン)」の真偽
Aが真で、Bも真である世界	真
Aが真で、Bが偽である世界	真
Aが偽で、Bが真である世界	真
~~Aが偽で、Bも偽である世界~~	偽(←ここに注目して世界を消す)

さらに、二つ目の前提である「Aではない」が偽になるような世界を消してみましょう。「Aではない」はAが真であるような世界で偽になります。よって、上から一番目と二番目の世界が消えます。

	(前提)「AあるいはB(両方OKバージョン)」の真偽	(前提)「Aではない」の真偽
~~Aが真で、Bも真である世界~~	真	偽(←ここに注目して世界を消す)
~~Aが真で、Bが偽である世界~~	真	偽(←ここに注目して世界を消す)
Aが偽で、Bが真である世界	真	真
~~Aが偽で、Bも偽である世界~~	偽	真

残ったのは、上から三番目の「Aが偽であり、Bが真であるような世界」だけです。この中で、結論の「B」は当然、真になります。以上のように、「あるいは文（両方OKバージョン）」でも、「正しい推論の型1」が正しいことを確かめることができました。

(2)について考えるには、まず前提の「Aではないか、あるいはB（両方OKバージョン）」の「世界と真偽の対応表」を求める必要があります。そのための準備として、まずは「あるいは」の前後の「Aではない」と「B」の真偽を考えてみましょう。すると、次のようになります。

	（前提の一部）「Aではない」の真偽	（前提の一部）Bの真偽
Aが真で、Bも真である世界	偽	真
Aが真で、Bが偽である世界	偽	偽
Aが偽で、Bが真である世界	真	真
Aが偽で、Bも偽である世界	真	偽

その上で、これらを「あるいは」でつないだ「Aではないか、あるいはB」の真偽を考えます。「あるいは文（両方OKバージョン）」は、「あるいは」の前後の文がどちらも偽のときだけ「偽」になり、他の場合は真になるのでした。よって、前提である「Aではないか、あるいはB」の真偽は次のようになります。

	（前提の一部）「Aではない」の真偽	（前提の一部）Bの真偽	（前提）「Aではないか、あるいはB（両方OK）」の真偽
Aが真で、Bも真である世界	偽	真	真
Aが真で、Bが偽である世界	偽	偽	偽
Aが偽で、Bが真である世界	真	真	真
Aが偽で、Bも偽である世界	真	偽	真

ここから先は、これまでに紹介した手順に従って、前提の「Aではないか、あるいはB（両方OK）」が偽になる世界を消し、残った世界のすべてで結論の「AならばB」が真になるかどうかを確かめることになります。

ただしここでは、わざわざその手順を踏まなくても、(2)の推論が正しいことが分かります。なぜなら、前提の「Aではないか、あるいはB（両方OKバージョン）」の真偽は、結論である「AならばB」の真偽（1.4節を参照のこと）と、まったく同じパターンを示しているからです。つまり、どちらの文も、次の表の上から二番目の世界でのみ「偽」で、残りの世界ではすべて「真」になっています。

	(前提)「Aではないか、あるいはB(両方OK)」の真偽	(結論)「AならばB」の真偽
Aが真で、Bも真である世界	真	真
Aが真で、Bが偽である世界	偽	偽
Aが偽で、Bが真である世界	真	真
Aが偽で、Bも偽である世界	真	真

このことから分かるのは、「Aではないか、あるいはB(両方OKバージョン)」と、「AならばB」は、論理という面から見れば「同じ」である、ということです。これら二つの文のニュアンスはずいぶん違うように感じられますが、推論の中では同じ働きをするのです。こういったことも、「世界と真偽の対応表」から明らかになります。

(3)の前提「『Aではない』ということはない(=『Aではない』ではない)」は、「A」に「ではない」が二つ付いたもの、つまり「A」を二重に否定するものです。この節では、否定の「ではない」は文の真偽を逆転させる、と説明しました。この説明に従うと、「A」を二重に否定する「『Aではない』ということはない」という文の真偽は、「A」と同じになる、ということになります。結果として、(3)の推論は正しいということになります。

	(前提)「『Aではない』ということはない」の真偽	(結論)「A」の真偽
Aが真である世界	真	真
Aが偽である世界	偽	偽

ただし、日常では、つねに(3)の推論が正しくなるかどうか明らかではありません。たとえば、次のような推論には、違和感を覚える人がいるかもしれません。

(前提)リズは優秀ではないということはない。
(結論)リズは優秀である。

ここでの問題は、「優秀ではないということはない」を、「優秀である」と同一視してもいいか、それとも「優秀であるともそうでないとも言えない、どっちつかずの状態」と考えるべきかという問題です。実際にどちらであるかは、明確には答えの出ない難しい問題です。

このように、「否定が二つ重なった文」は、ここで説明しているような「推論の正しさの見極め方」では、すっきりと扱えないことがあります。以下では、こういった現象の影響が出ない範囲で解説をしていきますが、ここでご紹介している方法にもこういった限界があることを心に留めておいていただければと思います。

1.6 「なおかつ文」を含む推論

姉ちゃん、今日の晩ご飯、何だと思う？　さっきお父さんが「牛肉買ってきた」って言ってたんだ。僕、すき焼きとビーフカレーを食べたい気分なんだけどなあ。

何言ってんのよ。うちでは、すき焼きとビーフカレーが一緒に夕飯に出ることはないでしょ。だから、どちらか一方に決まってるよ。

ちぇっ、夢がないなあ。そういう豪華な夕飯があってもいいじゃないか。でもさ、今姉ちゃんが言ったことって、「正しいスイロン」なのかな？

今のリズの推論は、こんなふうに言い直せるな。

(前提)「すき焼きが夕飯に出て、なおかつビーフカレーが夕飯に出る」ということはない。

(結論)（だから、）すき焼きが夕飯に出るか、あるいはビーフカレーが夕飯に出る。（どちらか片方バージョン）

まあ、意味的にはそうね。ちょっと言い方がくどい感じはするけど。

言い方がくどいのは、「なおかつ」とか「あるいは」という言葉のせいだろう。ここでは推論の型を見やすくするために、こういう言葉を使っているんだ。

この推論には、新しいタイプの文が入っている。それは、前提の中の「すき焼きが夕飯に出て、なおかつビーフカレーが夕飯に出る」という部分だ。こういう「AなおかつB」という形をした文を、「なおかつ文」と呼んでいくことにしよう。

まずは、「なおかつ文」の「世界と真偽の対応表」を確認しておこう。次のそれぞれの世界で、「すき焼きが夕飯に出て、なおかつビーフカレーが夕飯に出る」という文が真になるか偽になるかを考えてみてくれ。

- すき焼きが夕飯に出て、ビーフカレーも夕飯に出る世界（世界1）
- すき焼きが夕飯に出て、ビーフカレーは夕飯に出ない世界（世界2）
- すき焼きが夕飯に出ず、ビーフカレーが夕飯に出る世界（世界3）
- すき焼きが夕飯に出ず、ビーフカレーも夕飯に出ない世界（世界4）

（世界1）では、「すき焼きが夕飯に出て、なおかつビーフカレーが夕飯に出る」は当然「真」だよね。で、他の世界では全部「偽」か。なんだ、ずいぶん簡単だね。

そのとおりだ。表にすると、次のようになる。

	「すき焼きが夕飯に出て、なおかつビーフカレーが夕飯に出る」の真偽
すき焼きが夕飯に出て、ビーフカレーも夕飯に出る世界（世界1）	真
すき焼きが夕飯に出て、ビーフカレーは夕飯に出ない世界（世界2）	偽
すき焼きが夕飯に出ず、ビーフカレーが夕飯に出る世界（世界3）	偽
すき焼きが夕飯に出ず、ビーフカレーも夕飯に出ない世界（世界4）	偽

「すき焼きが夕飯に出る」をA、「ビーフカレーが夕飯に出る」をBに置き換えて見やすくすると、次のようになる。

	「AなおかつB」の真偽
Aが真で、Bも真である世界	真
Aが真で、Bが偽である世界	偽
Aが偽で、Bが真である世界	偽
Aが偽で、Bも偽である世界	偽

さて、さっきのリズの推論の前提は、「『AなおかつB』ということはない」という形をしている。つまり、「AなおかつB」全体に「ということはない」が付いている。「ということはない」は前に見た「ではない」と同じなので、これを「『AなおかつB』ではない」と言い換えよう。この文の真偽はどうなる?

ええっと、「ではない」は真と偽を逆転させるんだから、こうかな?

	「AなおかつB」の真偽	「『AなおかつB』ではない」の真偽
Aが真で、Bも真である世界	真	偽
Aが真で、Bが偽である世界	偽	真
Aが偽で、Bが真である世界	偽	真
Aが偽で、Bも偽である世界	偽	真

そうだな。ではここで、前提の「『AなおかつB』ではない」が偽になるような世界を消そう。すると、一番上の世界が消える。

	(前提)「『AなおかつB』ではない」の真偽
~~Aが真で、Bも真である世界~~	偽(←ここに注目して世界を消す)
Aが真で、Bが偽である世界	真
Aが偽で、Bが真である世界	真
Aが偽で、Bも偽である世界	真

では、残った世界のすべてで、結論の「Aか、あるいはB。(どちらか一方バージョン)」が真になるかどうかを見よう。どうなる?

「あるいは文」の「どちらか一方バージョン」は、Aが真でBが偽である世界と、Aが偽でBが真である世界では真で、他の世界では偽だったよね。だから、残った世界での真偽は、こう?

	(前提)「『AなおかつB』ではない」の真偽	(結論)「Aか、あるいはB(どちらか一方)」の真偽
~~Aが真で、Bも真である世界~~	偽	偽
Aが真で、Bが偽である世界	真	真(←注目)
Aが偽で、Bが真である世界	真	真(←注目)
Aが偽で、Bも偽である世界	真	偽(←注目!)

あっ!　一番下の世界で、結論が偽になってる!

実は、そうなんだ。「『AなおかつB』ではない」という前提が真でも、「Aか、あるいはB」という結論が必ず真になるとは限らない。つまり、たとえ「『すき焼きが夕飯に出て、なおかつビーフカレーが夕飯に出る』ということはない」という前提が正しくても、「すき焼きが夕飯に出るか、あるいはビーフカレーが夕飯に出る」という結論が正しいとは限らないんだ。

お前たち、ちょっと待ってろよ。(台所へ行く)ニャ〜ン、ニャ〜ン……。(戻ってきて)夕飯のメニューが分かったぞ。今日は「肉じゃが」だ。

あー、予想が外れた。やっぱりさっきの推論は、正しくなかったんだね。

POINT

・「なおかつ文」は、「なおかつ」の前後の文がどちらも真であるときのみ真であり、それ以外の場合は偽である。

解説

この節で見た「なおかつ文」と、前の節で見た「あるいは文」の間には、面白い関係があります。練習問題で確かめてみましょう。

練習問題　**次の推論は正しい推論の型であることが知られている。**

（前提）「AあるいはB」ではない。（両方OKバージョン）
（結論）Aではなく、なおかつBではない。

今までに使った方法で、この推論が正しいことを確認してみよう。

前提の「『AあるいはB』ではない（両方OKバージョン）」の「世界と真偽の対応表」は、「AあるいはB」の表の真偽を逆転することで求められます。つまり、次のようになります。

	（前提の一部）「AあるいはB（両方OKバージョン）」の真偽	（前提）「『AあるいはB』（両方OKバージョン）ではない」の真偽
Aが真で、Bも真である世界	真	偽
Aが真で、Bが偽である世界	真	偽
Aが偽で、Bが真である世界	真	偽
Aが偽で、Bも偽である世界	偽	真

結論の「Aではなく、なおかつBではない」については、「Aではない」「なおかつ」「Bではない」という部品に分けて考えてみましょう。まず、「Aではない」と「Bではない」の真偽は次のようになります。

	（結論の一部）「Aではない」の真偽	（結論の一部）「Bではない」の真偽
Aが真で、Bも真である世界	偽	偽
Aが真で、Bが偽である世界	偽	真
Aが偽で、Bが真である世界	真	偽
Aが偽で、Bも偽である世界	真	真

「Aではなく、なおかつBではない」は、「Aではない」と「Bではない」を「なおかつ」でつないだものです。すでに見たように「なおかつ文」は、「なおかつ」の前の文と後ろの文が両方真である場合以外は、すべて偽になります。よって、表は次のようになります。

	（結論の一部）「Aではない」の真偽	（結論の一部）「Bではない」の真偽	（結論）「Aではなく、なおかつBではない」の真偽
Aが真で、Bも真である世界	偽	偽	偽
Aが真で、Bが偽である世界	偽	真	偽
Aが偽で、Bが真である世界	真	偽	偽
Aが偽で、Bも偽である世界	真	真	真

さて、ここで前提の「対応表」に戻ってみましょう。前提の「『AあるいはB』ではない（両方OKバージョン）」は、一番下の世界でのみ真で、残りの世界では偽でした。そして、すぐ上の表のとおり、結論の「Aではなく、なおかつBではない」の表の示す真偽のパターンも、これとまったく同じです。このことにより、問題の推論が正しいことが確かめられました。

また以上のことから、練習問題の推論は、前提と結論を逆にしても正しい推論になることが分かります。つまり、次の推論も正しいのです。

（前提） Aではなく、なおかつBではない。
（結論）「Aか、あるいはB」ではない。（両方OKバージョン）

また、「なおかつ文」と「あるいは文」に関しては、次のような推論も正しいことが知られています。

(前提)「AなおかつB」ではない。
(結論) Aではないか、あるいはBではない。(両方OKバージョン)

(前提) Aではないか、あるいはBではない。(両方OKバージョン)
(結論)「AなおかつB」ではない。

つまり、

・「Aか、あるいはB」ではない。(両方OKバージョン)
・Aではなく、なおかつBではない。

は論理の面から見て同じであり、さらに

・Aではないか、あるいはBではない。(両方OKバージョン)
・「AなおかつB」ではない。

も論理の面では同じだ、ということになります。このことは、「ド・モルガンの法則」と呼ばれています。

応用のヒント2

推論に穴がないかを見極める

ここまでの「世界と真偽の対応表」の話を読んで、なんだか面倒だな、普段の生活でこんなことを考えないといけない場面ってあるのかな……と思われた方もいらっしゃるでしょう。確かに、日常の中ではここまで厳密に考えなければならないことはあまりないかもしれません。しかし、何か重要なことを決めなければならないときや、不当な言いがかりから自分を守る必要があるときには、自分や他人が行なっている推論が正しいか、そこに穴がないかなどを考えなくてはなりません。そんなとき、「世界と真偽の対応表」は、一つの手がかりになります。次の問題を考えてみてください。

応用問題

(1) リズは、新しいスマートフォンを買いに行った。古いスマホから新しいスマホへどうやってデータを移したらいいかをお店の人に聞いたところ、「この付属品があれば、データを移すことができますよ」と言われ、付属品を買うよう勧められた。リズは「もしこの付属品がなかったら、データの移行ができないのね」と思ったが、この推論に問題はないだろうか?

(2) 台所から魚を盗んだ犯人を探していたカンタロウは、ジョージと隣の飼い猫のアルフレッドの両方が犯人なのではないか、つまり二匹の共犯なのではないかと考えた。しかし、調べてみると、ジョージとアルフレッドはたいして仲が良いわけではなく、一緒に魚を盗んだりしないということが分かった。また、アルフレッドは犯行日時に動物病院に検診に行っており、犯人ではないことが分かった。
カンタロウはこのことから、ジョージの単独犯であると結論づけた。この推論は正しいだろうか?

(1) ここでリズがしている推論は、次のようなものです。

(前提) この付属品があれば、データの移行ができる。
(結論) (だから、)この付属品がなかったら、データの移行ができない。

「この付属品がある」をA、「データの移行ができる」をBとすると、次のような「型」にのっとっていることが分かります。

(前提) AならばB。
(結論) (だから、)Aではないならば、Bではない。

すでに見たように、前提の「AならばB」は、Aが真でBが偽である世界でのみ偽で、それ以外の世界では真です。では、結論の「Aではないならば、Bではない」はどうでしょうか？ 「Aではない」「Bではない」の真偽からこの文の真偽を導き出すと、次のようになります。

	(結論の一部)「Aではない」の真偽	(結論の一部)「Bではない」の真偽	(結論)「Aではないならば、Bではない」の真偽
Aが真で、Bも真である世界	偽	偽	真
Aが真で、Bが偽である世界	偽	真	真
Aが偽で、Bが真である世界	真	偽	偽
Aが偽で、Bも偽である世界	真	真	真

ここで、前提が真であるような世界のすべてで結論が真になるかどうかを見てみましょう。「AならばB」が偽になるのは上から二つ目の世界だけなので、一つ目、三つ目、四つ目の世界が残ります。それらのすべてで結論が真になっているかどうかを見ると、上から三つ目の世界で偽になっていることがわかります。

	(前提)「AならばB」の真偽	(結論)「Aではないならば、Bではない」の真偽
Aが真で、Bも真である世界	真	真
~~Aが真で、Bが偽である世界~~	偽(←ここに注目して世界を消す)	真
Aが偽で、Bが真である世界	真	偽(←注目!)
Aが偽で、Bも偽である世界	真	真

このことから、前提の「AならばB」が真でも、必ずしも結論の「Aではないならば、Bではない」は真にならないことが分かります。つまり、リズの推論は「必ずしも正しくない推論」なのです。

このことが示唆しているのは、たとえ「この付属品があれば、データを移すことができる」ということが真だとしても、「この付属品がなかったら、データの移行ができない」が真だとは限らない、ということです。つまり、この付属品がなくても、データを移行する方法があるかもしれません。もし実際にそういう方法があって、そっちの方が手軽で安いとしたら、それを見落とすのは損になります。

日常の中で私たちは、「AならばB」から「Aではないならば、Bではない」を導く推論をしがちです(その理由については、「2. 言語編」でくわしく見ます)。しかしこういった落とし穴もあるため、「AならばB」と聞いたら、「Aでなくても、Bである」ような選択肢がないか、考える癖をつけておいたら良いでしょう。

(2) カンタロウの推論は、次のようにまとめられます。

(前提1) ジョージとアルフレッドの両方が犯人だということはない。
(前提2) アルフレッドは犯人ではない。
(結論) (だから、) ジョージが犯人である。

前提1を「『ジョージが犯人であり、なおかつアルフレッドが犯人である』ということはない」に言い換え、「ジョージが犯人である」をA、「アルフレッドが犯人である」をBに置き換えると、この推論は次のような「型」にのっとっていることが分かります。

(前提1) 「AなおかつB」ではない。
(前提2) Bではない。
(結論) (だから、) A。

この推論は正しいでしょうか？　まず、「世界と真偽の対応表」で、前提1と前提2が偽になる世界を消してみましょう。すると、上から一番目と三番目の世界が消えます。

	（前提1）「『AなおかつB』ではない」の真偽	（前提2）「Bではない」の真偽
~~Aが真で、Bも真である世界~~	偽（←ここに注目して「世界を消す」	偽（←ここに注目して「世界を消す」
Aが真で、Bが偽である世界	真	真
~~Aが偽で、Bが真である世界~~	真	偽（←ここに注目して「世界を消す」
Aが偽で、Bも偽である世界	真	真

残った世界で結論の「A」が真になるかどうかを見てみると、上から四番目の世界で偽になっています。つまり、カンタロウの推論は「必ずしも正しくない推論」なのです。

	（結論）「A」の真偽
~~Aが真で、Bも真である世界~~	真
Aが真で、Bが偽である世界	真
~~Aが偽で、Bが真である世界~~	偽
Aが偽で、Bも偽である世界	偽（←注目！）

ここで考えなければならないのは、結論が偽になる世界、つまり上から四番目の「ジョージが犯人ではなく、アルフレッドも犯人ではない世界」です。カンタロウは、「ジョージが犯人であるか、あるいはアルフレッドが犯人である（つまり、ジョージとアルフレッド以外に犯人はいない）」と思い込んでいたために、この世界を見落としてしまったのです。

カンタロウがより確かな結論に至るには、「本当に、ジョージかアルフレッドのどちらかが犯人なのか」を確かめる必要があります。もし実際にそうであることが分かれば、次のような推論により、ジョージが犯人だと結論づけることができます。

（前提1）ジョージとアルフレッドの両方が犯人だということはない。

（前提2）アルフレッドは犯人ではない。

（前提3＝新たな事実）ジョージが犯人であるか、あるいはアルフレッドが犯人である。

（結論）ジョージが犯人である。

この推論が正しいことも、「世界と真偽の対応表」で確かめられます。お時間のある方は試してみてください。

普段の生活で何かを判断するとき、わざわざ「世界と真偽の対応表」を使うことはないでしょうし、そんなことをしている暇もないかもしれません。ただ、こういった考え方に触れておけば、自分が見落としがちな選択肢や、陥りがちな思い込みに気づくことができるかもしれません。そういった機会が増えることが、より冷静な判断につながっていくのではないかと、筆者は考えています。

1.7 「ならば文」についてもう少し：裏と対偶

あーあ、志望校、どうしようかなあ……。この大学に行きたいけど、今の私の成績だと、受験しても受かるかどうか分からないし……。

姉ちゃん、行きたい大学があるなら受けるべきだよ！　チャレンジしなかったら、何も達成できないんだよ！

あんた、いったいどうしたのよ？　やけに力説してるけど。

さっきテレビで、大リーガーのタブロー選手が言ってたんだ。「チャレンジしなかったら、達成できない」って。つまり、チャレンジすれば必ず達成できるんだよ。

は？　タブロー選手が言ってることは本当だと思うけど、あんたが言ってることはおかしくない？　ジョージはどう思う？

今、カンタロウがした推論はこういうものだな。

（前提） チャレンジしなかったら、達成できない。
（結論）（だから、）チャレンジしたら、達成できる。

「チャレンジする」をA、「達成できる」をBとすると、こういう「型」が見えてくる。

（前提） AではないならばBではない。
（結論） だから、AならばB。

「世界と真偽の対応表」を使って、この推論が正しいかどうかを見てみよう。「Aではないならば、Bではない」の表の出し方は、「応用のヒント2」で説明しているから省略するぞ。結果は、次のようになる。

	（前提）「Aではないならば、Bではない」の真偽	（結論）「AならばB」の真偽
Aが真で、Bも真である世界	真	真
Aが真で、Bが偽である世界	真	偽（←注目！）
~~Aが偽で、Bが真である世界~~	偽（←ここに注目して世界を消す）	真
Aが偽で、Bも偽である世界	真	真

上から二番目の世界では、前提が真なのに、結論が偽になってるね。やっぱり、カンタロウが言ったのは「必ずしも正しくない推論」なのね。実際、チャレンジしても達成できないことだってあるしね。

何だよ、せっかくこっちはタブロー選手の言葉を聞いて、いい気分になってたのに。でも、「AならばB」と、「Aではないならば、Bではない」って、ほとんど同じように見えるけど、違うんだね。

そうだ。「AならばB」という文と、「Aではないならば、Bではない」という文の真偽は、必ずしも一致しない。だから、次のような「型」の推論も、「必ずしも正しくない推論」なんだ。

> **（前提）** AならばB。
> **（結論）**（だから）、Aではないならば、Bではない。

「Aではないならば、Bではない」は、「AならばB」の「裏」と呼ばれる。「AならばB」とその裏の真偽が一致しないことは、図式的に捉えると分かりやすい。ここでは、「ならば文」の意味を集合で考える、ということをやってみよう。

まず、「すべての状況の集合」を考えるんだ。その中で「AならばB」の意味を表すと、こうなる。

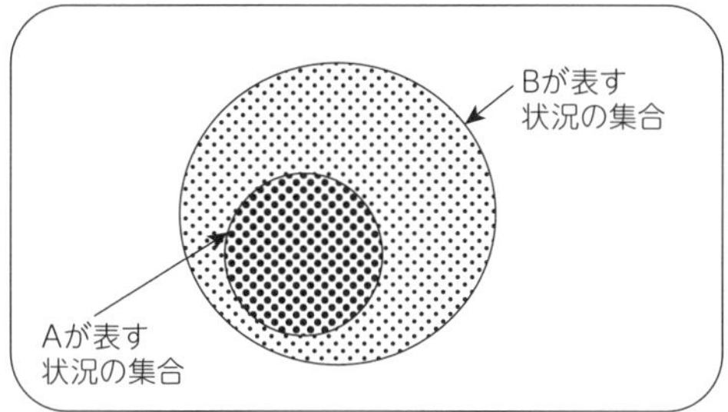

Aが表す状況の集合が、Bが表す状況の集合に含まれているのね。

「ならば」の前の文（つまりA）が表す状況が成り立っているときには必ず、後の文（つまりB）が表す状況も成り立っている、ということだ。たとえば、「雨が降るならば、運動会は中止になる」の意味を「状況の集合」で表すと、次のようになる。

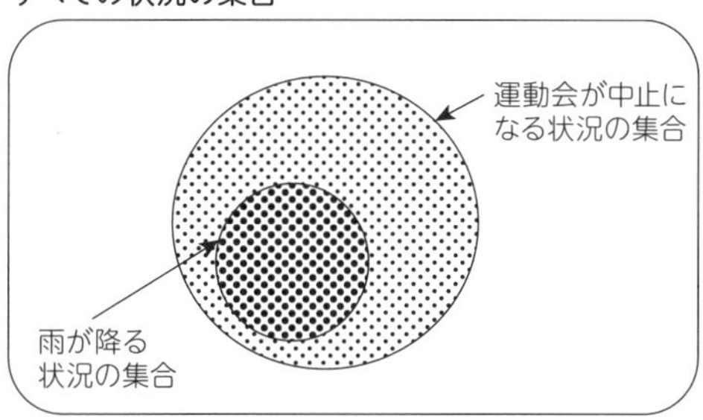

ではこの図で、「裏」の「Aではないならば、Bではない」が成り立っているかどうかを確かめよう。この集合の中で、「Aではない状況の集合（Aの集合以外の部分）」は次のようになっている。

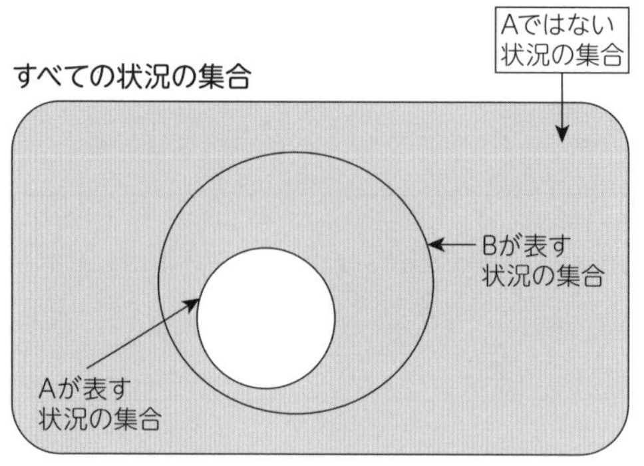

そして、同じ図の中で、「Bではない状況の集合（Bの集合以外の部分）」はこの範囲だ。

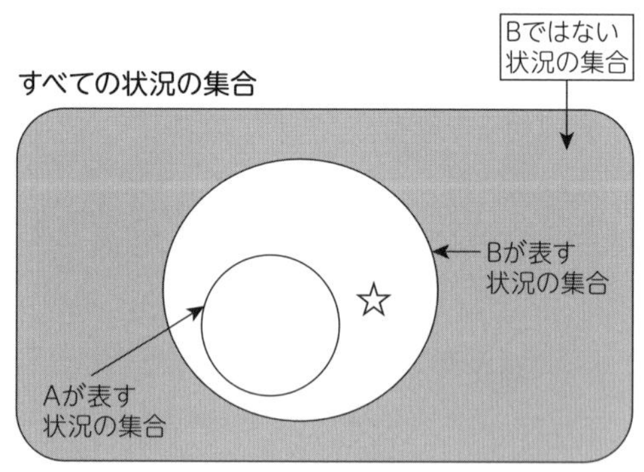

「Aではないならば、Bではない」が成り立つには、「Aではない状況の集合」が、「Bではない状況の集合」に含まれている必要がある。しかし、実際はどうだ？

図の☆印のところを見ると、「Aではない状況の集合」が「Bではない状況の集合」に含まれてはいないよね。だから、「Aではないならば、Bではない」は成り立たないんだね。

この図さあ、見方を変えたら、「Bではない状況の集合」の方が、「Aではない状況の集合」に含まれてるよね。これってつまり、「Bではないならば、Aではない」は成り立つってこと？

いいところに気がついたな。実は、そうなんだ。つまり、「AならばB」と「BではないならばA、Aではない」の真偽は一致する。つまり、次のような推論は、正しい推論なんだ。

(前提) AならばB。
(結論) (だから、)Bではないならば、Aではない。

「Bではないならば、Aではない」は、「AならばB」の「対偶」と呼ばれる。

ええっと、「AならばB」が真でも、「Aではないならば、Bではない」は必ずしも真ではない。でも「Bではないならば、Aではない」は真なのね。覚えないと……。

まあまあ、もし忘れたら、さっきの「集合の図」に戻って考えればいいんだ。無理に暗記しなくていいように、「集合を使った考え方」を紹介しているんだからな。

でもさ、ジョージがさっき言った、「裏は必ずしも正しくない」って、本当なのかな?
　たとえばさ、僕がクッキーの袋を開けるとき、姉ちゃんがいつも「ちゃんと偶数個入ってる?　偶数だったら、二人で同じ数ずつ食べられるからね」って言うじゃん。そのとき僕はいつも「そうだ、もし偶数じゃなかったら、同じ数ずつ食べられないんだよなあ」って思うんだけど、これって間違いなの?　僕は、絶対正しいと思うんだけどな。

ここでカンタロウがしている推論は、次のようなものだな。

(前提) クッキーの数が偶数ならば、リズとカンタロウはクッキーを同じ数ずつ食べられる。
(結論) だから、クッキーの数が偶数でないならば、リズとカンタロウはクッキーを同じ数ずつ食べられない。

この推論では、結論は前提の「裏」になっている。だから、さっきの俺の説明だと、これは必ずしも正しくない推論だということになる。でも、カンタロウは「正しい推論だ」と思うわけだな。

確かにこの推論は正しそうよね。クッキーの数が偶数じゃなかったら、それは奇数ってことになるから、同じ数ずつ食べられないわけだし。

実際、この推論は正しい。その理由は、前提の中の「ならば」が、「ならば、その場合にのみ」に言い換えられるタイプの「ならば」だという点にある。

> クッキーの数が偶数ならば、その場合にのみ、リズとカンタロウはクッキーを同じ数ずつ食べられる。

つまり、俺たちが使う「ならば」には、「ならば、その場合にのみ」に言い換えられる「ならば」と、そうではない「ならば」の二つがあるんだ。

「ならば」と「ならば、その場合にのみ」って、どう違うの？

その違いも、「状況の集合」で考えると分かりやすい。さっき見たように、「AならばB」では、Aが表す状況の集合が、Bが表す状況の集合に含まれる。これに対し、「Aならば、その場合にのみB」は、Aが表す状況の集合が、Bが表す状況の集合とぴったり一致するんだ。

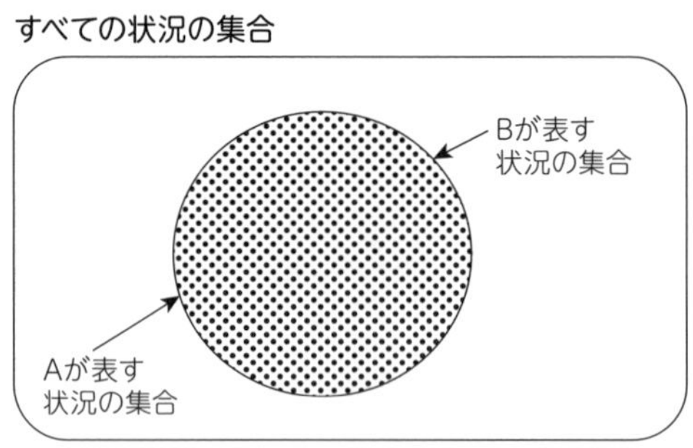

たとえば、「クッキーの数が偶数ならば、その場合にのみ、リズとカンタロウはクッキーを同じ数ずつ食べられる」の意味を集合で表すと、次のようになる。

すべての状況の集合

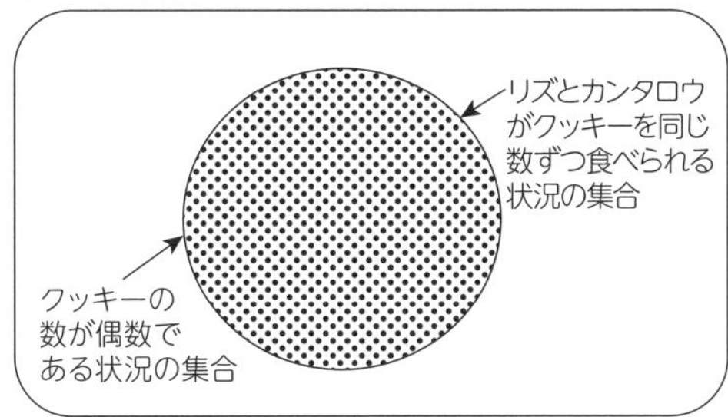

つまり、「Aならば、その場合にのみB」では、AとBが実質的に同じ状況を表してるってこと？

そうだ。「AならばB」が「Aならば、その場合にのみB」に言い替えられるかどうかをチェックするときは、「Aが成り立っていないのに、Bが成り立つようなことがありうるか？」を考えるといい。つまり、「状況の集合」で言えば、以下のような部分があるかどうかを考えるんだ。

すべての状況の集合

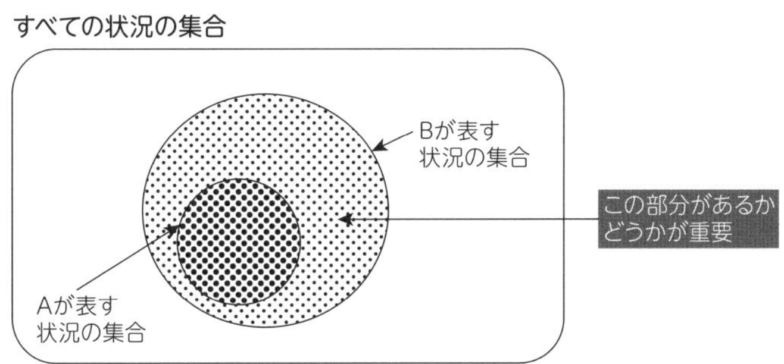

そういう状況がありうるならば、「AならばB」は「Aならば、その場合にのみB」には言い替えられない。逆に、そういう状況がありえないならば、それは「Aならば、その場合にのみB」に言い替えられる。

ええと、「雨が降るならば、運動会は中止になる」っていう文だと、「雨が降ってないのに、運動会が中止になる」という状況がありうるよね。たとえば、何か他の災害があったときとかは、雨が降らなくても中止になるだろうし。この場合の「ならば」は、「ならば、その場合にのみ」に言い替えられないわけね。

そうだ。それに対して、「クッキーの数が偶数ならば、リズとカンタロウはクッキーを同じ数ずつ食べられる」という文については、「クッキーの数が偶数ではないのにリズとカンタロウはクッキーを同じ数ずつ食べられる」ということはありえない。このような「ならば」は「ならば、その場合にのみ」に言い替えられるんだ。

「ならば、その場合にのみ」を含む文の、「世界と真偽の対応表」は次のようになる。

	「Aならば、その場合にのみB」の真偽
Aが真で、Bも真である世界	㊐真
Aが真で、Bが偽である世界	偽
Aが偽で、Bが真である世界	偽
Aが偽で、Bも偽である世界	㊐真

「AならばB」の「世界と真偽の対応表」は、上から順番に「真、偽、真、真」だったけど、「Aならば、その場合にのみB」は「真、偽、偽、真」になるわけか。

そうだ。「ならば、その場合にのみ」に言い換えられるタイプの「ならば文」では、そうでない「ならば文」と違って、次の推論の型が「正しい推論の型」になる。つまり「裏」と真偽が一致するんだ。

(前提) Aならば、その場合にのみB。
(結論) (だから、)Aではないならば、その場合にのみBではない。

	「Aではない」の真偽	「Bではない」の真偽	「Aではないならば、その場合にのみBではない」の真偽
Aが真で、Bも真である世界	真	真	真
Aが真で、Bが偽である世界	真	偽	偽
Aが偽で、Bが真である世界	偽	真	偽
Aが偽で、Bも偽である世界	偽	偽	真

「AならばB」や「Aならば、その場合にのみB」といった文の意味について考えるときには、「世界と真偽の対応表」に加えて、「状況の集合」も使うと便利だ。

POINT

- 「AならばB」という文は、「Aならば、その場合にのみB」に言い替えられる場合と、そうでない場合がある。「Aが成り立っていないのに、Bが成り立つような状況」がありえない場合、「AならばB」は「Aならば、その場合にのみB」に言い換えられる。
- 「Aならば、その場合にのみB」が真である場合、「Aではないならば、その場合にのみBではない（裏）」も真である。
- 「AならばB」が「Aならば、その場合にのみB」に言い替えられない場合は、「AならばB」が真であっても、「Aではないならば、Bではない（裏）」は必ずしも真ではない。ただし、「Bではないならば、Aではない（対偶）」は真である。
- 「AならばB」の意味を「すべての状況の集合」の上で表すと、「Aの表す状況の集合が、Bの表す状況の集合に含まれている」ということになる。
- 「Aならば、その場合にのみB」の意味を「すべての状況の集合」の上で表すと、「Aの表す状況の集合と、Bの表す状況の集合が同じである」ということになる。

解説

この節のポイントを、練習問題で確かめてみましょう。

練習問題

(1)この節で説明したように、「AならばB」という文には、「Aならば、その場合にのみB」に言い替えられるものとそうでないものがある。次の「ならば文」は、「Aならば、その場合にのみB」に言い換えられるだろうか？　考えてみよう。

(a) もしジョージが犯人であるならば、ジョージは事件が起こった日時に現場にいた（ことになる）。

(b) ある三角形の三つの辺の長さが等しいならば、それは正三角形である。

(2)次の推論が正しくなるような場合は、どんな場合だろうか。考えてみよう。

(前提1) 悪いことをしたならば、悪いことが起こる。
(前提2) あの人には悪いことが起こった。
(結論) だから、あの人は悪いことをした。

解答

(1) ジョージの説明にあったように、「AならばB」という文が「Aならば、その場合にのみB」に言い替えられるかどうかは、「Aが成り立っていないのに、Bが成り立つような状況がありうるか」を考えれば分かります。そのような状況がありうるときは、「AならばB」は「Aならば、その場合にのみB」には言い換えられません。一方、そのような状況がありえないときは、「AならばB」は「Aならば、その場合にのみB」に言い換えられます。

(a)については、「ジョージが犯人でなくても、ジョージが事件が起こった日時に現場にいたような状況」がありえます。たとえば、ジョージがその日時にたまたま現場を通りかかったような場合などがそれにあたります。よって、この文の「ならば」は、「ならば、その場合にのみ」には言い替えられません。

(b)について、「ある三角形の三つの辺の長さが等しくなくても、それが正三角形であるような状況」がありうるかどうかを考えると、実際にそのような状況はありえません。よって、bの文の「ならば」は、「ならば、その場合にのみ」に言い替えられます。

(2) この推論の「(あの人は)悪いことをした」をA、「(あの人には)悪いことが起こる(/起こった)」をBに置き換えると、この推論の型が「必ずしも正しくない推論その1(アブダクション)」にのっとっていることが分かります。よって、このままでは必ずしも正しくないのですが、仮に前提1の「悪いことをしたならば、悪いことが起こる」が「悪いことをしたならば、その場合にのみ、悪いことが起こる」に言い換えることができるとしたら、この推論は次のように正しくなります。

	前提1「Aならば、その場合にのみB」の真偽	前提2「B」の真偽	結論「A」の真偽
Aが真で、Bも真である世界	真	真	真(←注目!)
~~Aが真で、Bが偽である世界~~	偽(←ここに注目して世界を消す)	偽(←ここに注目して世界を消す)	偽
~~Aが偽で、Bが真である世界~~	偽(←ここに注目して世界を消す)	真	偽
~~Aが偽で、Bも偽である世界~~	真	偽(←ここに注目して世界を消す)	真

(2)のような推論は、日常でもたまに耳にすることがあります。そのように考える人は、「悪いことをしたならば、その場合にのみ、悪いことが起こる」、さらに言えば「悪いことをしなければ、悪いことは起こらない（裏）」という前提に基づいていることになります。しかし現実には、悪いことをしなくても悪いことは起こります。他人の不幸を見て「その人が悪いからだ」と考えるのは、冷静に考えるとかなり極端な考え方だと言えます。

さて、この節で学んだ内容は、「必要条件」、「十分条件」、「必要十分条件」という三つの言葉に関係があります。これらの言葉の意味は、これまでに見てきた「ならば文」の意味を押さえていれば理解できます。

まず、「AならばB」という文が真であるような世界を考えます。このとき、AはBの「十分条件」です。またこのとき、BはAにとっての「必要条件」となります。つまり、「状況の集合」で表せば、十分条件と必要条件は、次のような関係にあります。

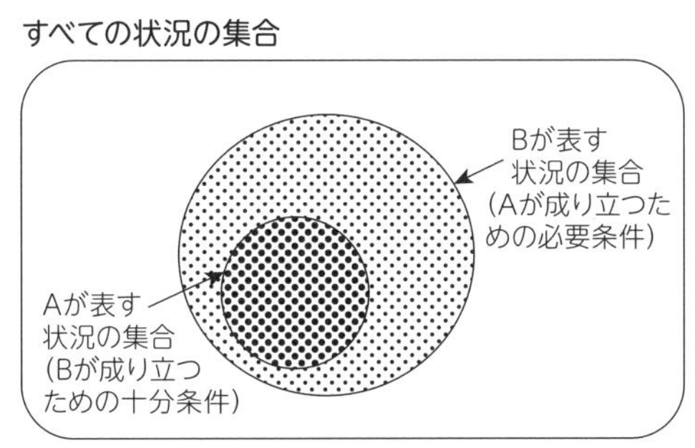

そもそもなぜ「十分条件」という言い方をするかというと、上の図のような状況が、

・「Aという状況が成り立つことは、Bという状況が成り立つために十分な条件である（＝Aが成り立ってさえいれば、当然Bは成り立つ。つまり、Aが成り立っていれば、Bが成り立っていることを保証するためにそれ以外の条件は要らない）」

ことを表していると考えるからです。また、「必要条件」という言い方は、上の図の状況を、

・「Bという状況が成り立つことは、Aという状況が成り立つために必要な条件である（＝そもそもBが成り立っていなければ、Aが成り立つことはあり得ない。ただし、Aが成り立っていることを保証するには、B以外の条件も必要な場合がある）」

というふうに考えることから来ています。

こんなふうに言葉で説明すると複雑ですが、

・「ならば文」の左側が、右側にとっての十分条件で、
・「ならば文」の右側が、左側にとっての必要条件

とか、

・「状況の集合」の狭い方が十分条件で、広い方が必要条件

のように覚えれば簡単です。

ちなみに必要十分条件というのは、「Aならば、その場合にのみB」という文に関係があります。この文が真である場合、AとBはお互いにとっての必要十分条件だということになります。

1.8 「すべて文」の関わる推論

ねえカンタロウ、お風呂に見慣れないシャンプーがあったけど、あれ、あんたの？

ああ、「アクシオム・シャンプー」ね。テレビのCMで「モテる男はみんな“アクシオム”を使っています」って言ってたから、使い始めたんだ。

でも、あのシャンプーを使ったからって、あんたが「モテる男」だってことになるわけじゃないよね?

いやいや、なるに決まってるって。だって、モテる男はみんな使ってるんだよ?ねえ、ジョージもそう思うよね?

カンタロウのした推論は、こうだな。

(前提1) モテる男はみんな“アクシオム”を使っている。

(前提2) カンタロウは“アクシオム”を使っている。

(結論) (だから、)カンタロウはモテる男だ。

このタイプの推論は、今までに出てこなかったパターンだ。「モテる男はみんな」のように、「○○はみんな」とか、「すべての○○」が出てくる文を、ここでは「すべて文」と呼ぼう。「すべて文」も、「推論の部品」としてよく使われる。

ちぇっ、まだ覚えないといけないことがあるのか。

まあ、そう言わずに次の例題を考えてみてくれ。

例題 **次の二つの推論は正しいだろうか? 考えてみよう。ちなみに、「向かいの家のバートランド」は犬である。**

(1)

(前提1) すべての猫は動物だ。

(前提2) ジョージは猫だ。

(結論) だから、ジョージは動物だ。

(2)

(前提1) すべての猫は動物だ。

(前提2) 向かいの家のバートランドは動物だ。

(結論) だから、向かいの家のバートランドは猫だ。

まあ、(1)は正しくて当たり前だよね。っていうか、当たり前だと思うから「正しい推論」なんだったね。

でもさ、「すべての猫は動物だ」って本当なの？　ロボットの猫だっているかもしれないじゃない。

カンタロウの言うことも一理あるが、推論が正しいかどうかを判断するときには、「前提が真であるような世界で考える」ってことを思い出そう。

あっ、そうだった。「すべての猫は動物だ」が本当であるような世界を仮定しないといけないのか。

そういう世界で考えると、(1)の結論の「ジョージは動物だ」は必ず「真」になる。この「推論の型」は有名で、定言的三段論法という。「型」だけを取り出すと、次のようになる。

正しい推論の型その3（**定言的三段論法**）
（前提1） すべてのaはb（だ）。
（前提2） xはa（だ）。
（結論）（だから、）xはb（だ）。

では、(2)についてはどうだ？

「向かいの家のバートランド」って犬だよね？　「すべての猫は動物である」は本当だし、「向かいの家のバートランドは動物である」も本当だけど、「向かいの家のバートランドは猫だ」というのはおかしい。だから、この推論は正しくない。

つまり(2)では、前提二つが真でも、結論が偽だということになる。これは「すべて文」が関わる「必ずしも正しくない推論」の例だ。「型」で書くと、次のようになる。

必ずしも正しくない推論の型その2
（前提1） すべてのaはb（だ）。

（前提2）xはb（だ）。
（結論）（だから、）xはa（だ）。

さて、ここでカンタロウのシャンプーの話に戻ろうか。「“アクシオム” のシャンプー」についてのカンタロウの推論の型は、ここで見た「正しい推論の型」と「必ずしも正しくない推論の型」のどちらだろうか

（前提）すべてのモテる男は “アクシオム” を使っている。
（前提）カンタロウは “アクシオム” を使っている。
（結論）（だから、）カンタロウはモテる男だ。

「モテる男」をa、「“アクシオム” を使っている」をb、「カンタロウ」をxに置き換えるとどうなる？

ええっと、こうかな。

（前提）すべての$[\text{モテる男}]_a$は $[\text{“アクシオム” を使っている}]_b$。
（前提）$[\text{カンタロウ}]_x$は $[\text{“アクシオム” を使っている}]_b$。
（結論）（だから、）$[\text{カンタロウ}]_x$ は$[\text{モテる男}]_a$だ。

あっ、これ、「必ずしも正しくない推論」の方だね。

えー？　なんだよそれ……。CMで「モテる男の “アクシオム”」って言ってるから使い始めたのに。

それはそうとして、今までの「推論の型」は、「AならばB」みたいに大文字で書いてたよね。でも、この「型」の中の記号はaとかbのように小文字になってるし、xっていう文字も出てきてるね。何か意味があるの？

もちろん意味がある。今までに見てきた推論の型は、AやBに入るものが「文」だった。だが、「すべて文」が関わる推論の型に入るのは文ではない。文では

ないものが入ることを示すために、小文字の記号を使っているんだ。さっきの例題の(1)を例に挙げると、こんな感じだ。

(前提1) すべての[猫]$_a$は[動物]$_b$だ。
(前提2) [ジョージ]$_x$は[猫]$_a$だ。
(結論) [ジョージ]$_x$は[動物]$_b$だ。

なるほど、aやbに入るものは、「猫」とか「動物」とかなんだね。で、xに入るのは「ジョージ」みたいな言葉なのか。

そういう言葉って、「名詞」でしょ？　つまり、aやbやxには名詞が入るってこと？

厳密にはちょっと違う。aやbには「なんらかの集合を表す言葉」が入り、xには「個体を表す言葉」が入る。aやbに入る「猫」や「動物」は、猫の集合や動物の集合を表せる。しかし、xに入る「ジョージ」は集合を表していない。

まあ、「ジョージ」はジョージだから、集合を表してはいないよね。

「ジョージ」や「カンタロウ」という言葉は、名前を表す「固有名詞」だ。こういったものがxに入る。また、これ以外にも、xには「この一本の鉛筆」「あの一匹の猫」「向かいの家のバートランド」のように、個体を表す言葉が入る。ただし、「猫」や「動物」という言葉がただ一つの個体を指すこともある。それについては「2. 言語編」で説明しよう。

それから、aやbに入るのは「猫」や「動物」といった名詞とは限らない。「モテる男」とか「黒い」とか「動きが速い」とか「ケーキを食べる」とか「1000円で映画が見られる」といったものも入るぞ。カンタロウの推論の中にあった「“アクシオム”を使っている」もそうだ。

さっき、aに入るものは「集合を表す言葉」だって言ったよね。「黒い」とか「ケーキを食べる」とかは、集合を表さないんじゃないの？

「黒い」という言葉は「黒いものの集合」、「ケーキを食べる」は「ケーキを食べる

者の集合」を表すと考えるんだ。

なんか、変なの……。

慣れるのに時間はかかるかもしれないが、こういうふうに考えることは、「すべて文」が関わる正しい推論と、そうでない推論を区別する上で重要なんだ。「すべて文」が関わる正しい推論を見分けるためには、文の意味を「集合で考える」必要がある。

「集合で考える」って、さっき「ならば文」でやったみたいにするの?

そうだ。ただし、さっき「ならば文」について考えたときは、「すべての状況の集合」を考えた。これに対し、「すべて文」について考えるときは、「現実世界にあるすべてのものの集合」を考える。つまり、視点を切り替える必要があるんだ。

「状況の集合」か、「ものの集合」かの違いね。いまいちよく分からないけど。

まあ、どっちにしても、文の意味を分かりやすく捉えるための道具に過ぎないから、気楽に聞いてくれ。

ここで「ジョージは猫だ」という文を考えてみよう。さっき言ったように、「ジョージ」は猫の個体、つまり俺を表す。俺は当然、「現実世界にあるすべてのものの集合」の中に入っている。

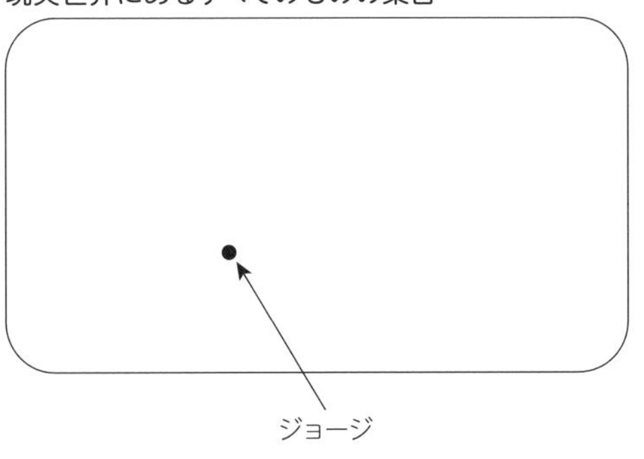

次に、「猫」という言葉を考えよう。「猫」という言葉は、現実世界にいるすべての猫の集合を表す。

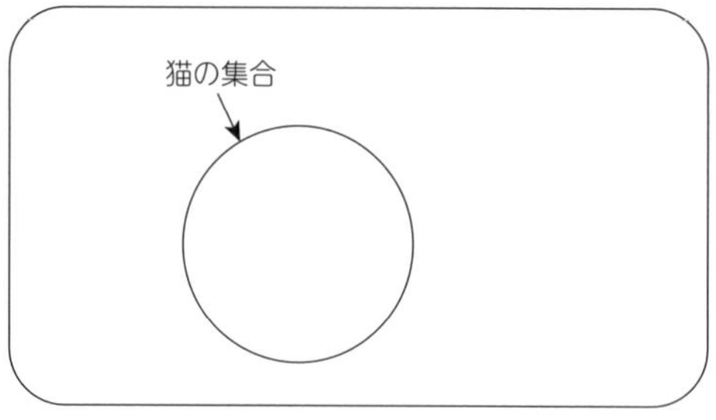

そして、「ジョージは猫だ」という文の意味は、俺が猫の集合の中に入っていること、つまり、俺が「この世にいるすべての猫の集合」の一員だということを表す。図で表すと、次のようになる。

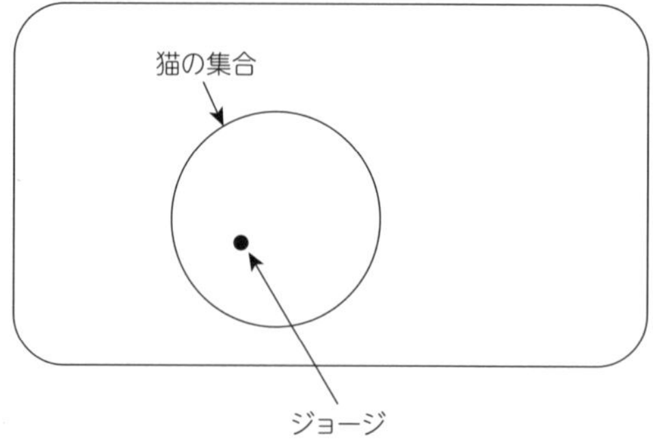

この図に表されている状況が、「ジョージは猫だ」という文の意味だ。そして、「ジョージは猫だ」が真であるかどうかは、現実に俺が猫の集合の一員であるかどうかによって決まる。つまり、「xはaだ。」という文の意味については、次のようなことが言える。

「xはaだ。」が真である。　＝　個体xがaの集合の一員である。

はあ……。

まあ、まだ今のところは、なぜわざわざこんな考え方をするのか分かりにくいかもしれないな。もう少し先に進んでみよう。次に、「すべての猫は動物だ」という文について考える。さっき言ったように、「猫」は「すべての猫の集合」を表す。では、「動物」は何を表すだろうか？

普通に考えれば、「すべての動物の集合」？

そうだ。そして、「すべての猫は動物だ」という文は、「猫の集合」が「動物の集合」に含まれているということを意味する。

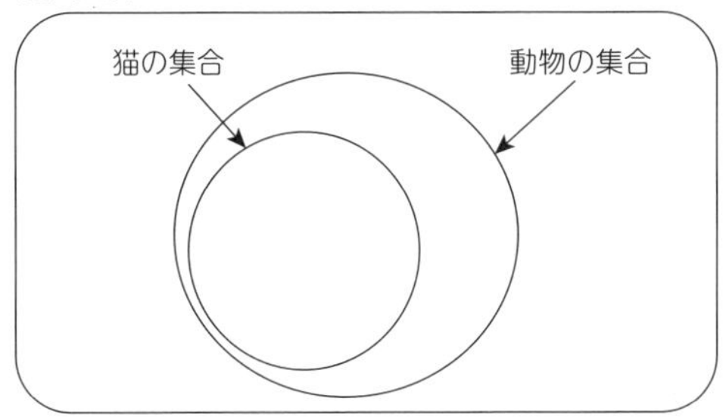

つまり、「すべてのaはbだ。」という文の意味については、次のようなことが言える。

「すべてのaはbだ。」が真である　＝　aの集合がbの集合に含まれる。

まあ、それはなんとなく分かるかな。

ここで、「ジョージは猫だ」の意味を表す図と、「すべての猫は動物だ」を表す図を重ねてみよう。すると、次のようになる。

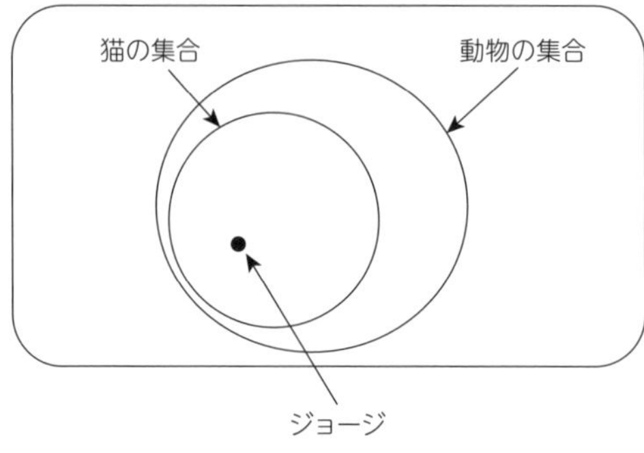

何か気づくことはないか？

ええと、「ジョージ」が「動物の集合」にも含まれるね。ということは……。

この図によって、「ジョージは動物だ」という文の意味が表されているということだ。つまり、「ジョージは猫である」（前提2）と「すべての猫は動物だ」（前提1）を表す図を組み合わせれば、「ジョージは動物である」（結論）の図が出てくるんだ。

そうやって、さっきの「正しい推論の型その3」の正しさが確かめられるってこと？

そうだ。ちなみに、必ずしも正しくない方の推論も、「ものの集合」を使って確かめることができるぞ。次の例題をやってみてくれ。

例題　前の例題の(2)に出てきた次の推論は、必ずしも正しくない推論だった。

（前提1）すべての猫は動物だ。
（前提2）向かいの家のバートランドは動物だ。
（結論）向かいの家のバートランドは猫だ。

この推論が必ずしも正しくないことを、次の手順に従って確かめてみよう。

「現実世界にあるすべてのものの集合の図」を考える。

（手順1）前提1の「すべての猫は動物である」は、この図の上でどのように表されるだろうか?

（手順2）前提2の「向かいの家のバートランドは動物である」は、この図の上でどのように表されるだろうか?

（手順3）（手順1）と（手順2）で得られた図を組み合わせたとき、結論の「向かいの家のバートランドは猫である」という文の意味は表現されているだろうか?

ええと、まず（手順1）は、前提1を図の中に書き込めばいいんだね。「すべての猫は動物である」の図は、さっきジョージが言ったように、「すべての猫の集合」が「すべての動物の集合」に含まれるように書けばいいんだよね。

現実世界にあるすべてのものの集合

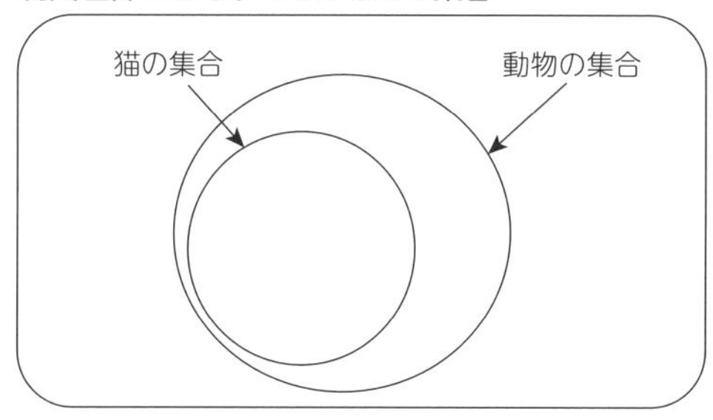

それから、（手順2）では、前提2の図を書くのね。「向かいの家のバートランドは動物である」は、バートランドが動物の集合の中に入っているような図になるね。

現実世界にあるすべてのものの集合

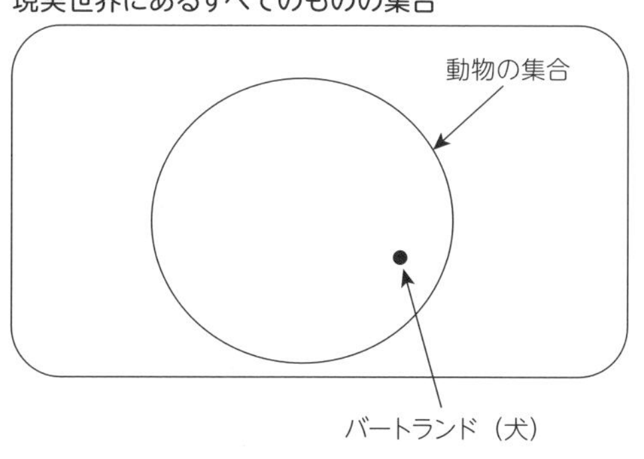

そして、(手順3)に従って二つの図を組み合わせる。すると、バートランドは猫の集合に入っていないね。これで、結論の「バートランドは猫である」が正しくないことが分かるね。

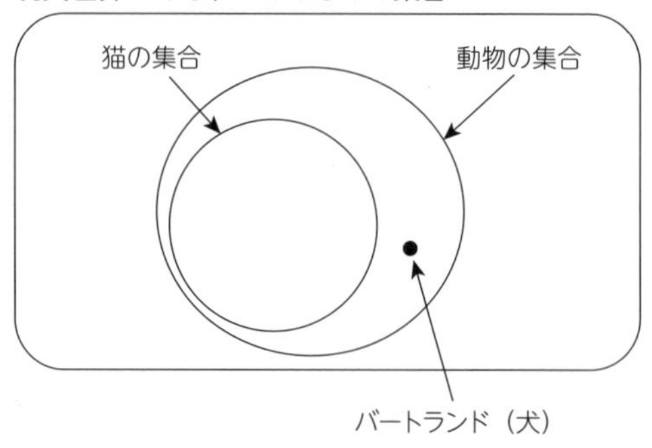

でもさ、もし(手順2)でバートランドをもうちょっと左寄りに描いたら猫の集合に入っちゃうんじゃない？

そのとおりだ。それはなぜかというと、例題(2)の推論は「必ずしも正しくない推論」だからだ。つまり、前提が真である場合に、「結論が真になるとき」と「偽になるとき」の両方がありうるということだ。

つまり、もし(手順3)でバートランドが猫の集合に入る図になったら、それは「結論が(たまたま)真になる場合」を表しており、逆に、バートランドが猫の集合に入らない図になったら、それは「結論が(たまたま)偽になる場合」を表していることになるんだ。

確かに、前提1の「バートランドは動物だ」っていう文は、バートランドの入る場所が「動物の集合の中のどこか」だということしか言ってないもんね。だから、バートランドが猫の集合に入るとは「限らない」ってことね。

そのとおりだ。どうだ？　「すべて文」の関わる正しい推論と、必ずしも正しくない推論の違い、分かったか？　カンタロウも、今後は変な宣伝文句に踊らされないように気をつけたほうがいいぞ。

（テレビのCM）「美しい猫はみな、タルスキー社のキャットフードを食べています」

おっ、キャットフードの新製品か。ふむふむ、俺も、これを食べればもっと美しくなれそうだな。リズ、明日、スーパーでこれを買ってきてくれ。じゃ、俺はもう寝るからな。おやすみ。

あれっ？　今、ジョージも宣伝文句に踊らされてたよね？

ジョージですら惑わされるなんて、宣伝ってすごいのね……。

POINT

- 「すべて文」の関わる推論が正しいかどうかは、「すべてのものの集合」の上で考えると分かりやすい。
- 「xはaだ」という文（xは個体を表す言葉、aは集合を表す言葉）が真であるということは、「すべてのものの集合」で考えれば、「個体xがaの集合の一員である」ということである。
- 「すべてのaはbだ」という「すべて文」（a、bは集合を表す言葉）が真であるということは、「aの集合がbの集合に含まれている」ということである。

解説

ジョージの説明にあったように、「すべて文」の関わる推論の正しさは、「すべてのものの集合」を使って確かめることができます。この考え方に慣れるために、練習問題を解いてみましょう。

練習問題　次の推論の型が正しいかどうかを、「すべてのものの集合の図」を使って確かめてみよう。

（前提1）すべてのaはbである。
（前提2）すべてのbはcである。
（結論）（だから、）すべてのaはcである。

例題を解いたときと同じように、ここでも「すべてのものの集合」を用意して、二つの前提を表してみましょう。まず、前提1の「すべてのaはbである」は、次のような図になります。

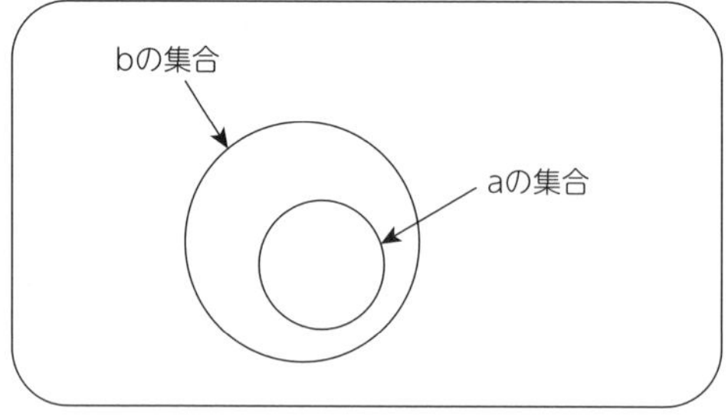

前提2の「すべてのbはcである」は、次のような図になります。

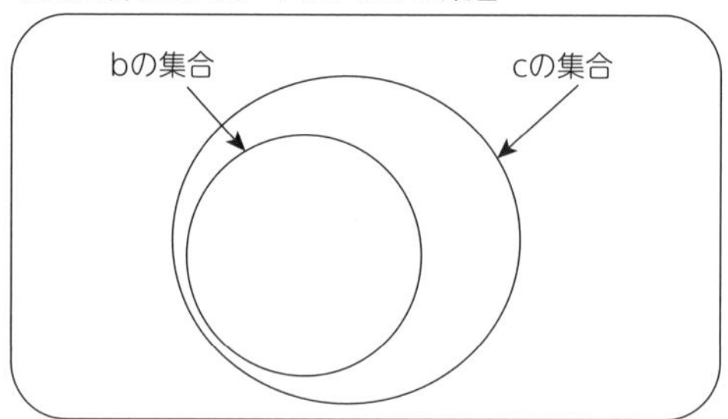

これら二つの図を重ねると、aの集合がcの集合に必ず含まれることが分かります。これが結論の「すべてのaはcである」に対応します。

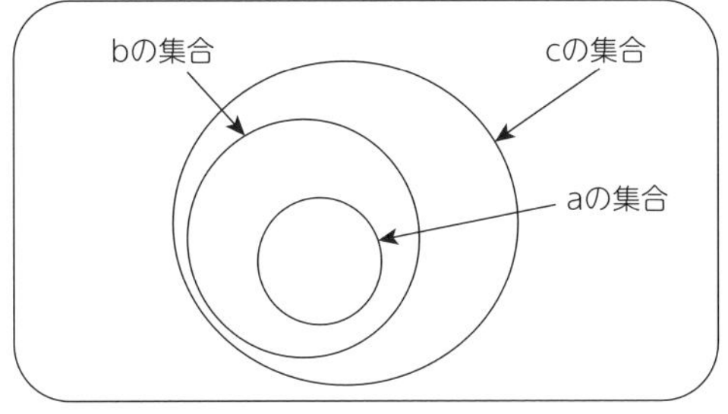

このように、「すべてのaはbである」と「すべてのbはcである」という二つの前提が真である場合は、結論の「すべてのaはcである」が必ず真になることが分かります。つまりこの推論は「正しい推論」です。この型の推論の例としては、次のようなものが挙げられます。

(前提1) すべてのチワワは犬である。
(前提2) すべての犬は動物である。
(結論) (だから、) すべてのチワワは動物である。

1.9 「ある・いる文」の関わる推論

姉ちゃん、この動画見てよ。猫が芸をしてるよ!

うわあ、猫ちゃんが玉乗りしてる! かーわいーい! ねえ、ジョージもこれ、できるよね?

は? どうしてそう思うんだ?

だって、玉乗りができる猫がいるんだよ。ジョージも猫なんだから、できて当たり前でしょ?

うん、きっとジョージにもできるよ! よし、さっそく訓練してみよう。

おい、ちょっと待て! その推論は本当に正しいのか? お前たちのやってる推論は、こうなってるぞ。

（前提1）猫であって、玉乗りができるものがいる。
（前提2）ジョージは猫だ。
（結論）だから、ジョージは玉乗りができる。

正しいと思うけど。でも、こういう推論、今までにあったっけ？

いいや、これは、今までに見た「推論の型」にはなかった。前提1に注目してくれ。「ナントカであって、カントカであるようなものがある（/いる）」という形をしているだろう。ここではこういう文を、「ある・いる文」と呼んでいくぞ。「ある・いる文」の関わる「正しい推論の型」には、次のようなものがある。

正しい推論の型その4
（前提1）xはa（だ）。
（前提2）xはb（だ）。
（結論）（だから、）aであって、bであるものがある（/いる）。

例としては、こういうものが挙げられる。

（前提1）ジョージは猫だ。
（前提2）ジョージは黒い。
（結論）（だから、）猫であって、黒いものがいる。

まあ、確かにこの推論は正しそうね。

では、これが正しい推論であることを、前の節で見た「すべてのものの集合」の上で確かめてみよう。

まずは、前提1「ジョージは猫である」と前提2「ジョージは黒い」を、「すべてのものの集合」の上で表してみよう。

「ジョージは猫だ」の意味は、ジョージが猫の集合の一員だってことだったよね。で、「ジョージは黒い」も、ジョージが「黒いものの集合」の一員だって考えればいいの？

そうだ。

じゃあ、「ジョージは猫である」と「ジョージは黒い」を表した図は、こうなるね。

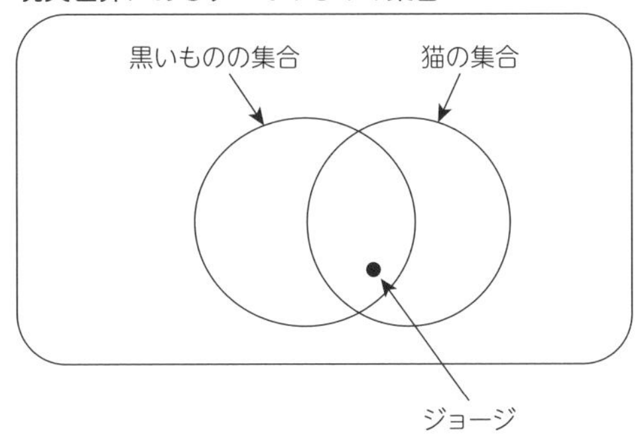

それでいい。実はリズが描いた図のこの部分が、結論の「猫であって、黒いものがいる」の意味だ。

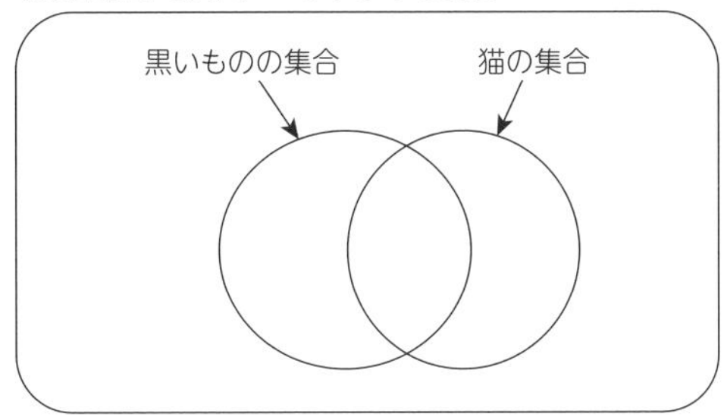

つまり、「aであって、bであるようなものがいる（/ある）」という文が表すのは、上の図のような状況なんだ。

aであって、bであるようなものがいる（/ある）。

= aであるようなものの集合と、bであるようなものの集合に重なった部分がある。

ふーん。「ある・いる文」の関わる正しい推論でも、「すべて文」のときと同じように、前提の文の意味を表す「集合の図」の中に、結論の文の意味が表されているのね。

そうだ。さて、ここで、問題の推論を見ていくぞ。

（前提1）猫であって、玉乗りができるものがいる。

（前提2）ジョージは猫だ。

（結論）（だから、）ジョージは玉乗りができる。

「（前提1）猫であって、玉乗りができるものがいる」と「（前提2）ジョージは猫だ」から、「（結論）ジョージは玉乗りができる」は出てくるだろうか？　「猫」の集合を書いた図を用意したから、この図の上で、リズは前提1を、カンタロウは前提2を表してみてくれ。

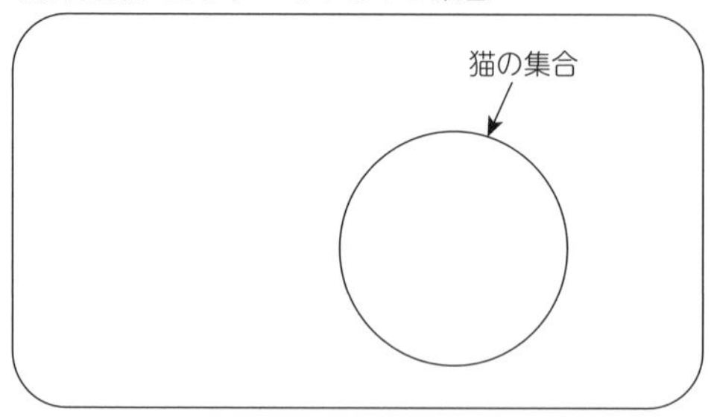

前提1の「猫であって、玉乗りができるものがいる」は、猫の集合と、玉乗りができるものの集合に重なりがあるって考えればいいのよね。図で表すと、こうね。

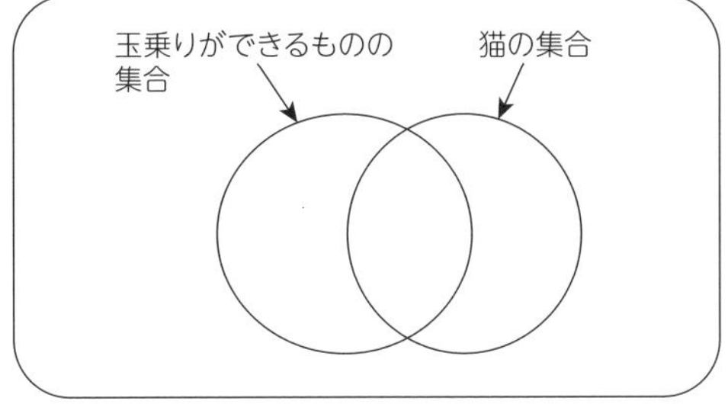

で、前提2の「ジョージは猫だ」は、ジョージが猫の集合に入っていればいいんだよね。

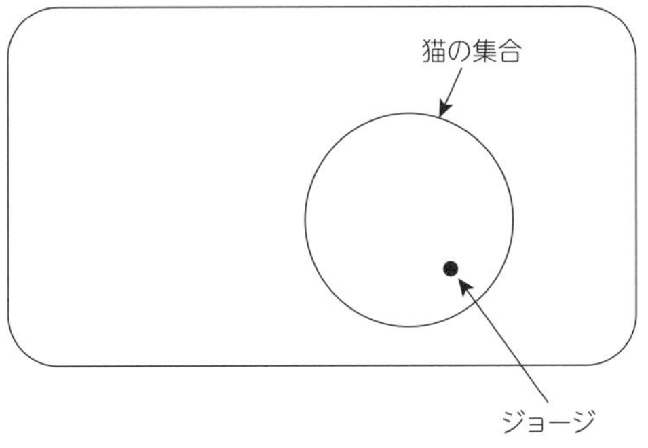

そして、それらを重ね合わせると、こんなふうになる。

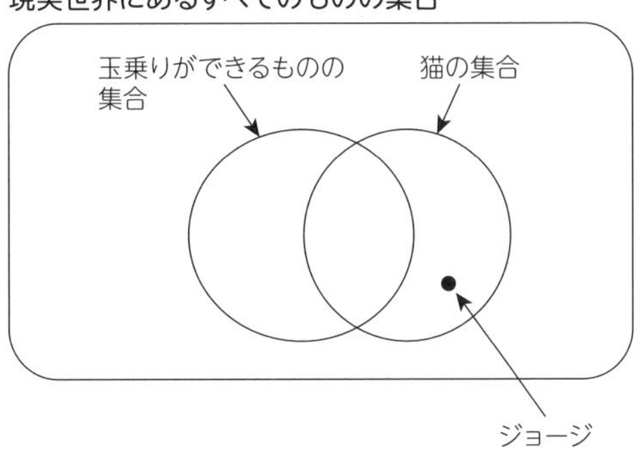

この場合、「ジョージ」は玉乗りができるものの集合に入っていない。

あー、確かに。でもさ、僕がもっと左寄りにジョージを置いていれば、玉乗りができるものの集合に入るんじゃない？

もちろんだ。重要なのは、前提二つの意味を表現した図の中で、俺が「玉乗りができるものの集合」に入る場合とそうでない場合がある、ということだ。つまりこの推論は、「結論が必ずしも真にならない推論」だということになる。

必ずしも正しくない推論の型その3

（前提1）aであって、bであるようなものがある（/いる）。

（前提2）xはaである。

（結論）（だから、）xはbである。

でもさあ、「結論が必ずしも真にならない」ってことは、「真かもしれないし、そうじゃないかもしれない」ってことでしょ？　つまり、ジョージに玉乗りができる可能性がゼロっていうわけじゃないんだよね？

そうよね。やっぱり、訓練してみようよ！　ジョージに玉乗りができたら可愛いし、友達にも自慢できるし。

お前たちはそう言うが、次の推論を見てみろ。

（前提1）人間であって、空中ブランコができる者がいる。

（前提2）リズとカンタロウは人間だ。

（結論）だから、リズとカンタロウは空中ブランコができる。

こんなふうに考えた俺が、「リズとカンタロウにもできるはずだから。空中ブランコを練習しろ」って言ったらどう思う？

なるほど……ごめんなさい。

POINT

・「aであって、bであるようなものがある(いる)」という「ある・いる文」(a、bは集合を表す言葉)が表しているのは、「すべてのものの集合」の上で考えれば、「aの集合とbの集合に重なった部分がある」ということである。

解説

この節のポイントをしっかり押さえるために、次の練習問題を考えてみましょう。

練習問題 **次の推論が正しいかどうかを、集合の考え方を使って確かめてみよう。**

(前提)「すべてのaはbだ」ということはない。

(結論) aであって、bではないようなものがある(/いる)。

まずは「すべてのものの集合」を用意して、前提の「『すべてのaはbだ』ということはない」の意味がどのように表されるかを考えてみましょう。前提の一部である「すべてのaはbだ」の意味は、「すべてのものの集合」の上では、「aの集合がbの集合に含まれる」ということでした。前提ではこれに「ということはない(ではない)」が付きますので、前提の意味は「aの集合がbの集合に含まれない」ということになります。この意味を図で表すと、どうなるでしょうか?

実は、「aの集合がbの集合に含まれない」ような図には、次の三通りがあります。

1. aの集合がbの集合を含んでいる場合：

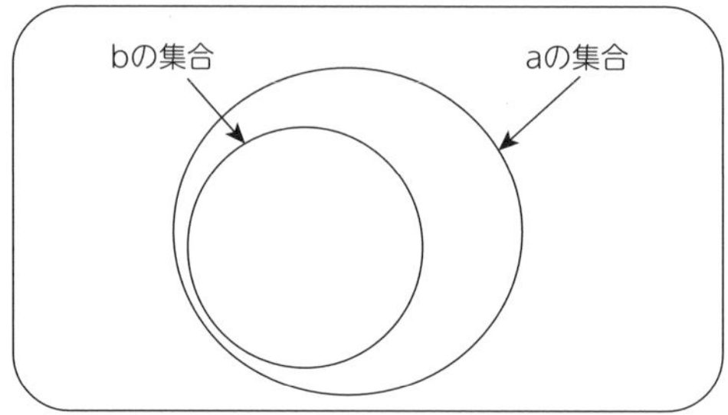

2. aの集合とbの集合に重なりがあるが、bの集合がaの集合を含んでいない場合：

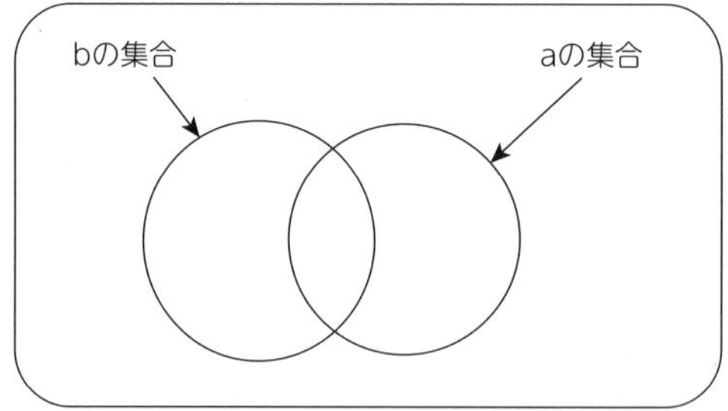

3. aの集合とbの集合に重なりがない場合：

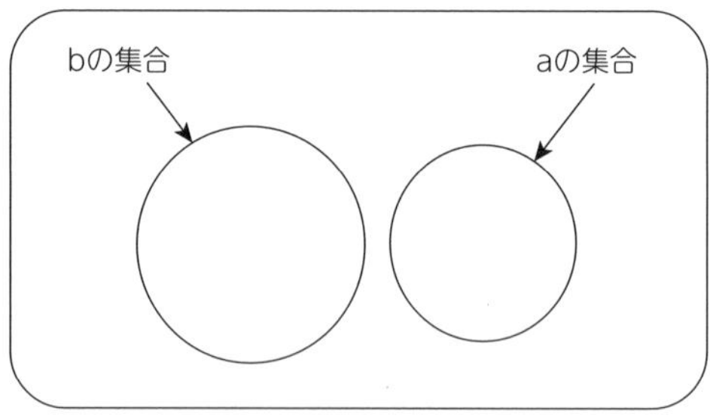

練習問題の推論が正しいかどうかを知るには、これら三通りの場合のすべてにおいて、結論が真であるかどうかを確かめる必要があります。

結論の「aであって、bではないようなものがある」という文が意味するのは、「aであるものの集合と、bではないものの集合との間に重なりがある」ということです。上の三つの図にそのような「重なり」があるかどうかを確かめてみると、どの図にもそのような部分があることが分かります。

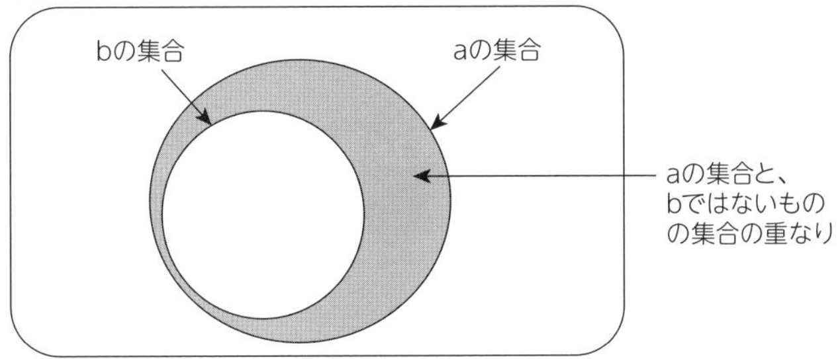

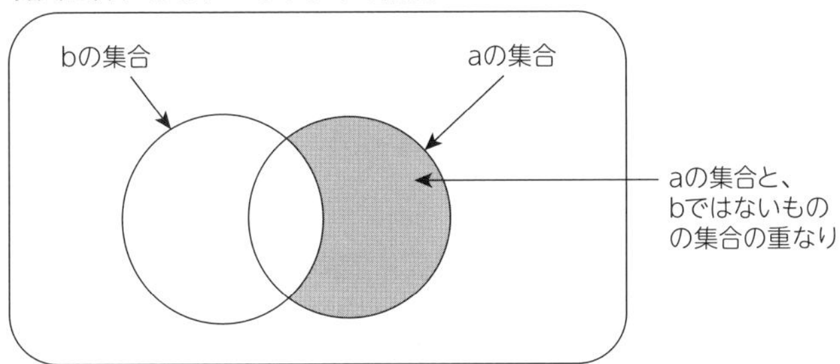

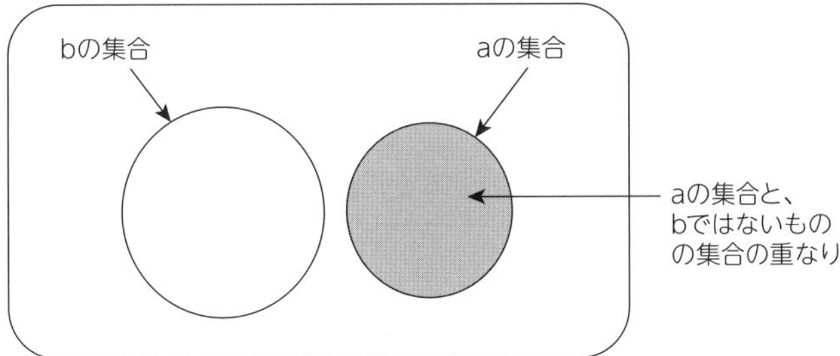

以上より、前提の「『すべてのaはbだ』ということはない」が真であるような図のすべてにおいて、結論の「aであって、bではないようなものがある」が真になることが分かりました。つまり、練習問題の推論は正しい推論だということになります。

このことを、具体的な例でも示しておきましょう。問題の推論のaに「猫」、bに「黒い」を入れると、次のようになります。

（前提）「すべての猫は黒い」ということはない。
（結論）猫であって、黒くないようなものがいる。

実は、これは前提と結論を逆にしても正しい推論になります。

（結論）猫であって、黒くないようなものがいる。
（前提）「すべての猫は黒い」ということはない。

上の推論から明らかであるように、「すべての○○は△△だ」の否定は「○○であって、△△ではないようなものが存在する」という文に相当します。日常では、「すべての○○は△△だ」のような文の否定を「すべての○○は△△ではない」と同一視する、というケースが見受けられます。たとえば「『すべての猫は黒い』の否定は？」と聞かれて、「すべての猫は黒くない」と答えるような場合です。しかし、これはよくある勘違いなので、注意が必要です。

1.10 必ずしも正しくないけれど、 重要な推論：帰納

（商店街にて）

姉ちゃん、お腹空いたね。何か食べて帰ろうよ。

そうね。あっ、あんなところに「ハワードカリー」ができてる！　七号店だって！

「ハワードカリー」って、姉ちゃんの好きなカレーのチェーン店だっけ？

私、一号店から六号店まで全部行ったんだから！　どこもすっごくおいしかったよ。だから、「ハワードカリー」のお店だったら間違いないよ。

でもさ、あのお店の感じ、あんまりおいしくなさそうじゃない？　僕のカンだと、イマイチだと思うなあ。

いやいや、絶対おいしいから！　行こう！

（帰宅後）

で、カレーはうまかったのか？

それが……あんまりおいしくなかったんだよね。

やっぱり、僕のカンが当たってたってわけ。

でも、一号店から六号店まで、全部おいしかったのよ。普通に考えたら、「ハワードカリー」のお店はどこもおいしいって考えるのが自然じゃないの？

リズの考え方を推論の形で書くと、こうだな。

（前提） ハワードカリーのチェーン店の一号店はおいしい。
（前提） ハワードカリーのチェーン店の二号店はおいしい。
（前提） ハワードカリーのチェーン店の三号店はおいしい。
（前提） ハワードカリーのチェーン店の四号店はおいしい。
（前提） ハワードカリーのチェーン店の五号店はおいしい。
（前提） ハワードカリーのチェーン店の六号店はおいしい。
（結論）（だから、）ハワードカリーのチェーン店はすべておいしい。

これを「推論の型」で書くと、下のようになる。この「型」のaに「ハワードカリーのチェーン店」を入れ、$x_1 \sim x_6$に「一号店」～「六号店」を入れ、bに「おいしい」を入れると、上の推論が出てくる。

（前提） aであるようなx_1はbである。
（前提） aであるようなx_2はbである。
（前提） aであるようなx_3はbである。
（前提） aであるようなx_4はbである。
（前提） aであるようなx_5はbである。
（前提） aであるようなx_6はbである。

・・・・・・

（結論）（だから、）すべてのaはbである。

前提と結論の間の「・・・・・・」って何？

必要なだけ、同じような前提を付け加えられるということだ。このような推論は「帰納」と呼ばれる。「帰納」は、いくつかの数の事例から、「すべてのaはbである」という「すべて文」を導き出す推論だ。

帰納は日常でよく使われるが、「必ずしも正しくない推論」なので、注意が必要だ。つまり、前提がすべて真であっても、結論が偽になることがある。実際、ハワードカリーの七号店はおいしくなかったわけだしな。

でもさ、同じような前提を必要なだけ付け加えていいんでしょ？　前提が多ければ多いほど、結論も正しくなるんじゃないの？

いや、帰納の場合は、前提を多くしたからといって結論が真になるとは限らない[4)]。帰納で結論が真になるのは、前提で「aであるようなもの」がすべて列挙されている場合だ。次の例題を考えてみてくれ。

例題　次の推論は正しいだろうか？

(1)

（前提1）（この家の子供である）リズは甘いものが好きだ。

（前提2）（この家の子供である）カンタロウは甘いものが好きだ。

（結論）だから、この家の子供はみな、甘いものが好きだ。

4）「帰納」の名のつく推論の方法には「数学的帰納法」というものもありますが、これは前提が正しければ結論も必ず正しくなるタイプの推論です。くわしくは、竹山美宏『日常に生かす数学的思考法　屁理屈から数学の論理へ』、化学同人、第五章などを参照ください。数学的帰納法は、高校の数学でも習います。

(2)

(前提1) 猫のジョージはマタタビが好きだ。

(前提2) 猫のアルフレッドはマタタビが好きだ。

(結論) だから、すべての猫はマタタビが好きだ。

(1)は正しいよね。この家の子供は僕と姉ちゃんしかいないし、二人とも甘いものが好きなら、この家の子供はみんな甘いものが好きってことになるよね。

(2)も正しそうだけど、どうなの？　猫ってみんな、マタタビが好きでしょ？

(2)は、もしこの世の猫が俺とアルフレッドだけだったら、正しい推論になる。しかし、世の中には他にもたくさんの猫がいる。(2)の前提からは、それらの猫がみなマタタビが好きだということは出てこない。つまり、(2)の結論「すべての猫はマタタビが好きだ」が真であるという保証はないんだ。

「すべての猫はマタタビが好きだ」が本当かどうかを知るには、ジョージやアルフレッドだけじゃなく、世界中の猫がマタタビが好きかどうかを調べないといけないってこと？

そうだ。本当に「すべての猫」について知りたければ、もしかしたら今生きている猫だけじゃなくって、過去に生きていた猫とか、これから生まれてくる猫についても調べないといけないかもしれないな。

でもさ、そんな極端なこと言ってたら何も言えなくなるんじゃない？　僕は、猫を何匹か調べて、そいつらがみんなマタタビが好きだったら「すべての猫はマタタビが好き」って言っちゃってもいいと思うけどな。

確かに、日常的にはそのような考え方がなされることが多い。食品の検査なんかも、いくつかサンプルを採って、全体が大丈夫かどうかを調べたりするしな。

でしょ？　いちいち全部調べないといけないことになったら面倒だよ。だから、一部を調べて、あとはカンで「全部そうだろうな」って思ったら、そういうことにし

てしまえばいいんだよ。

だが、「一部にあてはまる」ということが、つねに全部にあてはまるとは限らない。実際に世の中には、マタタビが嫌いで、アレルギーのある猫もいるらしいからな。

そうなの？　知らなかった。

一部でのみあてはまることを全体にあてはめてしまうことには、怖い面もある。ところで、お前たちの通っている学校の名前は何だっけ？

シロギズム学園。姉ちゃんは高等部で、僕は中等部。

そうか。では、次の推論を考えてみてくれ。生徒A、生徒Bは、リズとカンタロウ以外の誰かだとする。これも帰納の例だ。

（前提1） シロギズム学園の生徒Aは、態度が悪い。
（前提2） シロギズム学園の生徒Bは、態度が悪い。
（結論）（だから、）シロギズム学園の生徒はみな、態度が悪い。

何だよ、これ。ひどい推論だな。

確かに、同じ学園の何人かの生徒の態度が悪かったからといって、全員がそうだって言われたら困るよね。これって、「主語が大きい」ってやつじゃない？

そうだ。こんなふうに、「一部にあてはまること」を「全体にあてはめる」のは、不当な偏見や差別につながりやすい。ただでさえ人間は、そういう考え方をしてしまいがちだ。帰納を使うときは気をつけないとな。

POINT

- いくつかの数の事例から「すべてのaはbである」という結論を導き出すような推論を、「帰納」という。
- 帰納が正しい推論になるのは、aであるものがすべて列挙されている場合に限られる。それ以外の場合は、たとえ前提が真でも結論が真であるとは限らない。

解説

以上で見たように、帰納は「必ずしも正しくない推論」です。したがって、そこから出てくる結論の取り扱いには気をつけなくてはなりません。しかし同時に、帰納は科学においては重要な役割を果たしています。

科学とは、世の中に見られる法則性を説明するための営みです。そういう法則性を見つけるときに、よく帰納が使われるのです。たとえば、地球上でみられる「すべてのものは、地面に向かって落ちる」という法則性は、「このリンゴは、地面に向かって落ちる」とか、「このノートは、地面に向かって落ちる」などといった個々の事例の観察から、帰納によって導き出すことができます。

（前提＝事例の観察）このリンゴは、地面に向かって落ちる。
（前提＝事例の観察）このノートは、地面に向かって落ちる。
（前提＝事例の観察）この鉛筆は、地面に向かって落ちる。
・・・・・・
（結論＝法則性（仮説））すべてのものは、地面に向かって落ちる。

ジョージの説明にもあったように、限られた範囲での観察から帰納によって出てきた結論は、真であるとは限りません。帰納によって導かれた法則性は、あくまで「仮説」です。仮説だからこそ、さらに観察の範囲を広げたり、実験をしたりして確かめなくてはなりません。ある意味、帰納は「仮説を立てるために使われる推論」だと言えます。

また、これまでに何度か登場した「必ずしも正しくない推論」の一つである「アブダクション」も、科学においては仮説を立てるために使われます。たとえば次のように、「このリンゴは地面に向かって落ちる」という事例の観察を前提1とし、「もし万有引力があるならば、このリンゴは地面に向かって落ちる（ことが説明できる）」という、前提1とつじつまの合う説明を前提2とします。すると、これらからのアブダクションによって「万有引力がある」という結論が導かれるわけです。

（前提1＝事例の観察） このリンゴは地面に向かって落ちる。
（前提2＝説明と事例の関係） もし万有引力があるならば、このリンゴは地面に向かって落ちる（ことが説明できる）。
（結論＝説明（仮説）） 万有引力がある。

もちろん、アブダクションによって出てきた仮説も正しいとは限らないので、実験などによって検証する必要があります。

ちなみに、仮説の検証には「正しい推論」、つまり「演繹」が使われます。具体的には、次のような手順になります。

- 仮説を「前提」とし、そこからの正しい推論によって「結論」を出す。この結論が、「仮説から出てくる予測」である。
- その予測が現実の世界で真であるかどうかを、実験や観察などによって確かめる。
- 予測が偽であることが分かったら、仮説が間違っていることになるので、仮説を取り下げたり、修正したりする。

こんなふうに、科学の営みは、「必ずしも正しくない推論」と「正しい推論」の両方によって動いています。このあたりの話についてくわしく学びたい方は、戸田山和久『科学哲学の冒険　サイエンスの目的と方法をさぐる』（NHK出版）をお読みください。

1.11 推論の問題点を指摘しよう

ねえ、ジョージ。また台所から物が盗まれたんだってさ。お父さんは、犯人はジョージじゃないかって言ってるよ。

何を言ってるんだ。俺が何を盗んだというんだ?

猫用のおやつ「ちゅ〜りんぐ」だって。

それ、ジョージの大好物だよね？　だったらもう、「ジョージが犯人」で決まりでしょ。つまり、「ジョージは『ちゅ〜りんぐ』が大好きだから、『ちゅ〜りんぐ』を盗んだ」ってことよ。動機がはっきりしてるよね。

ちょっと待て。今、お前がした推論は、こうだぞ？

（前提）ジョージは「ちゅ〜りんぐ」が大好きだ。
（結論）（だから、）ジョージは「ちゅ〜りんぐ」を盗んだ。

この推論は、本当に正しいのか？

ええと、確かに、この推論のままだと「正しい推論の型」になってないね。あっ、でも、前提をもう一つ入れたら「正しい推論」になるよ。

（前提1＝新しい前提）ジョージが「ちゅ〜りんぐ」が大好きならば、ジョージは「ちゅ〜りんぐ」を盗む（のは当然だ）。
（前提2）ジョージは「ちゅ〜りんぐ」が大好きだ。
（結論）（だから、）ジョージは「ちゅ〜りんぐ」を盗む。

これ、「正しい推論の型その1（モーダスポネンス）」でしょ？

そうだが、「ジョージが『ちゅ〜りんぐ』が大好きならば、ジョージは『ちゅ〜りんぐ』を盗む」みたいな前提を「真」だって言っていいのか？　世の中、「大好きならば盗む」ってことは必ずしも成り立たないんじゃないのか？　確か、リズはアイドルグループのHLB23が大好きだよな？　だからといって、駅前に貼ってあるHLBのポスターを盗んだりするか？

うーん、さすがに、そんなことはしないかな……。じゃあ、「好きだから盗んだ」っていう前提には無理があるのね。

ちょっと姉ちゃん、ジョージに言いくるめられたらダメだよ。絶対にジョージが犯

人だってば。だって、「ちゅ〜りんぐ」が盗まれた時刻に、ジョージが台所の近くにいたらしいんだよ。

なるほど、犯行時刻にジョージが現場近くにいたわけね。だったらやっぱり、ジョージが犯人じゃない？　もしジョージが犯人だったら、犯行時刻に現場の近くにいるはずだもん。この前提は正しいでしょ？

だが、その推論にも問題があるぞ。お前たちがしてる推論は、こうだ。

（前提1）もしジョージが犯人だったら、ジョージは犯行時刻に現場近くにいた（はずだ）。
（前提2）ジョージは犯行時刻に現場近くにいた。
（結論）（だから、）ジョージが犯人だ。

あ、これ、前に見た「必ずしも正しくない推論」の型だね。

必ずしも正しくない推論の型1 **（アブダクション）**
（前提）（もし）Aならば、B。
（前提）B。
（結論）A。

でも、正しい推理だと思うんだけどなあ。

ミステリー小説なんかの「推理」は、「アブダクション」であることが多いな。アブダクションは、「事実から見て、つじつまの合う説明を考える」ときに便利なので、よく使われる。だが、結論が正しいとは限らない。

そうかあ。「正しい推論」でジョージが犯人だっていう結論を出すのって、けっこう難しいんだね。

ここまでに見た推論の問題点をまとめると、こんな感じだな。

- 前提の中に、必ずしも真ではないものが含まれている
- 推論の型が「正しい推論の型」ではない

上のような問題を見極める練習をしよう。次の例題を考えてみてくれ。

例題 **次の推論の問題点を指摘してみよう。必要に応じて、隠れた前提を補うこと。**

(1)

(前提) **カンタロウはゲームが好きだ。**

(結論) **だから、カンタロウは勉強が嫌いだ。**

(2)

(前提1) **すべての猫は動物である。**

(前提2) **ジョージは動物である。**

(結論) **だから、ジョージは猫である。**

(1)は、前提も結論も本当だね。でも、隠れた前提がありそうだね。

これさ、次のような前提を入れれば、形の上では正しい推論(モーダスポネンス)になるよね。

(隠れた前提) [カンタロウがゲームが好き]$_A$ならば、[(カンタロウは)勉強が嫌い]$_B$(なはず)だ。

(前提) [カンタロウはゲームが好きだ]$_A$。

(結論) だから、[カンタロウは勉強が嫌いだ]$_B$。

でも、この「隠れた前提」は正しい? それとも間違ってる?

そのあたりは判断が難しいが、こういう前提の背景にどのような考えがありうる

かを考えるのは一つの手だ。このような前提はおそらく、次のような考えから出てくると思うぞ。

どんな人でも、もしゲームが好きならば、勉強が嫌い（なはず）だ。

確かに、「どんな人でもそうだ」って考えてたら、僕個人についてもそうだって考えるのは自然だよね。

「どんな人でも、もしゲームが好きならば、勉強が嫌い（なはず）だ」って、「ゲームが好きな人はすべて、勉強が嫌い（なはず）だ」って言ってるのと同じだよね。つまり、「すべて文」？

そうだ。「ならば文」の背景には、「すべて文」が隠れていることが多い。実際、「ゲームが好きな人はすべて、勉強が嫌いだ」を(1)の推論の前提に加えても、正しい推論（定言的三段論法）になるしな。

<u>（隠れた前提）</u>［ゲームが好きな人］$_a$はすべて、［勉強が嫌い］$_b$だ。
（前提2）［カンタロウ］$_x$は［ゲームが好きだ］$_a$。
（結論）［カンタロウは］$_x$は、［勉強が嫌い］$_b$だ。

でも、この前提はおかしいよね。世の中にはゲームと勉強の両方が好きな人だっているだろうし。

そうだな。(1)を正しい推論の型にはめるには、そういう「現実的に見て正しくなさそうなこと」を前提にしなければならない。それが、この推論の問題点だと言える。

　では、(2)はどうだ？

(2)は、前提二つも結論も真だよね。現実に、すべての猫は動物だし、ジョージは動物だし、ジョージは猫だし。

でもさ、こういう形の「必ずしも正しくない推論」、前に出てきたと思うんだけど。

よく気がついたな。これは1.8節で見た「必ずしも正しくない推論の型その2」と同じ形をしているんだ。

(前提1) すべての[猫]$_a$は[動物]$_b$である。
(前提2) [ジョージ]$_x$は[動物]$_b$である。
(結論) [ジョージ]$_x$は[猫]$_a$である。

つまり(2)は、二つの前提も結論も現実世界では「真」だが、「型」に問題があるんだ。つまり(2)で結論が真なのは「偶然」であって、推論としては必ずしも正しくない。

なるほど。前提と結論がすべて真でも、推論としては間違っていることがあるのね。

例題の(2)の推論は、「ジョージ」を「隣の犬のバートランド」に置き換えると、問題点が分かりやすくなるぞ。

(前提1) すべての猫は動物である。**(←真)**
(前提2) 隣の犬のバートランドは動物である。**(←真)**
(結論) 隣の犬のバートランドは猫である。**(←偽)**

なるほど。「ジョージ」を「隣の犬のバートランド」に置き換えただけで結論の真偽が変わるから、「推論に問題があるんだな」って分かるのね。

分かったか？　これからは、おかしな推論に注意しろよ。それじゃあ、俺はこれで失礼する。（どこかへ行く）

あっ、いつのまにか、「ちゅ〜りんぐ」の盗難事件の話がうやむやになっちゃったね。もしジョージが犯人だとしたら、僕ら、うまくごまかされたことになるんじゃない？

そうね。でも、ジョージが「ちゅ〜りんぐ」を好きだってことも、犯行時間に現場近くにいたことも、決定的な証拠にはならなかったよね。なんか、刑事ドラマの捜査が難しい理由が分かった気がするなあ。こうなったら、ジョージに自白させるしかないね。

自白は無理じゃない？　ジョージのことだから、僕らが「吐け！」って言っても、論理がどうのこうのとか言ってはぐらかすに決まってるよ。あっ、姉ちゃん、ジョージが戻ってきたよ。どうしたんだろう。

ええと……、その、お前たちに、ちょっと頼みたいことがあるんだが……。

どうしたの、ジョージ？　あっ、なんか咥えてる。

うわっ、これ、盗まれた「ちゅ〜りんぐ」じゃん！　やっぱり、ジョージが犯人だったんだ！

その……、これを食べたいんだが……、封を開けてくれないか？

なるほど。ジョージは「ちゅ〜りんぐ」を盗んだのはいいけど、いざ食べようとしたら自分でパッケージを開けられなかったのね……猫だから。

ニャ〜〜ン。

ちぇっ、ジョージのやつ、甘えた声出してごまかしてるよ。

まあまあ、いいじゃない。はいはい、今、開けてあげるからね。

POINT

- 問題のある推論には、「前提の中に、必ずしも真ではないものが含まれている推論」と、「推論の型が必ずしも正しくない推論」がある。
- それらの場合、たとえ結論が真でも、それは偶然である。

解説

次の練習問題を解いてみましょう。

練習問題 次の推論のどこに問題があるかを指摘しよう。

(1)

(前提1) もしジョージが全知全能であるならば、ジョージが「今日は雨が降る」と言ったら雨が降る。

(前提2) ジョージが「今日は雨が降る」と言ったら雨が降った。

(結論) だから、ジョージは全知全能である。

(2)

(前提1) カンタロウはカンが鋭い。

(前提2) カンタロウは高校生である。

(結論) だから、カンが鋭い高校生がいる。(=カンが鋭くて、高校生であるような者がいる。)

(1)は、「ならば」の前の文をA、後ろの文をBとしたら、次のようになります。

(前提1) もし[ジョージが全知全能である]$_A$ならば、[ジョージが「今日は雨が降る」と言ったら雨が降る]$_B$。

(前提2) [ジョージが「今日は雨が降る」と言ったら雨が降った]$_B$。

(結論) だから、[ジョージは全知全能である]$_A$。

これはこれまでにも何度かみた「アブダクション」です。よって、たとえ二つの前提が真であっても、結論が必ず真になるとは限りません。つまり「推論の型」に問題がある例です。この手の間違いは、日常でもたまに見受けられます。たとえばジョージのことを「全知全能である」と信じたい人は、このような推論を「正しい」と思うかもしれません。

(2)は、推論の型としては1.9節で見た「正しい推論の型その4」と同じ形をしています。つまり、「型」は正しいと言えます。

(前提1) xはaである。
(前提2) xはbである。
(結論) aであって、bであるようなものがある(/いる)。

(前提1) $[カンタロウ]_x$は$[カンが鋭い]_a$。
(前提2) $[カンタロウ]_x$は$[高校生]_b$である。
(結論) $[カンが鋭くて]_a$、$[高校生]_b$であるような者がいる。

また、前提1の「カンタロウはカンが鋭い」は真ですし、結論の「カンが鋭くて、高校生であるような者がいる」、つまり「カンの鋭い高校生がいる」というのも、現実的に考えて真です。

問題は、前提2の「カンタロウは高校生である」が偽であることです。こんなふうに、推論の型が正しくて、なおかつ結論が真であっても、前提の一つが偽であるならば、結論が真なのは「偶然」だということになります。

以上、「1. 論理編」では主に、正しい推論とそうでない推論を区別する方法を見てきました。推論の「型」や、「世界と真偽の対応表」、また集合を使った考え方は、自分や他人の考えが正しい推論にのっとっているか、そうでないかを「形の面で」見極めるための便利な道具となります。ただし、推論の「形の上での」正しさは、「前提や結論が現実に真である」ということを保証するものではありません。論理的な正しさを見極めるには、推論の形に気をつけると同時に、前提や結論が「現実に真であるか」にも気を配る必要があります。

応用のヒント3

「だから」の背景を探る

論理的に話したり書いたりすることの主な目的は、「他人に納得してもらうこと」でしょう。そのためには、自分の出した結論に説得力を持たせる必要があります。「応用のヒント1」でも述べたように、結論が説得力を持つには、1) 前提の信憑性が高く、なおかつ2) 前提と結論が「正しい推論」でつなげられていることが重要です。とくに、私たちが現実世界について話し合ったりする場合は、前提が現実的であるかどうか、それが他の人にも「もっともらしい」と思われるかどうかに気を配る必要があります。

前提の信憑性を確かめたいとき、前提がすべて明確に述べられていればいいのですが、そうでない場合は隠れた前提を明確にする作業が必要です。隠れた前提を明らかにする方法についてはこれまでにも何度か述べてきましたが、もっとも手っ取り早いのは、「AだからB」と述べられている場合に、「正しい推論の型その2（モーダスポネンス）」にのっとって、「AならばB」という隠れた前提を補う方法です。

（前提） A。
（結論） だから、B。

↓ 隠れた前提「AならばB」を補う。（自然に聞こえるように、「～と考えるのは当然のことである」や「～はずだ」や「～ことになる」などを付け加えてもOK）

（隠れた前提） AならばB（と考えるのは当然のことである）。
（前提） A。
（結論） だから、B。

実際、人が会話の中で「AだからB」と言う場合、その背後で「AならばB」を当たり前だと考えていることが多いのです。たとえば「天気予報で降水確率50%だと言っていたから、雨が降る」と言う人は、「天気予報で降水確率50%だと言っていたならば、雨が降る（のは当然のことである）」という前提を持っています。

「AだからB」の背後にある「AならばB」という前提が常識的なものなら、「AだからB」という推論も受け入れられやすくなります。たとえば、誰かが「あのチームは弱いから、勝てない」と言うのを聞いて、違和感を覚える人はそんなにいないと思います。それは、「弱いならば、勝てない（のは当然である）」という隠れた前提が常識的であるからです。これに対し、「あのチームは強いから、勝てない」という言明に対しては、「なぜ？」と疑問を抱く人が多いと思います。これは「強いならば、勝てない（のは当然である）」という隠れた前提が、常識から外れているからです。

また、隠れた前提を明らかにすることで、思い込みや偏見、矛盾点などが明らかになる場合もあります。次の応用問題を考えてみてください。

応用問題

次の(1)～(3)の各文章で主張されていることに、あなたは同意できるだろうか？何か問題がないか、考えてみよう。

(1) 考古学についての話

「世界で最古の壁画は、約3万年前のものです。つまり、人類はそれ以前には絵をいっさい描いていなかったのです」

(2) 子育てについての相談

「私の子供は運動が苦手です。男の子なので、運動が苦手だと恥ずかしい思いをするはずです。どうしたらいいでしょうか？」

(3) 人生についての意見

「人という字は、人と人とが支え合っているところを表していると言われます。しかし実際は、人が一人で立っているところを表しているのです。ですから、人間は他人に頼らず、一人で生きていかなくてはなりません。

一方、『人の為』と書いて『偽』となることから、"人のためだなんて言っても、それは偽物なのだ"と言う人がいます。でも、そんなことを気にしていたら、世の中のために働くことはできません。いくら漢字がそうなっているからといって、そのとおりにしなければならないということはないのです」

解答

(1) この文章の中では、「つまり」の前後で次のような推論が表現されています。

（前提）世界で最古の壁画は約3万年前のものだ。
（結論）（だから、）人類はそれ以前には絵をいっさい描いていなかった。

「正しい推論の型その2（モーダスポネンス）」にのっとって、「AならばB」という隠れた前提を補うと、次のようになります。

（隠れた前提）世界で最古の壁画が約3万年前のものであるならば、人類はそれ以前には絵をいっさい描いていなかった（ことになる）。
（前提）世界で最古の壁画は約3万年前のものだ。
（結論）（だから、）人類はそれ以前には絵をいっさい描いていなかった。

しかし、この「隠れた前提」は真でしょうか？　実際は、世界で最古の壁画が約3万年前のものだからといって、それ以前に人類が絵を描いていなかったとは限りません。それより前に人類が描いていた絵が残っていないか、あるいはまだ見つかっていないようなケースも考えられるからです。よって、「人類はそれ以前には絵をいっさい描いていなかった」という結論にはあまり説得力がありません。

(2) この文章で推論が表現されているのは、「男の子なので、運動が苦手だと恥ずかしい思いをするはずです」という部分です。これは、「（私の子供は）男の子だ」という前提から、「運動が苦手だと恥ずかしい思いをするはずだ」という結論を導いています。この背後に「ならば文」があると考えれば、それは「（私の子供が）男の子ならば、運動が苦手だと恥ずかしい思いをするはずだ」というものです。

（隠れた前提）私の子供が男の子ならば、運動が苦手だと恥ずかしい思いをするはずだ。
（前提）私の子供は男の子だ。
（結論）だから、運動が苦手だと恥ずかしい思いをするはずだ。

この「隠れた前提」自体は「私の子供」という個人について述べたものですが、さらにこの「隠れた前提」がどのような信念から出てきているかを考えてみると、次のような「隠れた前提の前提」があると考えられます。

(隠れた前提の前提) 男の子ならば誰でも、運動が苦手だと恥ずかしい思いをするはずだ。

この文は、実質的には「すべて文」です。ポイントは、この文の内容が、「私の子供」を含め、すべての男の子に当てはまるものとして述べられている点です。つまり、「ならば文」の背後に「すべて文」が隠れているのです。

このような「すべて文」を信念として持っている人は、(2)の意見に共感するでしょう。しかしそうでない人、つまり「運動が苦手だからといって、すべての男の子が恥ずかしい思いをするとは限らない」とか、「男の子に対してそのような先入観を持つのは良くない」と思う人は違和感を覚えるかもしれません。

(3) この文章の一段落目では、「人という字は人が一人で立っているところを表している」という前提から、「人間は他人に頼らず、一人で生きていかなくてはならない」という結論が導き出されています。これが「正しい推論の型その2(モーダスポネンス)」に従った正しい推論だとすると、この背後には「人という字が人が一人で立っているところを表しているならば、人間は他人に頼らず、一人で生きていかなくてはならない(はずだ)」という前提が隠れていることになります。

この「隠れた前提」は適切なものでしょうか?　この隠れた前提の背後にさらにどのような信念があるかを考えると、それはおそらく「漢字がこうなっていたら、そのとおりにしなければならない」というものでしょう。しかし、現実的に考えれば、漢字の成り立ちが人間の生き方を決めるわけではありません。漢字の成り立ちが人生訓とセットにして語られることは多いですが、前者を後者の根拠とするのには無理があります[5)]。

しかも、この文章の二段落目では、「いくら漢字がそうなっているからといって、そのとおりにしなければならないということはない」と主張されています。つまり、一段落目の主張の背後にあると思われる信念と矛盾することが述べられているわけです。これでは、読む側にちぐはぐな印象を与えかねません。このように「隠れた前提」を明確にすれば、文章の裏にある矛盾した考えや、現実的に見て無理のある信念に気づける機会を増やすことができます。

---

5) ちなみに、大修館書店のWebサイト・漢字文化資料館(https://kanjibunka.com/kanji-faq/mean/q0142/)によれば、「偽」という字は「人のため」という意味ではなく、元は「人がする」「人がつくる」という意味だそうです。つまり本来は「自然ではなく、人手が加わったもの」を表しており、それが次第に模造品や偽物の意味を持つに至ったということです。

2 言語編
——言葉と論理の関係は?

さて、「1. 論理編」で、論理とは何かということはおおよそ分かったと思うし、「推論の型」もだいぶ身についたと思う。

まあ、それはそうなんだけど……。「推論の型」がそのまま使える場面って、そんなにないのよね。

そうそう。僕もさっそく使おうとしたけど、全然ダメだったよ。頑張って勉強したのに、結局ムダだったのかな?

ムダってのは言い過ぎじゃないか?　確かに、日常で「推論の型」がそのまま使える場面はそれほど多くないかもしれない。だがそれは、日常がそれだけ複雑だってことだ。考えなければならないのは、日常がどれほど複雑なのかを理解することと、そういった複雑さにどうすれば対応できるか、ということだ。

複雑さに対応するって、言うのは簡単だけど、本当にできるの?

最初に断っておくが、ありとあらゆる日常の問題を論理で解決するのは無理だ。前にも言ったように、世の中には答えのない問題もあるし、論理で割り切れないことだって多い。ここでは日常の問題すべてを考えるのではなく、主に言葉の問題を見ていくぞ。

言葉の問題というのは、論理的に考えることを難しくする原因の一つだ。人間の言葉には、同じことを言うのにもいろんな表し方があったり、一つの表現にも多くの意味があったり、「言葉に表れない意味」があったり、複雑な面がたくさんある。言葉の難しさを知り、論理と言葉の関係を知るのは、論理を日常で生かすために重要なことなんだ。

なんか、面倒そうだな……。

そうね……。あっ、私、明日の試験の勉強しなくちゃ。カンタロウ、私のかわりにジョージの話、聞いといて。

姉ちゃん、ずるい！　ええと、僕も友達と約束あるから。じゃあまたね、ジョージ。

まったく、あいつらは相変わらずだな。まあ、そのうち俺の話を聞く気になるだろう。

2.1 定義って何だろう

あーあ、明日も、先生と進路相談かあ。進路を決めるのって大変だなあ……。ねえカンタロウ、あんたは将来のこととかちゃんと考えてるの？

何だよ、いきなり。ええっと、僕はまだ子供だから、将来のこととか考えなくていいんだよ。これは論理的だよ？　だって、

（前提1） 僕が子供ならば、まだ将来のこととか考えなくていい。
（前提2） 僕は子供だ。
（結論） だから、僕は将来のこととか考えなくていい。

これ、正しい推論でしょ？　たしか、「正しい推論の型」にあったよね。モダなんとかっていう名前の。

モーダスポネンス、ね。う～ん、「子供ならば、将来のこととか考えなくていい」っていう前提はどうなの？と思うけど、推論としては正しそうね。あんた、なかなかやるようになったじゃない。

あ、そういえばさ、あんたが見たがってた映画、来週いよいよ公開だってね。

おお、『論理戦士ゲンツェン　逆襲のシーケント』か！　楽しみだなあ！

でもその映画、子供は見れないらしいよ。

そうなの？　でも、大丈夫だよ。僕はもう子供じゃないから。「僕が子供ならば、僕はその映画を見られない」けど、僕は子供じゃないんだから、別に見たっていいでしょ？

ちょっと、あんたさっき、「僕はまだ子供だから」とか言ってたでしょ！　あんたは結局子供なの？　子供じゃないの？　どっちなのよ？　ねえジョージ、カンタロウの言うこと、どう思う？

カンタロウが言う「僕は子供だ」は、真偽がはっきりしない文だな。原因は、何歳までが子供で、何歳からが子供ではないのかが明確ではないことにある。つまり、「子供」という言葉の「定義」の問題だ。

「ていぎ」って何？

定義という言葉は、「○○の定義」というふうに使われる。「○○の定義」というのは、簡単に言えば、「○○にすべてあてはまり、○○と○○でないものとを区別できるような特徴を述べること」だ。

じゃあ、「子供」の定義は、「子供にすべてあてはまって、子供と子供でないものを区別できるような特徴を述べること」になるね。日本では20歳以上が大人だから、20歳未満が子供ってことでいいのかな。

今の日本の法律では、「未成年」と「成年」の境目は満20歳だ。だが、2022年4月からは満18歳が境目になるらしいぞ。ちなみに昔の日本では、成人になる年齢はもっと低かったそうだ。

日常では、「子供」や「大人」という言葉はあやふやなままで使われることが多い。だが、「子供」の定義をはっきりさせないと、カンタロウがさっき言った推論の前提2、つまり「僕は子供だ」の真偽が分からなくなる。前提の真偽が不明だと、たとえ推論の「型」が正しくても、結論が真かどうか分からなくなるんだ。

(前提1) 僕が子供ならば、僕はまだ将来のこととか考えなくていい。
(前提2) 僕は子供だ。**(←真偽不明)**
(結論) (だから、)僕は将来のこととか考えなくていい。**(←真偽不明)**

でもさ、僕が子供かどうかはあやふやにしておいた方が、得になることが多そうだよね。将来を考えろって言われたときとか、お年玉もらうときは「子供」ってことにしておいて、子供が見られない映画を見るときとか、友達と夜遅くまで遊びたいときは「子供じゃない」ってことにしたら都合がいいじゃん。

だが、「定義をせずに、あやふやにしておくこと」が、つねに自分の利益になるとは限らないぞ。定義をしないことが、他人に都合良く利用されてしまうこともある。

たとえばの話だが、カンタロウが何らかの格闘技の試合に出るとしよう。そのとき、「勝ち」と「負け」の定義を確認せずに、あやふやにしたままで試合を始めてもいいだろうか？

別にいいんじゃない？　格闘技の試合って、要するに相手を倒せばいいんでしょ？

でも、もしお前の知らないところで勝手に「キックを出したら負け」ということになっていたらどうする？　そうしたら、お前はキックを出した時点で負けることになる。それに、「どんな状況であれ、審判が勝ちと言ったら勝ち、負けと言ったら負け」ということになってたら、お前がいくら相手を圧倒したとしても、審判が認めないかぎり勝てない。

ずるいよ！　そんなのありかよ！

でも、勝ち負けの定義をきちんと確認しておかなかったら、そういうことになる可能性もあるのよね。

でもさ、「定義」って、具体的にどうやればいいの？

定義の仕方には、おおよそ次の二通りがある。

(1) その言葉が表すものをすべて列挙する。
例：「一親等の親族とは、自分の親、自分の子、自分の配偶者である。」
「中国四大奇書とは、『三国志演義』、『水滸伝』、『西遊記』、『金瓶梅』である。」

(2) その言葉が表すものすべてに、またそれらのみに共通する性質を述べる。
例：「偶数とは、2で割り切れる整数である。」
「2022年4月1日以降の日本における未成年者は、十八歳未満の者である。」

(1)の「れっきょ」はできそうだけど、(2)は難しそうだね。

そうだな。どんなことでも正確に定義しようとすると結構難しいし、専門知識が必要なこともある。日常的には、次のことを心がけていればいいと思うぞ。

- 「その中に何が含まれて、何が含まれないか」をできるだけはっきりさせる。
- 「子供」や「大人」のように「程度」が問題になる場合は、「何歳以上」のように、数をはっきりさせる。

なるほどね。ところで、ジョージは大人なの？　子供なの？

何を言っているんだ、大人に決まってるだろ。人間は猫をよく子供扱いするが、俺たちにとっては腹立たしいことだ。

そうだ、これから先、誰であれ、俺を子供扱いしたら返事をしないようにするからな。お前たちもよく覚えておけよ。

（お母さんの声：「ジョージちゃぁ〜ん、どこにいるの〜？　ご飯の時間でちゅよ〜」）

ニャアァァ〜〜ン。

あっ、今ジョージ、返事したよね?

したした! なんだよ、子供扱いされたら返事しないんじゃなかったのかよ。

お前たち、そもそも「子供扱い」の定義はなんだ? あと、「返事」の定義は? 今の俺の鳴き声は、本当に「返事」に入るのか? よく考えろよ。(台所へ行く)

あ〜あ、はぐらかされちゃった。ジョージは手強いね。

POINT

- 文の中には、その中に含まれる言葉の定義がはっきりしないために、真偽が問えないものが多く存在する。
- 真偽が問えない文を前提として含む推論は、たとえ「型」が正しくても、結論が真であるとは限らない。
- 「○○の定義」とは、「○○にすべてあてはまり、○○と○○でないものとを区別できるような特徴を述べること」である。

解説

定義の問題に敏感になるために、練習問題を解いてみましょう。

練習問題 次の文には定義がはっきりしない部分がある。それはどの部分だろうか? また、(1) (2)については、どのようにすればより定義がはっきりするか考えてみよう。

(1) 遠足に持って行けるおやつは500円までです。
(2) 衆議院では、多くの議員が法案に賛成すれば、その法案は可決される。
(3) このお札(おふだ)を真剣に拝めば、頭が良くなります。

(1)は、「遠足に持って行けるおやつ」の定義がはっきりしません。このままだと、遠足の前に先生がこう言うのを聞いて、「バナナはおやつに入るんだろうか?」と疑問に思う生徒が出てくるかもしれません。ここで言う「おやつ」の定義をよりはっきりさせるには、「お菓子はおやつに入りますが、果物はおやつに含まれません」のように、おやつの中に何が含まれて、何が含まれないのかをいくつか示すとよいでしょう。

(2)の文は、「多く」という言葉が曖昧です。「多く」と言っても、具体的に何人なのか分かりません。「多い」「少ない」などといった「程度を表す言葉」は、人によって受け止め方が違い、時と場合によって意味が変わりやすいものです。定義をはっきりさせるには、「50人」とか「100人以上」や「全体の80%」などのように、数や割合を明確にするとよいでしょう。ちなみに、2021年現在の衆議院では、「出席している議員の過半数(半分より多い数)」が法案に賛成すれば、その法案は可決されることになっています。

(3)の文では、まず「真剣に拝む」という部分の定義が不明です。とくに「真剣に」というのは心の中の問題ですから、自分がどんなに真剣なつもりでも、それが相手の言う「真剣」と同じかどうか分かりません。また、「頭が良くなる」という部分についても、いつ、どんなふうに良くなるのかはっきりしません。

「真剣に拝む」と「頭が良くなる」の定義がはっきりしないので、この「ならば文」は真偽を問うことができません。よって、次のような推論は、推論の型は正しいのですが、結論が真になるとは限りません。

(前提=(3)) このお札(おふだ)を真剣に拝むならば、頭が良くなる。**(←真偽不明)**
(前提) (私は)このお札(おふだ)を真剣に拝む。**(←真偽不明)**
(結論) (私は)頭が良くなる。**(←真偽不明)**

つまり、誰かが(3)を信じて自分なりにお札を真剣に拝んだとしても、その人の頭が良くなる保証はないわけです。また、頭が良くならなかったときに相手に文句を言っても、「真剣さが足りない」とか「もうじき頭がよくなるはずだ」などとはぐらかされるかもしれません。つまり、定義をはっきりさせないかぎり、(3)の真偽を決めることはできないのです。

(3)のような宣伝文句は、世の中にたくさん溢れており、詐欺にも使われます。こういった文は、真偽が問えないからこそ、聞く人に「本当かもしれない」と思い込ませることができてしまいますし、明確に「嘘だ」と批判されにくくなります。こういう言葉に引っかからないようにするには、文の中に含まれる言葉がきちんと定義されているか見極め、文の真偽が問えるかどうかに注意を払う必要があります。

ただし、真偽が問えない言葉がすべて悪いわけではありませんし、言ってはいけないというわけでもありません。世の中には曖昧にしておいた方がいいこともたくさんありますし、「夢があれば頑張れる」とか「人生は美しい」などといったあやふやな言葉に元気づけられることもあります。また、「その気持ち、分かるよ〜」のようなやんわりとした言葉で人間関係が良くなることもあります。

重要なのは、真偽が問えない文は「正しい推論」の部品にはならないから、そういう言葉を部品にした「論理的な考え」を振りかざす人には気をつけよう、ということです。

2.2 普通名詞の曖昧さ

姉ちゃん、聞いてよ。今日さ、教室の掃除してたら、クラスの女子から「もっときちんとやりなさいよ！　まだ埃が残ってるでしょ！」って言われちゃった。なんで、女はあんなに細かいんだろうね？

ちょっとカンタロウ、あんたのクラスの女子が細かいからって、「女は細かい」ってのは言い過ぎだってば。そういうの、「主語が大きい」って言うんだよ。

別に、姉ちゃんのことを言ったわけじゃないよ。単に「女は細かい」って言っただけだよ。

だから、それがダメなんだってば。まったく、なんで男はこんなに大ざっぱなんだろう。

姉ちゃん、それこそ、「主語が大きい」んじゃないの？

違うよ。ここでいう「男」はあんたのことだから。他の男の人は関係ないし。

じゃあ僕も、さっきの「女は細かい」はうちのクラスの女子のことを言っただけだから、別に主語は大きくないよ。

いいや、あんたはさっき、私のことも含めて「女は細かい」って言ったでしょ！ そういう顔してたもん！

何だよそれ！

ニャァー！　お前ら、また喧嘩か！　いい加減にしろよ！

ちぇっ、猫はいいよな！　毎日学校も行かずゴロゴロして、気に入らないことがあれば文句言ってればいいんだから。猫にはどうせ、人間みたいな悩みはないんだろ？

それは聞き捨てならないな。だが、今カンタロウは「猫」という言葉をどういう意味で使ったんだ？　俺のことだけを指していたのか？　それとも、他の猫も入るのか？

ええっと、どっちだっけ。

自分でもよく分からずに言ったんだな。だが、普通名詞には多くの解釈があるので、使うときは注意が必要だ。

普通名詞って何？

普通名詞というのは、おおよそ「ものの集合」を表すような名詞だと考えてもらえるといい。例を挙げると、「女」「男」「猫」のような言葉だ。これらは女の集合や男の集合、猫の集合を表すという点で、「リズ」「カンタロウ」「ジョージ」のような名前（固有名詞）とは違う。

「ものの集合を表す言葉」って、前にジョージが「すべて文」や「ある・いる文」の話をしたときにも出てきたよね。

そうだ。普通名詞を含め、ものの集合を表す言葉は、「すべて文」や「ある・いる文」の関わる推論で重要な役割を果たす。ただし、普通名詞は単独で現れると、文脈によって解釈が変わってくる。

たとえば、「猫は動物だ」という文を聞いたら、どういう意味だと思う？

まあ、普通に考えたら、「すべての猫は動物だ」っていう意味だと思うよね。実際、どの猫も動物なわけだし。

じゃあ、「猫はマタタビを好む」は？

それも「すべての猫」でいいんじゃない？　あ、でも、マタタビが嫌いな猫もいるんだっけ。

そうだ。だから「猫はマタタビを好む」は、「すべての猫はマタタビを好む」という意味ではなく、「たいていの猫は～」とか「ほとんどの猫は～」とか、そういう意味だと考えた方がいいだろうな。つまり、猫についての「一般論」ってことだ。

イッパンロンって、例外もあっていいの？

一般論っていうのは、考え方にもよるが、おおよそ「完全に全部に当てはまるわけじゃないけど、たいていのものにあてはまる」という感じだな。

まあ確かに、「あなたのことを言ってるわけじゃなくて、一般論よ」とかいう言い方をするから、例外があってもいいみたいね。

そして、俗に「主語が大きい」と言われる文は、「ナントカ（普通名詞）はカントカだ」という形をしていて、「ナントカ」の部分が「すべてのナントカ」とか、一般論の「たいていのナントカ」のように解釈されるような文だ。

　とくに、「ナントカはカントカだ」の「カントカだ」の部分に、「すばしっこい」とか「マタタビを好む」などのような「性質や特徴を表す言葉」が入っていると、「すべての○○は～」とか「たいていの○○は～」という解釈がしやすくなる。

猫はすばしっこい。　⟶すべての（/たいていの）猫はすばしっこい。
猫はマタタビを好む。⟶すべての（/たいていの）猫はマタタビを好む。

これに対して、「カントカだ」の部分が「走っている」「疲れている」「そこにいる」「食事中だ」のように「動作や一時的な状態を表す言葉」である場合は、「ナントカ（普通名詞）」の部分は「すべての～」とか「たいていの～」という意味にはなりにくい。

確かに、「猫は走っている」という言葉を聞いて、「すべての猫は走っている」とか「たいていの猫は走っている」っていう意味だとは思わないね。そういうときの「猫」って、何を意味しているの？

「は」が付く場合は、特定の猫だと解釈されやすい。たとえば「猫は走っている」のように言うときは、「ジョージは走っている」のように、特定の猫が走っていることを表すことが多い。

猫は走っている。⟶特定の猫（ジョージ）は走っている。

「が」が付く場合は、特定の猫だという解釈に加えて、「そういう猫がいる」という「ある・いる文」としての解釈も出てくる。たとえば、「猫が走っている」だと、「走っている猫がいる」という解釈もある。

猫が走っている。⟶特定の猫（ジョージ）が走っている。
/走っている猫がいる（＝猫であって、走っているものがいる）。

「ナントカはカントカだ」にはそれ以外にもいろいろな意味があるが、とりあえず、ここで見た以下の四つを押さえておこう。

「ナントカは（が）カントカだ」
1. すべてのナントカはカントカだ。（すべて文）
2. たいていのナントカはカントカだ。
3. 特定のナントカはカントカだ。
4. ナントカであって、カントカであるようなものがいる（ある）。（ある・いる文）

「ナントカをカントカする」とか、「ナントカにカントカした」みたいな文はどうなるの？

「を」「に」「から」「で」なんかが付く場合は、「カントカする（／した）」という部分（つまり述語）の意味や、常識などに左右されやすい。

たとえば、「カンタロウは猫をバカにしている」だと、「猫」は「すべての猫」や「たいていの猫」のように解釈されやすいし、「カンタロウは猫を撫でた」だと、特定の猫とか、「そういう猫がいる」というふうに解釈されやすい。

さっきカンタロウが言った、「猫には人間みたいな悩みはない」という文は、どちらかというと、「すべての猫」や「たいていの猫」と解釈されやすいだろうな。俺は実際、お前が猫全般を低く見て、そういうことを言ったと思っているぞ。

そうだ、今度、お前の好きな糸元さんの飼い猫ルートヴィッヒに、「カンタロウは猫をバカにしている悪いやつだ」って教えてやろう。

ちょっと待って！　そういうのはやめてよ！

猫って、恨みが深いのね……。あっ、これも「主語が大きい」かも。気をつけなきゃ。

POINT

・文中に単独で現れる普通名詞は曖昧であり、「すべての～」「たいていの～」を表す解釈や、特定のものを指す解釈、「そういう～がいる（ある）」という解釈など、さまざまな解釈を持つ。

解説

ジョージの説明にあったように、普通名詞は文の中で単独で現れるとき、さまざまな解釈を持ちます。普通名詞がどのように解釈されるかによって、それを含む推論の正しさも変わってきます。普通名詞の曖昧さが推論に与える影響をより深く知るために、練習問題を解いてみましょう。

練習問題 次の推論に含まれる「猫」という普通名詞は曖昧である。この名詞がどういう解釈を持つ場合に推論が「正しい」と言えて、どういう場合に「必ずしも正しくない」と言えるだろうか。考えてみよう。

（前提1）カンタロウは猫をバカにしている。

（前提2）糸元さんちのルートヴィッヒは猫だ。

（結論）カンタロウは糸元さんちのルートヴィッヒをバカにしている。

ここで問題になるのは、前提1の中の「猫（を）」です。述語が「バカにしている」だと、「猫（を）」は「すべての猫（を）」とか「たいていの猫（を）」のように解釈されやすくなります。もしこの「猫」を「すべての猫」と解釈するなら、(1)の推論は次の推論と同じだということになります。

（前提1）カンタロウはすべての猫をバカにしている。

（前提2）糸元さんちのルートヴィッヒは猫だ。

（結論）カンタロウは糸元さんちのルートヴィッヒをバカにしている。

これは、1.8節で見た「正しい推論の型その3（定言的三段論法）」にのっとった「正しい推論」です。

これに対し、もし前提1の「猫」が「たいていの猫」と解釈される場合は、必ずしも正しくない推論になります。なぜなら、カンタロウが「たいていの猫」をバカにしているからといって、糸元さんちのルートヴィッヒまでバカにしているとは限らないからです。

（前提1）カンタロウはたいていの猫をバカにしている。

（前提2）糸元さんちのルートヴィッヒは猫だ。

（結論）カンタロウは糸元さんちのルートヴィッヒをバカにしている。（←真偽不明）

また、前提1の「猫」が「ジョージ」のような特定の猫を指す場合や、「そういう猫がいる」という解釈をされる場合も、問題の推論は「必ずしも正しくない推論」になります。なぜなら、次のような推論と同じになるからです。

（前提1）カンタロウはジョージをバカにしている。

（前提2）糸元さんちのルートヴィッヒは猫だ。

（結論）カンタロウは糸元さんちのルートヴィッヒをバカにしている。（←真偽不明）

（前提1）猫であって、カンタロウがバカにしているようなものがいる。
（前提2）糸元さんちのルートヴィッヒは猫だ。
（結論）カンタロウは糸元さんちのルートヴィッヒをバカにしている。（←真偽不明）

こんなふうに、単独で表れる普通名詞の解釈によって、推論の正しさが大きく左右されてしまいます。

普段の会話ならば、こういう曖昧さがあっても問題ないかもしれません。しかし、厳密に正しい推論にのっとった話をしなければならない場合は、普通名詞の意味が明確かどうかに注意を払う必要があります。必要ならば「すべての」とか「たいていの」という言葉を補ったり、固有名詞や「そういうものがいる」という形に言い替えたりする工夫も大切です。

実は、単独で現れる普通名詞には、ここで挙げた以外にもさまざまな意味があります。くわしく知りたい方は、この本の著者が書いた『ふだん使いの言語学』（新潮社）の第三章をご参照ください。

2.3 「ならば文」の曖昧さ

姉ちゃん、ケーキ買ってよ。

は？　なんで、私がそんなことしないといけないわけ？

姉ちゃん、前に「カンタロウが数学のテストで60点以上取ったら、ケーキを買ってあげる」って言ったじゃん。ほら、この62点の答案見てよ。僕、また数学のテストで60点以上取ったんだよ！　だから、姉ちゃんは僕にケーキをおごらないといけない。

でも、私がそう言ったの、前の試験のときだよね？　私、あのときだけのつもりでそう言ったんだけど。

いやいや、ああいう言い方したら、普通「これから先ずっと」だって思うよ。

いや、そんなふうに考えるのはおかしいでしょ！　ねえ、ジョージだって、おかしいと思うよね？

う〜ん、どっちが正しいとか間違ってるとか言えないんじゃないか？　結局は、「ならば文」の曖昧さの問題だ。「ならば文」の中には、たった一回の出来事について述べるものと、何度も起こる出来事について述べるものがある。

たとえば次のような「ならば文」は、一回だけの出来事についての文だ。

明日天気が良かったら、山にハイキングに行く。

これに対して次の文は、何度も起こる出来事について述べるものだ。

あの坂の上に上れば、富士山が見える。
春になって暖かくなったら、冬眠していた動物たちが起き出してくる。

さらに、「どこでも・誰にでも」起こる出来事について述べる「ならば文」もある。こういったものは、法則性や因果関係や規則を表している。

需要が供給より大きくなれば、価格が上がる。**（法則性）**
水を飲んだら、喉の渇きが癒やされる。**（因果関係）**
犯罪を犯したら、刑罰を受ける。**（規則）**

また、「定義」を表す「ならば文」もある。

ある整数が2で割り切れるならば、その整数は偶数である。**（定義）**

つまり、「ならば文」には「一回の出来事にしか当てはまらないもの」と、「たくさんのことについて当てはまるもの」があるってことね？

そうだ。ここで気をつけなければならないのは、たくさんのことについて当てはまる「ならば文」が、厳密にどれほど多くのことにあてはまるか、ということだ。たとえば、「そういう場合はつねに」なのか、「そういう場合はたいてい」なのかといった違いに気をつけなければならない。

「そういう場合はたいてい」っていうのは、前に見た「一般論」と同じ？

よく覚えていたな。たとえば「ある動物が猫ならば、その動物はマタタビが好きだ」という「ならば文」は、「そういう場合はたいてい」という一般論を表す。つまり、多くのものに当てはまるが、例外もあるということだ。

ある動物が猫ならば、その動物はマタタビが好きだ。

⇕（言い換え）

ある動物が猫ならば、たいてい、その動物はマタタビが好きだ。

これに対し、次のように定義を表す「ならば文」は「ならば、つねに」に言い換えられる。

ある整数が2で割り切れるならば、その整数は偶数である。

⇕（言い換え）

ある整数が2で割り切れるならば、つねに、その整数は偶数である。

例外があるなら「たいてい」で、例外がないなら「つねに」って考えればいいのね。

日常で使われる「ならば文」には、例外があるものも多い。しかし、例外のある「たいていバージョン」の「ならば文」は、「1. 論理編」で見た「正しい推論の型」に入れることができない。入れてしまうと、結論が必ずしも正しくならないからな。

（前提）ある動物が猫ならば、（たいてい）その動物はマタタビが好きだ。
（前提）糸元さんちのルートヴィッヒは猫だ。
（結論）糸元さんちのルートヴィッヒはマタタビが好きだ。（←真偽不明）

じゃあ、ふだん「ならば文」を使うときにも、自分が「つねにバージョン」の方で使っているのか、「たいていバージョン」の方で使っているのか気をつけた方がいいわけね。あ、それから「一回だけバージョン」もあるんだっけ。

そうだな。神経質になりすぎる必要はないと思うが、推論を使って重要な結論を導き出したい場合は気をつけた方がいいだろう。さらに、「つねにバージョ

ン」については、「当てはまる範囲」が「全世界」なのか「世界の一部」なのかを考えた方がいい。

で、姉ちゃんが僕にケーキを買ってくれる話はどうなったの？　「僕が数学のテストで60点以上取ったら、姉ちゃんにケーキを買ってもらえる」ってことはもちろん、「つねに」あてはまることだよね？

そんなわけないでしょ。当然、「一回だけ」よ。私がそういうつもりで言ったんだから、そういう意味しかないに決まってるでしょ！

いやいや、僕は「つねに」、しかも「世界中どこにいても」っていうふうに受け取ったよ。僕がそういうふうに受け取ったんだから、そういう意味しかないに決まってるよ！

やれやれ、この話はしばらく終わりそうにないな。

POINT

- 「ならば文」には、たった一回の出来事について述べるものと、何度も起こる出来事について述べるものがある。
- 何度も起こる出来事について述べる「ならば文」には、「そういう場合はつねに（そうだ）」ということを表すものと、「そういう場合はたいてい（そうだ）」ということを表すものがある。後者は、「ならば文」を含む正しい推論の部品になることができない。
- 「そういう場合はつねに（そうだ）」ということを表す「ならば文」を使う場合も、どういった範囲で成り立つのか（全世界なのか、世界の一部なのか、一部だとしたらどの範囲なのか）に注意する必要がある。

解説

「ならば文」の曖昧さに慣れるために、練習問題を解いてみましょう。

練習問題 次の「ならば文」は、現実世界の状況から見て、「つねにバージョン」だろうか、それとも「たいていバージョン」、あるいは「一回だけバージョン」だろうか? また、「つねにバージョン」の場合は、当てはまる範囲が「全世界」か「世界の一部」なのか、考えてみよう。

(1) 晩ご飯の直前にお菓子を食べたら、晩ご飯が食べられなくなる。
(2) もしある動物が猫ならば、その動物にはふさふさした毛が生えている。
(3) デパートに行く機会があったら、冬用のコートを買う。
(4) 朝になったら、太陽が東から昇ってくる。

(1)は、多くの人に当てはまることだと思いますが、食欲が旺盛な人には当てはまらないかもしれません。よって、この「ならば文」は「たいていバージョン」と考えるのが自然です。

(2)についても同様です。猫にはたいてい、ふさふさした毛が生えていますが、世の中には毛のない猫もいます(スフィンクスなど)。よって、「たいていバージョン」だと考えられます。

(3)は、「一回だけバージョン」の「ならば文」だと考えるのが自然です。「つねにバージョン」だと解釈すると、「デパートに行く機会があったら、つねに冬用のコートを買う」ことになりますし、「たいていバージョン」だと解釈しても、「デパートに行く機会があったら、たいてい冬用のコートを買う」、ということになってしまいます。常識的に考えて、「冬用のコートを買う」という出来事はそう頻繁に起こることではないので、この文に対して「つねに」や「たいてい」といった解釈をするのは不自然であるように感じられます。

(4)はどうでしょうか。一見すると、これは「全世界共通」で、しかも「つねに」であるように思えます。しかし、夏の北極など、太陽が一日中沈まない場所と時間は存在します。普段の会話ではここまで厳密に考える必要はないでしょうが、科学的な議論をする場合などには、こういった例外の存在に気をつける必要があります。実際、科学の法則などには、地球上では成り立つのに宇宙では成り立たないものがあります。「つねに成り立つ」というのがどの範囲のことなのかに気をつけるのは、学問では重要なことです。

定義や解釈を明確に

以上では、定義や解釈が明確でない「あやふやな言葉」について見てきました。あやふやな言葉は時として、言う側にも言われる側にもリスクをもたらすことがあります。相手の言葉に曖昧さがあるとき、それに気づくことができなければ相手に良いように利用されるかもしれませんし、逆に自分が言ったことに曖昧さがある場合も、相手に都合よく解釈されてしまう可能性があります。ここではこれまでの話を踏まえ、言葉の中の「あやふやさ」に気づく練習をしてみましょう。

応用問題

次の文章で、定義や解釈が明確になっていない部分を挙げてみよう。

(1) 保険の宣伝文句

「誰にでも起こる怪我や病気。備えがないと、不安ではありませんか？　我が社の保険なら、入院した場合に給付金が出るので安心です。手術にかかる費用も補償されます。」

(2) 子育てについての意見

「最近の親は子供を甘やかしすぎだと思います。今の世の中でキレる若者が増えているのは、親が甘すぎるからです。そもそも昔の親は、今の親よりもずっと厳しかったものです。」

(1)について、まず着目すべきなのは「入院した場合に給付金が出る」の部分でしょう。この部分は「ならば文」で、「入院した場合はつねに給付金が出る」という「つねにバージョン」なのか、「入院した場合はたいてい給付金が出る（が、例外もある）」のような「たいていバージョン」なのか不明です。つまり、あらゆる入院に対応しているのか、そう

でないのかを明確にしなければなりません。また、給付金がどういったタイミングでいくら払われるのかも確かめておく必要があります。

もう一つは、「手術にかかる費用も補償されます」の部分です。このままだと、「あらゆる手術にかかる費用が全額補償される」のようにも読めてしまいますが、実際は一部の手術が除外されていたり、補償されるのが費用の一部のみである可能性もあります。実際、保険に関しては、加入者側の「当然、このあたりまでカバーしてくれるだろう」という思い込みが間違っているケースも少なくないようです。たとえば、いわゆる火災保険は、火災による損害すべてを保障するものではなく、地震が原因で起きた火事などはカバーしていないそうです。

保険に限らず、何か重要な契約をする際には、その内容を明確にする必要があります。しかし経験がないと、何をどこまで明確にしたらいいのか、どのポイントに気をつけたらいいのか分からないのが普通です。トラブルをできる限り防ぐには、契約の内容を自分に都合よく解釈して済ませたりしないように注意し、事前にできるだけ多くの人に相談をしたり、幅広く情報を集めたりする必要があるでしょう。

(2) この文章については、この人と同じようなことを普段から感じている人は「確かにそうだ！」と思うかもしれません。しかし、それ以外の人にとってはかなり意味不明な文章だと思います。

まず、ここで言う「子供に甘い/厳しい」とはどういうことかが分かりません。そもそも程度を表す言葉は、どこに「普通」の基準があるのかがはっきりしないと真偽が確かめられません。たとえば「あの人は背が高い/低い」という文は、標準となる身長があり、それよりも高いか低いかを述べるものです。この文に聞き手が同意できるかどうかは、話し手と聞き手の間でその「標準」が共有されているかどうかに依ります。たとえば、話し手と聞き手がともに「標準的な身長」を「170センチぐらい」と考えていれば、話し手のいう「あの人は背が高い/低い」に聞き手も同意できるでしょう。

「甘い/厳しい」にも同じことが言えますが、「甘い/厳しい」は「背が高い/低い」よりもはるかに抽象的です。「甘さと厳しさの標準」は数値で表すことができない上、話し手がどのような基準に照らし合わせて「甘い/厳しい」と言っているのかが不明です。

また、「最近の親は」とか「昔の親は」といった表現も曖昧です。話し手は「最近の親はたいてい」とか「昔の親のほとんどは」といった「主語の大きい発言」をしていると思われますが、問題は、そこに明確な根拠はあるのかということです。

(2)のような意見をどう扱うかは、状況によって変わります。私たちは時として、ただの個人的な印象だとか、テレビや雑誌の受け売りでしかないような意見を、あたかも真実であるかのように語りたくなります。そのこと自体に問題はありませんし、もしそういったことを一切言えないとしたら、とても窮屈に感じるでしょう。「根拠はないけれど、今自分が感じていること」を他人に聞いてもらうのは、それなりに意味があることです。

その一方で、何か重要な結論を出すための話し合いの場で(2)のような発言がなされたら、定義や根拠をあやふやにしたままで話を進めるのは危険です。たとえ聞き手がこの発言に共感を覚えたとしても、話し手の意図した「甘さ/厳しさ」が、聞き手が考えるそれとまったく同じであるとは限りません。定義や根拠を明確にせずに、単なる印象や雰囲気だけで話し手の主張に同意してしまうと、まったく予想外の結果になる可能性もあります。

(2)のような発言を建設的な議論に近づけるには、「話し手がなぜそのように感じているのか」を明確にするのが有効でしょう。この意見自体はあやふやですが、その裏には、この人がこう考えるきっかけとなった具体的な経験などがあるはずです。たとえば、「公共の場で子供が騒いでいるのに注意しない親がいた」などといったことです。そのような具体的な事例が明らかになれば、それをどのように考えるか、問題はいったいどこにあるのかを一緒に考えやすくなります。

また話す側としても、「最近の親は〜」などといった主語の大きな発言をする前に、なぜ自分がこう言いたくなったのかを考えてみるのは重要でしょう。もし「そういう親のせいで気分を害したことが一回だけあった」という程度のことであれば、「わざわざ声を大にして言うことでもないかもしれない」と思うかもしれません。

2.4 「あるいは文」の曖昧さ

（買い物の帰り道）

おやおや、ジョージさんの家のご姉弟ではないですか。こんにちは。

えっ！　あなた、どこの猫？

ていうか僕ら、ジョージ以外の猫の言葉もわかるようになったんだね……。

私、ちょっとしたクイズをやっている者なんですが、お二人も、クイズに参加しませんか？　問題は全部で三問です。すべての問題にお姉さんか弟さんが正解すれば、豪華な賞品をあげますよ。賞品はなんと、本来ならば猫しか行けない「猫ツアー」へのご招待です。

は？　猫ツアー？　そこらへんの水飲み場とかに行くの？

何をおっしゃいます。海外旅行ですよ。おたくのジョージさんも、ご家族に隠れて何度も海外に行ってます。

うそ！　でも、そういえば、ジョージってたまに一週間ぐらいいなくなるよね。あれは、「猫ツアー」に行ってたってこと？

だったら僕らも行こうよ！　ジョージだけ旅行してるなんて、ずるいよ。姉ちゃん、早くクイズ解いちゃってよ。

参加されるんですね？　では、参加費をもらいます。お手持ちの買い物袋に入っている「それ」をいただければ。

参加費って、こんなもんでいいの？　はい、どうぞ。

では、第一問。徳川家の第11代将軍は誰？　第二問、原子番号が27の物質は何？

第一問の答えは、徳川家斉。第二問の答えは、コバルトでしょ。

さすがリズさん、どちらも正解です。では、最後の第三問です。ゲーム「ストリートロジシャンV」で、必殺技「モッキングバード」を使うキャラクターの名前は?

あ、私、ゲーム関係は全然分かんないや。カンタロウ、分かる?

もちろん。「レイモンド」でしょ。

正解です。しかし残念ながら、賞品はあげられません。

えっ! どうして? 私たち、全部の問題に正解したのに。あなた、さっき「すべての問題にお姉さんか弟さんが正解すれば、賞品をあげます」って言ったよね。

そのとおり。ただし私は、「お姉さんがすべての問題に正解するか、弟さんがすべての問題に正解するかのどちらか」というつもりでそう言ったんですよ。今のように、お姉さんが二問に正解して、弟さんが一問に正解するケースは、これにはあてはまらないんです。では、これで失礼。

ずるい!

(帰宅後)

……ということがあったんだけど、ジョージ、どう思う?

なるほど。これは、「あるいは文」の曖昧さが問題になっている例だな。「すべての問題にお姉さんか弟さんが正解す(る)」という部分は、意味的には「あるいは文」だ。「1. 論理編」で見た「あるいは文」は、「Aか、あるいはB」という、「か、あるいは」が文をつなぐ形をしていたが、今問題になっているのは、「お姉さんか弟さんが正解する」のように、「か」が「お姉さん」と「弟さん」という表現、つまり「名詞」をつないでいるケースだ。「か(、あるいは)」が文をつないでいるのか名詞をつないでいるのかには、注意して読む必要がある。

でもさ、「お姉さんか弟さんが正解する」も、「お姉さんが正解するか、あるいは弟さんが正解する」も、結局は同じ意味になるでしょ?

そうだ。つまり、次のような言い換えができることになる。

お姉さんか弟さんが正解する。(「か」が名詞をつないでいる)

⇕ (言い換え)

お姉さんが正解するか、あるいは弟さんが正解する。(「か、あるいは」が文をつないでいる)

「ナントカかカントカが○○だ」のような文が出てきたとき、上のような「分解」をすると、「1. 論理編」で見た推論の型にあてはめやすい。

さっそく、例題で言い換えの練習をしてみよう。

例題 **次の(1)～(3)の文を、「文と文とをつなげた『あるいは文』」に言い換えよう。**

(1) 今日の晩ご飯はビーフカレーかすき焼きだ。

(2) 明日は雨か雪になる。

(3) リズは東京か大阪の大学を受験する。

(1)は、こうだね。

今日の晩ご飯はビーフカレーかすき焼きだ。

⇕ (「ビーフカレーかすき焼き」に目をつけて言い換え)

今日の晩ご飯はビーフカレーか、あるいは今日の晩ご飯はすき焼きだ。

(2)はこれでいいのかな?

明日は雨か雪になる。

⇕ (「雨か雪」に目をつけて言い換え)

明日は雨になるか、あるいは明日は雪になる。

で、(3)はこう?

リズは東京か大阪の大学を受験する。

⇕（「東京か大阪」に目をつけて言い換え）

リズは東京の大学を受験するか、あるいはリズは大阪の大学を受験する。

そうだ。図式的には、こんなふうに考えればいい。

[……○○か△△〜〜〜]

⇕（「○○か△△」に目をつけて言い換え）

[……○○〜〜〜]か、あるいは[……△△〜〜〜]

だったらさ、さっきの「すべての問題にお姉さんか弟さんが正解する」っていうのは、こうなるね。

すべての問題にお姉さんか弟さんが正解する。

⇕（「お姉さんか弟さん」に目をつけて言い換え）

すべての問題にお姉さんが正解するか、あるいはすべての問題に弟さんが正解する。

そうだとしたら、「すべての問題にお姉さんか弟さんが正解する」っていう文は、私が全部の問題に正解するか、カンタロウが全部の問題に正解するかのどちらかだってことになるね。つまり、さっきのあやしい猫が言ったとおりになるね。でも、納得できないなあ。あの文には、「私とカンタロウが二人で協力して、全部の問題に正解する」っていう意味もあると思うんだけど。

リズの言うとおり、その意味もある。実は、文の中に「すべての○○」とか「ほとんどの○○」、「三つの○○」のように「数量を表す表現」が入っているときは、次のような「分解の仕方」もあり得るんだ。

すべての問題にお姉さんか弟さんが正解する。

⇕（「すべての問題」に目をつけて言い換え）

すべての問題それぞれについて、お姉さんが正解するか、あるいは弟さんが正解するということがあてはまる。

図式的に書くと、この言い換えは二つのステップからなる。まず、「すべての○○」という部分に目を付けて、文を次のように言い換える。

ステップ1

[すべての○○ ……◇◇か△△〜〜〜]

⇕(「すべての○○」に目をつけて言い換え)

すべての○○のそれぞれについて、[……◇◇か△△〜〜〜]ということがあてはまる。

これはある意味、「すべての○○」を、文の「外側」に出すという感じだな。

そして、「内側」に残った「……◇◇か△△〜〜〜」という部分に対して、さっきと同じ「分解する言い換え」をやる。

ステップ2

すべての○○のそれぞれについて、[……◇◇か△△〜〜〜]ということがあてはまる。

⇕([ ]の内側を、「◇◇か△△」に目をつけて言い換え)

すべての○○のそれぞれについて、[[……◇◇〜〜〜]か、あるいは[……△△〜〜〜]]ということがあてはまる。

ふーん。でもさ、「すべての問題にお姉さんが正解するか、あるいはすべての問題に弟さんが正解する」と、「すべての問題それぞれについて、お姉さんが正解するか、あるいは弟さんが正解するということがあてはまる」がどう違うか、いまいちよく分からないんだけど……。

「すべての問題にお姉さんが正解するか、あるいはすべての問題に弟さんが正解する」は、図式的に書けばこうなる。

お姉さんが第一問に正解する
お姉さんが第二問に正解する
お姉さんが第三問に正解する
あるいは
弟さんが第一問に正解する
弟さんが第二問に正解する
弟さんが第三問に正解する

つまり、リズが三問すべてに正解するか、あるいはカンタロウが三問すべてに正解すれば「真」になるような解釈だ。この解釈では、リズが第一問と第二問に正解し、カンタロウが第三問に正解した場合、「すべての問題にお姉さんか弟さんが正解する」は「偽」になる。

これに対し、「すべての問題それぞれについて、お姉さんが正解するか、あるいは弟さんが正解するということがあてはまる」という解釈の方は、こうなる。

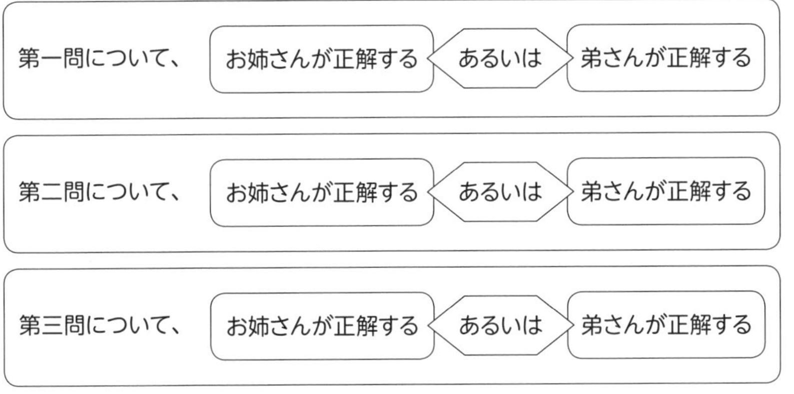

この解釈では、リズが第一問と第二問に正解し、カンタロウが第三問に正解した場合、「すべての問題にお姉さんか弟さんが正解する」は真になる。

お前たちが出会った「あやしい猫」は、わざと曖昧な言い方をしたんだろうな。前にも言ったように、曖昧な文を推論の部品にするのは危険だ。曖昧さを感じ取るのは難しいことだが、できるだけ練習しておいた方がいいだろう。

また、ここで紹介した「言い換え」は、ありとあらゆる「あるいは文」に対してできるとは限らない。次の文を見てみてくれ。

カンタロウは、今日の夕ご飯はビーフカレーかすき焼きだと予想している。

この中の「ビーフカレーかすき焼き」は、どんなふうに「分解」できるだろうか？

普通に考えれば、こうだよね？

カンタロウは、今日の夕ご飯はビーフカレーかすき焼きだと予想している。

⇕（下線部を、「ビーフカレーかすき焼き」に目をつけて言い換え）

カンタロウは、今日の夕ご飯はビーフカレーか、あるいは今日の夕ご飯はすき焼きだと予想している。

でも、これはカンタロウの思った「中身」だけを「あるいは文」に分解してるよね。ジョージが言ってた「図式」に従えば、こういう言い換え方もあるんじゃないの？

カンタロウは、今日の夕ご飯はビーフカレーかすき焼きだと予想している。

⇕（文全体を、「ビーフカレーかすき焼き」に目をつけて言い換え）

カンタロウは今日の夕ご飯はビーフカレーだと予想しているか、あるいはカンタロウは今日の夕ご飯はすき焼きだと予想している。

分解の仕方としては、カンタロウのやり方とリズのやり方の両方がある。しかし、元の文に実際にそれら両方の意味があるか、考えなくてはならない。

まず、カンタロウの言い換えで出てきた、「カンタロウは、今日の夕ご飯はビーフカレーか、あるいは今日の夕ご飯はすき焼きだと予想している」という解釈は、元の「カンタロウは、今日の夕ご飯はビーフカレーかすき焼きだと予想している」という文にあるだろうか？

うん、当然、あるよね。ちょっと言い方が回りくどいとは思うけど。

では、リズの言い換えで出てきた「カンタロウは今日の夕ご飯はビーフカレーだと予想しているか、あるいは、カンタロウは今日の夕ご飯はすき焼きだと予想している」というのは？

言い換えそのものがちょっと分かりづらいから、考えるのが難しいね。

この文も「あるいは文」だから、「あるいは」の前後の文のどちらかが真であれば、文全体も真になる。たとえば、カンタロウが「今日の夕ご飯はビーフカレーだ」と予想していれば、たとえ「今日の夕ご飯はすき焼きだ」という予想をしていなくても、文全体は真になる。

そんなふうに言われると、そういう解釈はなさそうな気がするね。元の文は、カンタロウがあくまで「ビーフカレー」と「すき焼き」の両方を今晩のメニュー候補だと思ってるように聞こえるし。

実のところ、こういった解釈ができるかどうかには個人差もあるし、状況によっても変わってくる。重要なのは、ここで紹介した「言い換え」が、つねに「実際に存在する解釈」を生み出すとは限らないことだ。場合によっては「しづらい解釈」や、「ありえない解釈」を生み出すこともある。

ここで紹介した「言い換え」は、あくまで「こういう解釈があるかもしれない」ということを予測するためのものだ。言い換えの後、実際にそういう解釈があるかどうかを確かめる必要がある。

なるほどね。でも、クイズの賞品をもらえなかったのはやっぱりくやしいな。結局、「参加費」を取られただけになっちゃったからね。

ところで、「参加費」っていくらだったんだ？

お金じゃないよ。買い物袋に入ってた、ジョージのおやつの「ちゅ〜りんぐ」を取られただけだよ。

何だと？　俺のおやつに手を出す奴は誰であれ、俺の猫パンチか猫タックルを食らわしてやる！（出て行く）

あー、怒らせちゃった。あの「あやしい猫」、ジョージの猫パンチを食らうのかな？それとも猫タックル？

分かんないけど、たぶん両方になるだろうね。

POINT

- 名詞を「か」でつなぐ表現が現れている文は、「分解する言い換え」によって「あるいは文」に言い換えることができる。
- 名詞を「か」でつなぐ表現と、「すべての○○」や数量を表す表現が一緒に現れている場合は、複数の解釈が出てくることがある。
- どんな解釈が出てくるかは、「言い換え」を使って予想することができる。ただし、その予想が正しいか、つまり「そういう解釈が実際にできるかどうか」をきちんと確かめる必要がある。

解説

ここで紹介した「あるいは文」の解釈に慣れるために、練習問題を解いてみましょう。

練習問題 次の「あるいは文」を、ここで紹介した方法を使って言い換えてみよう。それぞれ、どんな解釈が出てきて、それらはどのように違うだろうか？　また、元の文に実際にそれらの解釈があるかどうか、考えてみよう。

すべての有権者がA氏かB氏に投票した。

問題の文の言い換え方は二つあります。一つは、「A氏かB氏」に目をつけて、「すべての有権者」を含めた文全体を「あるいは文」に分解する方法です。

言い換え方その1

すべての有権者がA氏かB氏に投票した。

⇕（「A氏かB氏」に目をつけて、全体を「あるいは文」に言い換え）

すべての有権者がA氏に投票したか、あるいはすべての有権者がB氏に投票した。

もう一つは、まず「すべての有権者」に目をつけて「すべての有権者のそれぞれについて、〜ということがあてはまる」という言い換えをし、その上で「〜」の部分を「あるいは文」に分解するというものです。

言い換え方その2

すべての有権者がA氏かB氏に投票した。

⇕ (「すべての有権者」に目をつけて、文全体を言い換え)

すべての有権者のそれぞれについて、A氏かB氏に投票したということがあてはまる。

⇕ (「A氏かB氏に投票した」の部分を言い換え)

すべての有権者のそれぞれについて、A氏に投票したか、あるいはB氏に投票したということがあてはまる。

これらの解釈はどう違うのでしょうか？ 仮に、有権者の数が三人(有権者1、有権者2、有権者3)だったとすると、「言い換え方その1」から出てくる解釈は次のようになります。

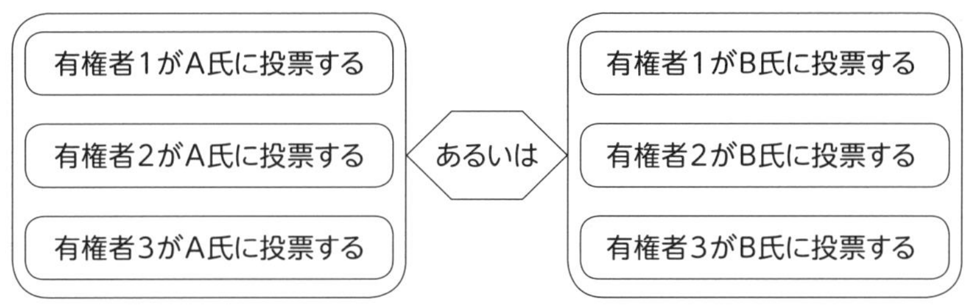

これに対し、「言い換え方その2」から出てくる解釈は、次のようになります。

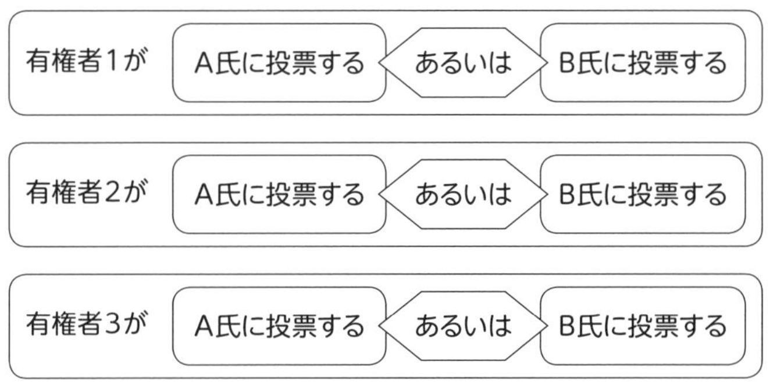

これら二つの解釈の違いは、たとえば「有権者1と有権者3がB氏に投票し、有権者2がA氏に投票する」ような状況で明確になります。この状況の場合、「その1」の解釈では「偽」ですが、「その2」の解釈では「真」になります。

「すべての有権者がA氏かB氏に投票した」という文に実際にこういう解釈があるかどうかを考えてみると、確かに両方の解釈がありそうです。ただし、人によっては、「言い換え方その1」から出てくる解釈がしづらいかもしれません。もし「言い換え方その1」の解釈をしやすい文にしたければ、語順を工夫するという手があります。たとえば、「A氏かB氏にすべての有権者が投票した」のように、「A氏かB氏に」を「すべての有権者が」の前に持ってくると、元の文よりも「言い換え方その1」の解釈がしやすくなります。こんなふうに、解釈のしやすさは語順に影響を受けます。語順と解釈のしやすさの関係は、言語学でも研究されている問題です。

普段はここまで難しく考える必要はないと思いますが、自分や他人の言った文がどんなふうに解釈されやすいかを考える癖をつけておけば、いざというときに役立つはずです。この章では、ここから先もこの節で見たような「言い換え」がたびたび出てきます。それらを利用して、自分が見逃しているかもしれない解釈を見極め、同時に「実際にそういう解釈はあるだろうか?」と考える練習をしていきましょう。

2.5 「なおかつ文」の曖昧さ

リズさん、カンタロウさん、こんにちは。

あっ、こないだのあやしい猫だ。あんた、ジョージにとっちめられなかった?

さいわい、ジョージさんに見つからないようにしてますんで……。ところで、この前はすみませんでした。なんだか、詐欺みたいになってしまって。

まあ、詐欺みたいっていうか、ほとんど詐欺だったけどね。

お詫びに、もう一問だけ、クイズを出させてください。

どうせまた、私たちを騙そうとしてるんでしょ?

でも姉ちゃん、どんな問題を出すつもりか、一応聞いてみようよ。簡単そうだっ

たら答えればいいし、怪しかったら答えなければいいだけの話だし。

さすがカンタロウさん。今回の問題はこういうものです。答えるのはリズさんでもカンタロウさんでもOKです。

> リズさんとカンタロウさんはチョコレートを6枚買いました。リズさんとカンタロウさんはそのうちの3枚を食べて、残りを別の子供に一枚100円で売りました。リズさんとカンタロウさんはいくら手に入れたことになるでしょうか?

簡単そうでしょ? 正解したら、お二人とも「猫ツアー」にご招待しますよ。間違えたら、また参加費として猫用おやつ「ちゅ〜りんぐ」をもらいますけど。

こんなの、僕でも解けるよ。僕らが買ったチョコレートが6枚で、食べたのが3枚。残りは3枚だから、一枚100円で売ったら……

カンタロウ、答えるな! (あやしい猫に向かって)こらっ、お前! またうちの飼い主たちを騙そうとしてるな?

あっ、しまった! 見つかった! (逃げる)

あっ、逃げちゃった。せっかく、カンタロウが正解を言おうとしていたのに。

何を言ってるんだ。お前たちはまた、騙されるところだったぞ? カンタロウ、お前、「答えは300円」って言おうとしたよな?

そうだけど? 正解でしょ?

そうだとは限らないぞ。なぜなら、問題の文が曖昧だからだ。まず、「リズさんとカンタロウさんはチョコレートを6枚買いました」はどういう意味だと思う?

私とカンタロウがチョコレートを6枚買ったっていう意味じゃないの?

あっ! もしかして、僕と姉ちゃんが「それぞれ」チョコを6枚買ったっていう意味もある?

そのとおりだ。この文には、「二人合わせて」6枚買ったという意味と、「それぞれ」6枚買ったという意味がある。「それぞれ」の場合、お前たちが買ったチョコの合計は12枚になる。

> リズさんとカンタロウさんはチョコレートを6枚買いました。
> (解釈1) リズさんとカンタロウさんは二人合わせてチョコレートを6枚買いました。
> (解釈2) リズさんとカンタロウさんはそれぞれチョコレートを6枚買いました。

ああ、確かに「それぞれ」の意味もありそうね。

「それぞれ」の解釈は、前の節で見た「分解する言い換え」から出てくる。前の節では「◇◇か△△」という表現を「あるいは文」に「分解」したが、「◇◇と△△」という表現も「なおかつ文」に分解できることがあるんだ。

> リズさんとカンタロウさんはチョコレートを6枚買いました。
> ⇳ (「リズとカンタロウ」に目をつけて言い換え)
> リズさんはチョコレートを6枚買い、なおかつカンタロウさんはチョコレートを6枚買いました。

つまり図式的に書けば、こういう言い換えになる。

> [……◇◇と△△〜〜〜]
> ⇳ (「◇◇と△△」に目をつけて言い換え)
> [……◇◇〜〜〜]で、なおかつ[……△△〜〜〜]

「リズさんとカンタロウさんはチョコレートを6枚買いました」って、「なおかつ文」とみなせるんだね。

ただし、「◇◇と△△」という形をしていても、「分解」が適切にできないものや、分解の仕方が何通りもあるようなものがある。次の例題をやってみよう。

例題　次の文を分解して、「なおかつ文」(文と文を「なおかつ」でつなげた文)に言い換えてみよう。

(1) リズは東京と大阪の大学を受験する。
(2) カンタロウはシュークリームとイチゴのケーキが好きだ。
(3) リズとカンタロウは仲が良い。
(4) リズとカンタロウはジョージとバートランドを散歩に連れて行った。

(1)は、普通に考えれば、こうよね。

リズは東京と大阪の大学を受験する。
⇕(「東京と大阪」に目をつけて言い換え)
リズは東京の大学を受験し、なおかつリズは大阪の大学を受験する。

それでいいだろう。「東京と大阪の大学」のような場合も、普通に「言い換え」をしてOKだ。ただし、(2)は気をつけなければならない。もし(2)を(1)とまったく同じように分解したら、どうなる?

こうかな?

カンタロウはシュークリームとイチゴのケーキが好きだ。
⇕(「シュークリームとイチゴ」に目をつけて言い換え)
カンタロウはシュークリームのケーキが好きで、なおかつカンタロウはイチゴのケーキが好きだ。

あ、「シュークリームのケーキ」っていう部分が変だね。

そうなんだ。実は、「東京と大阪の大学」と、「シュークリームとイチゴのケーキ」では、「と」がつないでいるものが違う。前者では「と」は「東京」と「大阪」をつないでいるが、後者では「シュークリーム」と「イチゴのケーキ」をつないでいる。つまり、こんなふうに構造が違うんだ。

[東京]と[大阪]の大学

[シュークリーム]と[イチゴのケーキ]

「ナントカとカントカ」を分解するときには、「と」が何と何をつないでいるのかにも気を配る必要がある。

(3)も、普通に分解したら意味不明になるね。

リズとカンタロウは仲が良い。

⇕（「リズとカンタロウ」に目をつけて言い換え）

リズは仲が良く、なおかつカンタロウは仲が良い。

そうだ。文の中に「仲が良い」のような言葉（述語）が入っている場合には、こういうことが起こるんだ。「仲が良い」という述語は、複数の人の集まりについて述べるものだから、個人に「ばらす」とおかしなことになってしまう。こういう場合は「なおかつ文」に変換できない。他にも、「リズとカンタロウは姉弟だ」とか、「リズとカンタロウは一緒に学校に行く」なんかでも同じことが起こるぞ。

さて、(4)の「リズとカンタロウはジョージとバートランドを散歩に連れて行った」はどうだ？

こんな感じ？

リズとカンタロウはジョージとバートランドを散歩に連れて行った。

⇕（「リズとカンタロウ」に目をつけて言い換え）

リズはジョージとバートランドを散歩に連れて行き、なおかつカンタロウはジョージとバートランドを散歩に連れて行った。

それも答えの一つだ。その言い換え方では、リズが俺とバートランドを散歩に連れて行き、また別のときにカンタロウが俺とバートランドを散歩に連れて行ったことになる。つまり、「二つの出来事」が述べられていることになるな。

だが、注目してほしいのは、この文には「リズとカンタロウ」の他に、「ジョージとバートランド」という表現も出てきていることだ。つまり、ここからさらに「ジョージとバートランド」を「分解する」ことができる。

> リズはジョージとバートランドを散歩に連れて行き、なおかつカンタロウはジョージとバートランドを散歩に連れて行った。
>
> ⇕（下線部に目をつけて言い換え）
>
> リズはジョージを散歩に連れて行き、なおかつリズはバートランドを散歩に連れて行き、なおかつカンタロウはジョージを散歩に連れて行き、なおかつカンタロウはバートランドを散歩に連れて行った。

うわ、何これ。ややこしいな。

このように分解すると、この文は「リズがジョージを散歩に連れて行った」「リズがバートランドを散歩に連れて行った」「カンタロウがジョージを散歩に連れて行った」「カンタロウがバートランドを散歩に連れて行った」という四つの出来事について述べていることになる。(4)の文には、このような読み方も実際にある。

なるほど。でも、私とカンタロウが一緒に、ジョージとバートランドの両方を連れて散歩に行った、っていう解釈もありそうだけど。

それもある。それは、「リズとカンタロウ」と「ジョージとバートランド」の両方を「分解しない」ような解釈だ。これだと、「散歩に連れて行く」という出来事は「一つ」だ。つまり「なおかつ文」にはならない。

> リズとカンタロウはジョージとバートランドを散歩に連れて行った。
>
> ⇕（分解しない言い換え）
>
> リズとカンタロウが一緒に、ジョージとバートランドをまとめて散歩に連れて行った。

はあ。読み方が三つもあるのか。

いや、まだあるぞ。リズが俺を散歩に連れて行き、カンタロウがバートランドを散歩に連れて行くという読み方だ。

リズとカンタロウはジョージとバートランドを散歩に連れて行った。

⇕（言い換え）

リズがジョージを散歩に連れて行き、なおかつカンタロウがバートランドを散歩に連れて行った。

ああ、確かに、そういう読み方もあるね。

こんなふうに、「◇◇と△△」が入った文を「なおかつ文」に言い換えるときは実に多くの可能性がある。

また、一見して「なおかつ文」とは関係がなさそうでも、「なおかつ文」に言い換えられる文はたくさんあるぞ。たとえば、次のような例がある。

ジョージは黒い猫だ。

⇕（言い換え）

ジョージは黒くて、なおかつジョージは猫だ。

リズは来年に受験を控えている高校生だ。

⇕（言い換え）

リズは来年に受験を控えていて、なおかつリズは高校生だ。

カンタロウはアニメを見てゲームをした。

⇕（言い換え）

カンタロウはアニメを見て、なおかつカンタロウはゲームをした。

こういった「隠れたなおかつ文」は意外と多いんだ。そういうのを見つけられるようになったら、推論の正しさを調べる上で便利になる。

ところでさ、さっきのクイズの話だけど、僕が答えようとしていた「300円」は結局、正解だったの？　それとも間違い？

それは、さっきの猫に聞いてみないと分からない。だがおそらく、お前がもし「300円」と答えたら、あいつは「違います。900円です」とか言っただろうな。

なぜ「900円」という答えになるか、分かるか？

ええと、「リズさんとカンタロウさんはチョコレートを6枚買いました」を「なおかつ文」に分解すると、チョコレートは12枚。私とカンタロウが一緒にそのうちの3枚を食べたら、残りは9枚。それを別の子供に一枚100円で売るんだから、手に入るは900円ね。じゃあ、900円って答えれば良かったの？

たぶん、「900円」って答えたらあいつは「違います。正解は300円です」って言ったんじゃないか？　どっちを答えても、答えた方を「間違い」にされてしまうってことだ。そういうずるいやつには注意しないとな。

POINT

- 名詞を「と」でつなぐ表現が現れている文は、「分解する言い換え」によって「なおかつ文」に言い換えられる場合がある。
- 一見「なおかつ文」と関係がなさそうな表現でも、「なおかつ文」に言い換えられる場合がある。

解説

「なおかつ文」のさまざまな解釈に慣れるために、練習問題をやってみましょう。

練習問題

(1) 次の文はどんな解釈ができるか考えてみよう。

a. リズかカンタロウがジョージとバートランドを散歩に連れて行った。
b. アルフレッドは大きい猫だ。

(2) あやしい猫が出したさきほどの問題には、「リズとカンタロウは二人合わせて600円手に入れた（=一人あたり300円手に入れた）」という答えも存在する。そのような解釈がどのように出てくるか、考えてみよう。

(1) aの文のポイントは、「ジョージとバートランド」に加えて、「リズかカンタロウ」という表現が含まれていることです。つまりこの文には、「なおかつ文」への分解に加え、前の節で見た「あるいは文」への分解が関わってきます。

「リズかカンタロウ」を「あるいは文」に分解し、「ジョージとバートランド」を分解しない場合は、次のような解釈になります。

言い換え方1

リズかカンタロウがジョージとバートランドを散歩に連れて行った。

⇕（「リズかカンタロウ」に目をつけて言い換え）

リズがジョージとバートランドを散歩に連れて行ったか、あるいはカンタロウがジョージとバートランドを散歩に連れて行った。

さらにここから、「ジョージとバートランド」に目をつけて「ジョージとバートランドを散歩に連れて行った」を「なおかつ文」に分解すると、次のような解釈も出てきます。

言い換え方1－ア

[リズがジョージを散歩に連れて行き、なおかつ（リズが）バートランドを散歩に連れて行った]か、あるいは[カンタロウがジョージを散歩に連れて行き、なおかつ（カンタロウが）バートランドを散歩に連れて行った]。

一方、「ジョージとバートランド」を分解せず、「二匹まとめて」と解釈すると、次のようになります。

言い換え方1－イ

[リズがジョージとバートランドをまとめて散歩に連れて行った]か、あるいは[カンタロウがジョージとバートランドをまとめて散歩に連れて行った]。

また、最初の段階で「ジョージとバートランド」を「なおかつ文」に分解すると、次のようになります。

言い換え方2

リズかカンタロウがジョージとバートランドを散歩に連れて行った。

⇳（「ジョージとバートランド」に目をつけて言い換え）

リズかカンタロウがジョージを散歩に連れて行き、なおかつリズかカンタロウがバートランドを散歩に連れて行った。

ここでも、言い換えによって出てきた解釈が本当に元の文にあるかどうかを確かめる必要があります。ここにも個人差がありますが、大まかに言えば、元の文には言い換え方1－アと言い換え方1－イの解釈がしやすく、言い換え方2の解釈は若干しづらくなる傾向があります。

bの「アルフレッドは大きい猫だ」は、「大きい猫」という部分を次のように「分解」することができます。

アルフレッドは大きい猫だ。

⇳（言い換え）

アルフレッドは大きくて、なおかつアルフレッドは猫だ。

ここで注意しなければならないのは、「アルフレッドは大きくて」という部分です。「大きい」のように程度を表す表現は、「どういった基準で大きいと言えるのか」が、状況によって変わります。たとえば元の文の「アルフレッドは大きい猫だ」では、「アルフレッドは猫の中では大きい」というふうに、大きさの基準が明らかです。これに対し、分解後に出てくる「アルフレッドは大きい」という文は、どういう基準で大きいと言っているのかが分からなくなります。こんなふうに、「分解」によって出てくる解釈が元の文から離れることもあります。

(2) まず、一文目を次のように、「なおかつ文」に分解したと考えましょう。

「リズさんとカンタロウさんはチョコレートを6枚買いました」

⇳（「リズさんとカンタロウさん」に目をつけて言い換え）

「リズさんはチョコレートを6枚買い、なおかつカンタロウさんはチョコレートを6枚買いました」

その上で、二文目も「なおかつ文」に分解すると、次のようになります。

「リズさんとカンタロウさんはそのうちの3枚を食べて、残りを別の子供に一枚100円で売りました」

⇳（「リズさんとカンタロウさん」に目をつけて言い換え）

「リズさんはそのうちの3枚を食べて、残りを別の子供に一枚100円で売り、なおかつカンタロウさんもそのうちの3枚を食べて、残りを別の子供に一枚100円で売りました」

ここでポイントになるのは「そのうち」の解釈です。上のような分解をすると、「そのうち」は次のような解釈ができるようになります。

「リズさんは自分が買った6枚のうちの3枚を食べて、残りを別の子供に一枚100円で売り、なおかつカンタロウさんは自分が買った6枚のうちの3枚を食べて、残りを別の子供に一枚100円で売りました」

そうすると、「売ったチョコレートの数」はリズの側が3枚、カンタロウの側も3枚で、合計6枚ということになります。

ここで、三文目は分解せず、次のように解釈します。

「リズさんとカンタロウさんはいくら手に入れたことになるでしょうか?」

⇕ (「リズさんとカンタロウさん」を分解しない言い換え)

「リズさんとカンタロウさんは二人合わせていくら手に入れたことになるでしょうか?」

リズは3枚のチョコレートを一枚100円で売って300円手に入れ、カンタロウの方も同様に300円手に入れたわけですから、この問題に対する答えは「600円」になります。

2.6 「すべて文」と「ある・いる文」の曖昧さ

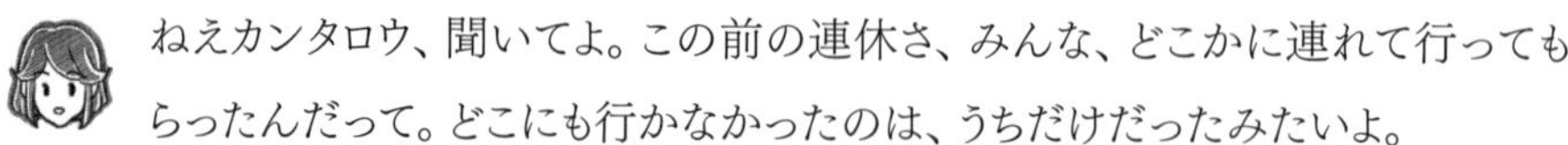

ねえカンタロウ、聞いてよ。この前の連休さ、みんな、どこかに連れて行ってもらったんだって。どこにも行かなかったのは、うちだけだったみたいよ。

うちだって、家族で近所のスーパーに行ったじゃん。

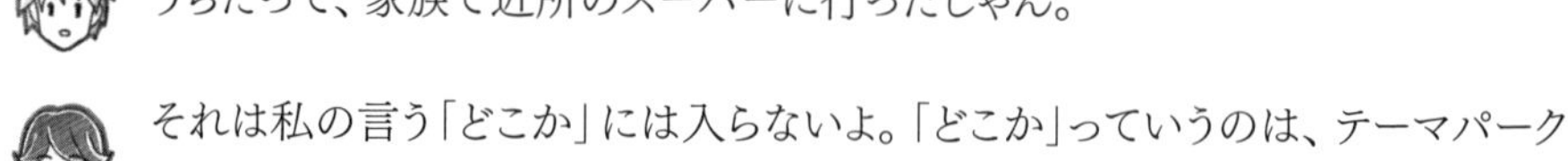

それは私の言う「どこか」には入らないよ。「どこか」っていうのは、テーマパークとか、温泉とか、海外とか、普段行かないような場所のことに決まってるでしょ。

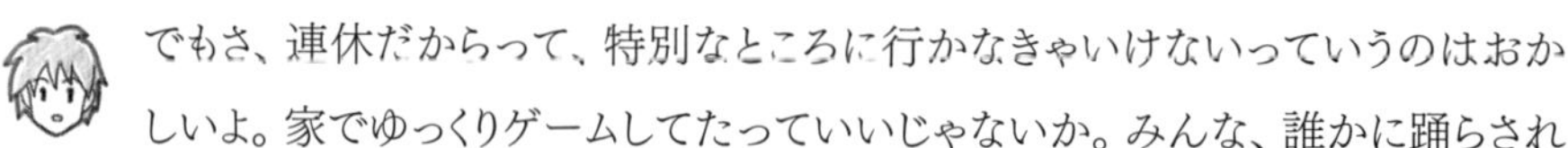

でもさ、連休だからって、特別なところに行かなきゃいけないっていうのはおかしいよ。家でゆっくりゲームしてたっていいじゃないか。みんな、誰かに踊らされ

ているんだよ。

お前たち、なかなか面白い会話をしているな。

そう？　どこが面白いの？

お前たちの言う、「みんな」「どこか」「誰か」っていう言葉が面白いんだ。リズは「みんな、どこかに連れて行ってもらった」と言い、カンタロウは「みんな、誰かに踊らされている」と言っていたが、お前たちが言う「みんな」っていうのは誰なんだ？　世の中の人すべてか？

私が言ったのは「私の友達はみんな」ってことだけど。

僕は、「世の中の人はみんな」のつもりで言ったよ。

そうだろうな。そんなふうに、同じ「みんな」でも、どの範囲の「みんな」なのかが違うことがある。

> みんな、どこかに連れて行ってもらった。（＝リズの友達はみんな、どこかに連れて行ってもらった。）
>
> みんな、誰かに踊らされている。（＝世の中の人はみんな、誰かに踊らされている。）

このことは、「みんな」に限らず、「すべて文」全体に通じることなんだ。

そうか。よく考えたら、「みんな」を含む文は「すべて文」だね。

「すべて文」は、さまざまな形で現れる。たとえば「すべての猫は動物である」という文の内容は、「猫はすべて動物である」「どの猫も動物である」「あらゆる猫は動物である」のように表現することもできる。

そう言えば、シンプルに「猫は動物である」って言うときにも、「すべての猫は動物である」っていう意味になるんだったね。

そうだ。その他にも、次のような言い方がある。

もしあるものが猫ならば、それはつねに動物である。

「ならば文」に置き換えてるのね。しかも「つねに」バージョン。

また、「すべての人」は、「みんな」の他にも、「誰も」とか「全員」のように言い換えることができる。「みんな」が入った文に限らず、「すべて文」を推論の部品として使うときには、「どの範囲のことなのか」を明確にする必要がある。このポイントを押さえるために、例題をやってみよう。

例題　**下線を引いた部分がどの範囲のことなのかを考えてみよう。**

(1) カンタロウは何でも食べる。

(2)（工事現場の張り紙）誰も入ってはいけません。

(3) 私は有能なのに、みんな私を見くびっている。

(1)の「何でも」は「すべてのもの」でいいよね。

でも、「すべてのもの」だと、食べ物以外も入っちゃうんじゃないの？

あ、そうか。じゃあ(1)は「すべての食べ物」ってことになるね。(2)の「誰も」は、工事に関係のある人以外ってことかな？

そうね。「関係者以外のすべての人」だね。で、(3)の「みんな」は「世の中のすべての人」でいいよね？

(3)の「みんな」が「世の中のすべての人」だとすると、話し手の「私」もその中に入ることになるぞ。

あっ、そうか。(3)の「私」は「私は有能なのに」って言ってるんだから、「私」のことを見くびっている「みんな」の中には入らないよね。つまり、「みんな」は「私以外のすべての人」ってことなのか。なんか、意外なところに落とし穴があるね。

そうだな。また、これまでにも見たように、人間には、ほんの少数のサンプルにだけあてはまることを、「同じようなものすべて」に広げてしまう傾向がある。人間はしょっちゅう「みんながそう言っている」とか、「みんなそう思っている」などと言うが、実際に何人ぐらいの例を見てそう言っているのか、あやしい場合も多い。そういったことに惑わされないためにも、「すべて文」を見たときには、「実際にどの範囲にまであてはまることなのか」に気をつけた方がいいんだ。

僕も、三人ぐらいの人が同じ意見を言っていたら、「みんなそう言ってる」って言っちゃうことがあるなあ。気をつけないと。

それから、さっきのお前たちの会話には「すべて文」だけでなく、「ある・いる文」も関わっている。「ある・いる文」については、「1. 論理編」で「aであって、bであるものがある(いる)」という形があることを見たが、他にもさまざまな言い方がある。たとえば、「猫であって、黒いものがいる」という文は、「黒い猫がいる」とか、「ある猫は黒い」のように言い換えることができる。

また、「ある人」とか「誰か」とか「一人の人」とか「人」を含む文は、人が存在することを表す「ある・いる文」に言い換えることができる。たとえば「リズはある人に道を尋ねた」「リズは誰かに道を尋ねた」「リズは一人の人に道を尋ねた」、「リズは人に道を尋ねた」などといった文はどれも、「人であって、リズが道を尋ねた者がいる」という「ある・いる文」に言い換えられるんだ。さらに、「ある場所」や「どこか」は場所についての「ある・いる文」、「あるもの」や「何か」は物についての「ある・いる文」に言い換えられる。

じゃあ、「誰か」「どこか」「何か」みたいな言葉が出てきた文を見たら、「ある・いる文」だなって考えればいいわけね。

そうだ。そして「ある・いる文」にも、「どの範囲のことを言っているのか」についての曖昧さがある。さっきリズは「どこかに連れて行ってもらう」の「どこか」を「普段行かないような場所」のことだと言ったな。この「どこか」がどの範囲のことを言っているかによって、文の真偽が次のように変わる。

リズとカンタロウは連休中にどこかへ行った。

・「どこか」が「ありとあらゆる場所のうちのどれか」なら真。(リズとカンタロウは連休中に近所のスーパーに行ったから)

・「どこか」が「普段行かない場所のうちのどれか」なら偽。(リズとカンタロウは、普段行かないような場所にはどこにも行かなかったから)

なるほど。「ある・いる文」にも、「どの範囲のことなのか」っていう曖昧さがあるんだね。

さらにもう一つ押さえておくべきなのは、「すべて」と「ある」の関係だ。さっきリズは、「(私の友人は)みんな、どこかに連れて行ってもらった」と言ったな。実は、この文は曖昧だ。仮に、リズの友人を友人A、友人B、友人Cの三人だとすると、リズがこの文で言おうとしたことは次のようになるはずだ。

友人Aについては、連れて行ってもらった場所1がある。
友人Bについては、連れて行ってもらった場所2がある。
友人Cについては、連れて行ってもらった場所3がある。

つまり、「すべての友人それぞれについて、『連れて行ってもらった場所がある』ということがあてはまる」という感じだろう?

確かに私はそういうつもりで言ったけど、「みんな、どこかに連れて行ってもらった」っていう文に、それ以外の意味はある?

たとえば、次のような意味が考えられる。

ある場所について、「すべての友人(友人A、友人B、友人C)がそこに連れて行ってもらった」ということがあてはまる。

(=友人A、友人B、友人Cがみな連れて行ってもらったような場所がある。)

みんなが同じ場所に行ったってことね。確かに、そういう読み方もできるかもね。

実際、カンタロウが言った「みんな、誰かにそそのかされている」というのはそう

いう意味だったと思う。カンタロウはこの文を、次のような意味で言ったと思うが、どうだ？

> ある人について、「その人がすべての人（人1、人2、人3、……）をそそのかしている」ということがあてはまる。
> （＝人1、人2、人3、……をそそのかしているような人がいる。）

つまり、下のような意味ではないと思う。

> すべての人それぞれについて、「その人をそそのかしている人がいる」ということがあてはまる。
> （＝人1をそそのかしているような人がいる。
> 人2をそそのかしているような人がいる。
> 人3をそそのかしているような人がいる。……）

確かに、「すべての人それぞれに」っていうよりも、「誰か一人の人がみんなをそそのかしている」っていう感じかな。社会の黒幕、みたいな。

「すべての○○」と「ある△△」が同じ文の中に出てくる場合は、こういう曖昧さが出ることが多い。この曖昧さは、「すべて」と「ある」の影響範囲の違いによって出てくるんだ。

> みんな、どこかに連れて行ってもらった。
> **解釈1**：みんなそれぞれについて、「どこかに連れて行ってもらった」ということが当てはまる。（「みんな（すべての人）」の影響範囲の方が、「どこか（ある場所）」の影響範囲より広い）
> **解釈2**：どこかの場所について、「みんながそこに連れて行ってもらった」ということが当てはまる。（「どこか（ある場所）」の影響範囲の方が、「みんな（すべての人）」の影響範囲より広い）

こういった解釈を明確にするには、次のような言い換えをするのが便利だ。

言い換え方その1

[すべての○○{が/を/に/...}······ ある△△ 〜〜〜]

⇕（「すべての○○」に目をつけて言い換え）

すべての○○のそれぞれについて、[その○○{が/を/に/...}······ある△△ 〜〜〜]ということがあてはまる。

（→「すべての○○」の影響範囲が、「ある△△」の影響範囲よりも広い解釈）

言い換え方その2

[すべての○○ ······ ある△△{が/を/に/...} 〜〜〜]

⇕（「ある△△」に目をつけて言い換え）

ある△△について、[すべての○○······その△△{が/を/に/...} 〜〜〜]ということがあてはまる。

（→「ある△△」の影響範囲が、「すべての○○」の影響範囲よりも広い解釈）

これらの言い換えも、これまでに出てきた「あるいは文」や「なおかつ文」の言い換えと同じく、「自分が見落としている解釈はないか」を確かめるための道具だ。ただし、言い換えによって出てきた解釈が実際にあるとは限らないので、「本当にこういう解釈があるか」を確かめる必要があるぞ。

ところでさ、ジョージは連休中、どこにいたの？　何日か、いない日があったけど。

どこにも行ってないぞ。俺にとって「どこかへ行く」というのは、「海外へ行く」ってことだからな。そこらへんでうろちょろしても、「どこかへ行った」とは言わない。

うらやましいなあ。ジョージ、僕もどこかに連れて行ってよ。

じゃあ、そこらへんの猫の水飲み場にでも行くか？

ずるい！

POINT

- 「すべて文」「ある・いる文」を推論の部品として使うときには、それが「どの範囲のことなのか」を明確にする必要がある。
- 「すべての○○」と「ある△△」が同じ文の中に出てくる場合は、それらの影響範囲の違いによって、複数の解釈が出てくることがある。

解説

「すべて」と「ある」の影響範囲の違いに慣れるために、練習問題を解いてみましょう。

練習問題 この節で紹介した「言い換え」を使って、次の文の意味を考えてみよう。

(1) すべての生徒が一人の先生に年賀状を送った。

(2) みんなを誰かが監視している。

(3) 誰かがみんなを監視している。

(1)に出てくる「一人の先生」は、「ある先生」と同類の表現です。(1)に対して、上で紹介した「言い換え方その1」と「その2」を使うと、次のようになります。

言い換え方その1

すべての生徒が一人の先生に年賀状を送った。

⇕（「すべての生徒」に目をつけて言い換え）

すべての生徒それぞれについて、「その生徒が一人の先生に年賀状を送った」ということが当てはまる。

言い換え方その2

すべての生徒が一人の先生に年賀状を送った。

⇕（「一人の先生」に目をつけて言い換え）

一人の先生について、「すべての生徒がその先生に年賀状を送った」ということが当てはまる。

二つの解釈を図式的に書くと、次のようになります。ここでは仮に、生徒が五人（生徒1～生徒5）だと考えています。

言い換え方その1：すべての生徒それぞれについて、「その生徒が一人の先生に年賀状を送った」ということが当てはまる。

生徒1が、 一人の先生に年賀状を送った

生徒2が、 一人の先生に年賀状を送った

生徒3が、 一人の先生に年賀状を送った

生徒4が、 一人の先生に年賀状を送った

生徒5が、 一人の先生に年賀状を送った

言い換え方その2：一人の先生について、「すべての生徒がその先生に年賀状を送った」ということが当てはまる。

一人の先生に
生徒1が年賀状を送った
生徒2が年賀状を送った
生徒3が年賀状を送った
生徒4が年賀状を送った
生徒5が年賀状を送った

これら二つは、どのように違うでしょうか？　たとえば次のような状況では、「言い換え方その1」は真になりますが、「言い換え方その2」は偽になります。なぜなら、以下の状況では、すべての生徒のそれぞれが一人の先生に年賀状を送っていますが、全員から年賀状をもらった先生はいないからです。

生徒1がA先生に年賀状を送った。
生徒2がB先生に年賀状を送った。
生徒3がC先生に年賀状を送った。
生徒4がA先生に年賀状を送った。
生徒5がD先生に年賀状を送った。

では、元の「すべての生徒が一人の先生に年賀状を送った」には、これら二つの解釈があるでしょうか？　個人差はありますが、「すべての○○が…… 一人の△△に～～」という形の文では、たいてい両方の解釈ができます。曖昧さを取り除きたいときは、次のように言い方を工夫すると効果的です。

言い換え方その1の解釈を強調したいとき：
すべての生徒がそれぞれ、誰か一人の先生に年賀状を送った。

言い換え方その2の解釈を強調したいとき：
一人の先生がすべての生徒から年賀状をもらった。
すべての生徒から年賀状をもらった先生が一人いる。

(2)は、言い換えを使うと次の二つの解釈が出てきます。

言い換え方その1
みんなを誰かが監視している。
⇕（「みんな」に目をつけて言い換え）
みんなのそれぞれについて、「その人を誰かが監視している」ということが当てはまる。
（＝「誰かに監視されている」ということがみんなに当てはまる。）

言い換え方その2
みんなを誰かが監視している。
⇕（「誰か」に目をつけて言い換え）
誰かについて、「みんなをその人が監視している」ということが当てはまる。
（＝みんなを監視しているような誰かがいる。）

これら二つの解釈がどのように違うかを考えてみましょう。例えば次のような状況では、「言い換え方その1」の解釈は真になりますが、「言い換え方その2」の解釈は偽になります。ここでは「みんな」を人1～人5としています。

人1をAさんが監視している。
人2をBさんが監視している。
人3をCさんが監視している。
人4をDさんが監視している。
人5をEさんが監視している。

「言い換え方その2」が真になる状況は、次のようなものです。（ただしこの場合、「言い換え方その1」も真になります。人1～人5のすべてについて、監視している人が存在するからです。）

人1をAさんが監視している。
人2をAさんが監視している。
人3をAさんが監視している。
人4をAさんが監視している。
人5をAさんが監視している。

元の「みんなを誰かが監視している」は、実際にどちらの解釈もしやすい傾向があります。

(3)の「誰かがみんなを監視している」は、(2)の「みんなを誰かが監視している」の「みんなを」と「誰かが」の語順を変えたものです。したがって、言い換えの結果と、そこから出てくる二つの解釈は、(2)とまったく同じになります。

問題は、(3)に本当にそれら二つの解釈があるか、ということです。「言い換え方その2」から出てくる「みんなを監視しているような誰かがいる」という解釈は、ほとんどの人は問題なく「できる」と思います。しかし、「言い換え方その1」から出てくる「『誰かに監視されている』ということがみんなに当てはまる」という解釈は、しづらいと感じる人がいると思います。

実際、(3)のように、「誰かが みんな{に/を} ～～」という形をした文では、「言い換え方その1」から出てくる解釈がややしづらくなるという傾向が見られます。ここでも改めて、語順が解釈のしやすさに影響する場合があることを押さえておきましょう。

2.7 「ない」の影響範囲

もしもし、姉ちゃん？　今、ケーキ屋さんの前。姉ちゃんが食べたいケーキが全部ないみたいなんだけど、どうする？

えー、そうなの？　残念だけど、ケーキはやめにするしかないね。そこの近くの和菓子屋さんで、大福とおまんじゅうと最中を買ってきて。

了解。

（家でカンタロウが買ってきた和菓子を食べながら）

あーあ、今日はケーキを食べたい気分だったのにな〜。シュークリームとロールケーキとチーズケーキ、食べたかったな〜。

シュークリームとロールケーキだけなら、ケーキ屋さんにあったけどね。

えっ、どういうこと？　あんた、私が食べたいケーキは全部ない、って言ってたよね？　だから、ケーキを食べるのは諦めたのに。

いやいや、僕が言ったのは、全部なかったってことだよ。

何言ってんの？　もう、わけが分からない！　ねえジョージ、カンタロウが言ってること、おかしいよね？

ここでの問題は、「全部」と「ない」の関係だな。より広い言い方をすれば、「すべての○○」と「ない」との関係だ。同じ文の中に「すべて」と「ない」が両方あると、曖昧になることがあるんだ。

カンタロウが言った、「姉ちゃんが食べたいケーキが全部ない」という文を例にして説明しよう。リズはこの文を、次のように解釈した。

> リズが食べたいすべてのケーキのそれぞれについて、[それがない]ということがあてはまる。

この解釈は、「全部（すべて）」の影響範囲の中に「ない」が入っている場合に出てくるものだ。この解釈だと、「リズが食べたいケーキは一つもケーキ屋さんにない」ということだから、リズが食べたいと思っていたシュークリームもロールケーキもチーズケーキもない、ということになる。

これに対して、カンタロウがこの文で「言ったつもり」の内容はこうだ。

[リズが食べたいケーキが全部ある]ということはない。

この解釈は、「ない」の影響範囲が「全部」を含んでいる場合に出てくるものだ。つまり、リズが食べたいと言っていた「シュークリームとロールケーキとチーズケーキ」が三つすべて揃っているわけではない、ということだ。この内容と、「リズが食べたがっていたケーキのうち、シュークリームとロールケーキはケーキ屋さんにあった」ということは矛盾しない。

なるほどね。でもこれ、カンタロウが紛らわしい言い方したのが悪いんだよね？

姉ちゃんこそ、僕が言ったことを早とちりしたくせに。人をわざわざ和菓子屋まで行かせておいて、文句言うなよ。

「すべて」や「全部」のような表現が否定の「ない」と一緒に現れるときは、それぞれの影響範囲に気をつけた方がいい。たとえば、自分や他人の言った文に対して、次のような言い換えができるかどうか試してみるといいだろう。

言い換え方その1

すべての○○{が/を/に/...}〜(し)ない

⇕ **(「ない」に目をつけて言い換え)**

[すべての○○{が/を/に/...}〜する]ということはない。(「ない」の影響範囲が「すべて」を含む解釈)

言い換え方その2

すべての○○{が/を/に/...} ～(し)ない

⇕ (「すべての○○」に目をつけて言い換え)

すべての○○それぞれについて、[その○○{が/を/に/...} ～しない]ということがあてはまる。(「すべて」の影響範囲が「ない」を含む解釈)

「言い換え方その1」のように、「ない」の影響範囲が「すべて」を含む解釈を明確にしたいときは、「～わけではない」とか「～ということはない」などといった表現を使うといい。カンタロウも、次のような言い方をしていたら、言いたいことがリズに正しく伝わったかもな。

姉ちゃんが食べたいケーキが全部あるわけではない。
姉ちゃんが食べたいケーキが全部あるということはない。

また、「言い換え方その2」のように、「すべて」の影響範囲の方が「ない」よりも広い解釈を明確にしたい場合は、「どれも～ない」「一つも～ない」のような表現をするといい。

姉ちゃんが食べたいケーキがどれもない。
姉ちゃんが食べたいケーキが一つもない。

この手の曖昧さに慣れるために、例題をやってみよう。

例題 **次の文にはどのような曖昧さがあるだろうか。さきほど説明した二つの言い換え方を使って、確かめてみよう。**

(1)リズは図書館で借りた本を全部読んでいない。
(2)招待客が全員来ていない。

(1)は、こうなるかな?

リズは図書館で借りた本を全部読んでいない。

⇨（言い換え1：「ない」に目をつけて言い換え）[リズが図書館で借りた本を全部読んだ]ということはない。

⇨（言い換え2：「図書館で借りた本を全部」に目をつけて言い換え）

図書館で借りたすべての本それぞれについて、[リズがその本を読んでいない]ということが当てはまる。

そうだな。では、もしリズが図書館で三冊の本を借りて、そのうち二冊を読み、残り一冊を読んでいない場合、「言い換え1」と「言い換え2」の真偽はどうなるだろうか？

ええと、「言い換え1」は真だけど、「言い換え2」は偽ってことになるね。

(2)の答えは、こう？

招待客が全員来ていない。

⇨（言い換え1：「ない」に目をつけて言い換え）[招待客が全員来た]ということはない。

⇨（言い換え2：「招待客が全員」に目をつけて言い換え）すべての招待客のそれぞれについて、[その招待客が来ていない]ということがあてはまる。

そうだな。「言い換え1」と「言い換え2」の違いは、「招待客がまだ揃っていないが、一人でも来ている状況」を考えると分かりやすい。この状況で、「言い換え1」は真になり、「言い換え2」は偽になる。

この手の曖昧さは、「全部」や「すべて」だけでなく、「十人以上」「七割以上」など、数量を表す表現の多くに見られる。その場合も、同じ「言い換え」を使って曖昧さを確かめるといい。

十人以上の/七割以上の○○{が/を/に/...}　〜(し)ない

⇨（言い換え1：「ない」に目をつけて言い換え）[十人以上の/七割以上の○○{が/を/に/...}　〜する]ということはない。（「ない」の影響範囲が「十人以上の/七割以上の」を含む解釈）

⇨（言い換え2：「十人以上の/七割以上の○○」に目をつけて言い換え）十人以上の/七割以上の○○のそれぞれについて、[その○○{が/を/に/…} ～しない]ということがあてはまる。（「十人以上の/七割以上の」の影響範囲が「ない」を含む解釈）

例：

十人以上の招待客がパーティーに来ていない。

⇨（言い換え1）「十人以上の招待客がパーティーに来た」ということはない。

⇨（言い換え2）十人以上の招待客のそれぞれについて、「その招待客がパーティーに来ていない」ということがあてはまる。

「十人以上の招待客がパーティーに来ていない」の、言い換え1と言い換え2の違いがよく分かんないんだけど。

そういうときは、「片方が真で、もう片方が偽になるような状況はないか?」を探してみるといい。たとえば、次の状況ではどうなるだろうか?

A. 二十五人の客を招待して、十三人の客が来て、十二人の客が来ていない状況

B. 十五人の客を招待して、九人の客が来て、六人の客が来ていない状況

ええと、Aの状況だと、言い換え1の「『十人以上の招待客がパーティーに来た』ということはない」は偽だよね。だって、十三人、つまり十人以上の客が来たんだから。で、同じ状況で、言い換え2の「十人以上の招待客のそれぞれについて、『その招待客がパーティーに来ていない』ということがあてはまる」は真になるね。だって、十二人の客に対して「パーティに来ていない」ってことがあてはまるから。

なるほど、そういう違いがあるんだね。ええっと、Bの方はどうかな?　来た客は九人で、十人以上ではないから、言い換え1の「『十人以上の招待客がパーティーに来た』ということはない」は真。で、来なかった客は六人で、十人以上ではないから、言い換え2の「十人以上の招待客のそれぞれについて、『その

招待客がパーティーに来ていない』ということがあてはまる」は偽。これでOK？

そうだ。こんなふうに、片方が真でもう片方が偽であるような状況が一つでもあれば、二つの解釈は「違う」ということになる。

でもさ、「十人以上の招待客がパーティーに来ていない」っていう文に、本当に言い換え1の「『十人以上の招待客がパーティーに来た』ということはない」っていう解釈はあるのかな？

それ、僕も気になってた。僕も、言い換え1のような意味はない気がするけど。

そんなふうに、「本当にこの解釈はあるのか？」と考える癖をつけるのは、とてもいいことだ。「十人以上の招待客がパーティーに来ていない」という文については、言い換え2の解釈はすぐにできるが、言い換え1の解釈については、しづらいと感じる人がいてもおかしくないと思う。そういう人は、たとえば次のような場面を設定して、言い換え1の解釈ができるかどうかを考えてみよう。

> 今日のパーティでは、十人以上の招待客が来たら値段の高いワインを開けることになっている。しかし、パーティの開始時間を過ぎたのに、まだ十人以上の招待客が来ていない。

なるほど、そういう場面を頭に思い浮かべると、言い換え1の解釈がさっきよりも出てきやすくなる気がするね。

う〜ん、僕はやっぱり、無理だなあ。

このあたりには個人差があるので、解釈ができてもできなくても問題ない。重要なのは、曖昧さがありそうだということに気がつくことと、できるだけ紛らわしくない言い方をすることだ。

あと、「ない」と「なおかつ」の間にも、同じような「影響範囲の違い」が見られるぞ。たとえば、次の文についてどう思う？　この文を書いた人は、クマに出会ったときに、「走って逃げること」を勧めているのだろうか？　それとも勧めていないのだろうか？

クマに出会ったときは、走って逃げてクマを興奮させないようにしましょう。

そりゃ、走って逃げるように勧めてるんじゃないの？　急いで逃げないと、クマも怒るでしょ？

いや、私は逆だと思うなあ。たしか、クマの前で急に動いたら危ないんだよ。クマを怯えさせたり興奮させたりしないように、ゆっくり離れないといけないのよね。

クマに出会ったときの知識としては、リズの方が正しい。しかし、上の文は曖昧で、カンタロウが言ったような解釈もできるんだ。

まず、この文が、実は隠れた「なおかつ文」であることを押さえておこう。この文の中の、「走って逃げてクマを興奮させ（る）」という部分は、次のように言い換えることができる。

走って逃げてクマを興奮させ（る）

⇕（言い換え）

走って逃げて、なおかつクマを興奮させ（る）

問題は、「ない」がこの「なおかつ文」にどのように関わるかということだ。その関わり方には、少なくとも次の二通りがある。

走って逃げて、なおかつクマを興奮させない

⇨（言い換え1）[走って逃げて]、なおかつ[クマを興奮させない]。

⇨（言い換え2）[走って逃げて、なおかつクマを興奮させる]ということをしない。

「言い換え1」では、「ない」が「クマを興奮させ（る）」にだけ影響を及ぼしていて、「走って逃げて」は「ない」の影響範囲にはない。つまり「走って逃げて」の部分は否定されないんだ。これは、「走って逃げることを勧めている（そうしないと、クマが興奮するから）」という、カンタロウの解釈に相当する。

これに対し、「言い換え2」では「走って逃げて、なおかつクマを興奮させる」全体に「ない（＝ということをしない）」が影響を及ぼしている。これは、「走って逃

げることを勧めない（そうしたら、クマが興奮するから）」という、リズの解釈に相当する。

こんなふうに、「なおかつ」と「ない」が両方含まれている文も、曖昧になることがある。「クマに出会ったときは、走って逃げてクマを興奮させないようにしましょう」という文を読んで「走って逃げた方がいいんだ」と思う人がいたらたいへんだ。誤解を生まないためにも、「ない」の影響範囲には注意する必要がある。

POINT

・「すべて」のような表現や数量を表す表現が否定の「ない」と一緒に現れるときは、それぞれの影響範囲の違いによって複数の解釈が出てくることがある。
・「なおかつ文」と否定の「ない」についても、同じような曖昧さが見られる。

解説

「ない」の影響範囲に慣れるために、問題を解いてみましょう。

練習問題　**この節で見た言い換えを使って、次の文にどのような曖昧さがあるか考えてみよう。**

(1) カンタロウは七割以上の問題に正解できなかった。
(2) 薬物に頼ってストレスを解消しないようにしましょう。

(1)を、この節で見た方法に従って言い換えると、次のようになります。

カンタロウは七割以上の問題に正解できなかった。
⇨（**言い換え1**）[カンタロウが七割以上の問題に正解できた]ということはない。
⇨（**言い換え2**）七割以上の問題のそれぞれについて、[カンタロウがその問題に正解できなかった]ということが当てはまる。

この二つの解釈には、どのような違いがあるでしょうか？　たとえば、カンタロウが六割の問題に正解でき、残り四割の問題に正解できなかった状況を考えてみます。このとき、「言い換え1」の解釈は「真」になります。なぜなら、カンタロウが正解できた問題の割合は六割であり、七割以上ではないからです。

これに対し、まったく同じ状況で、「言い換え2」の解釈は「偽」になります。なぜなら、カンタロウが正解できなかった問題の割合は四割で、七割以上ではないからです。

さて、ここでも、元の文に本当にこれら二つの解釈があるかどうかを確認しておきましょう。実際に、これら両方の解釈ができる人は多いと思います。ただし、人によっては、「言い換え1」の解釈がしづらいかもしれません。そういう人は、次のように文脈を補って読んでみてください。「言い換え1」解釈が多少はしやすくなると思います（もちろん、「やっぱりできない」という人がいても問題はありません）。

> カンタロウは、もしテストで七割以上の問題に正解したらリズからケーキを買ってもらえることになっていた。しかし実際にテストを受けてみると、カンタロウは七割以上の問題に正解できなかった。

(2)には、「なおかつ文」が隠れています。「薬物に頼ってストレスを解消しない」の部分が、次のような「なおかつ文」になっています。

> 薬物に頼って、なおかつストレスを解消しない

問題は、「なおかつ」と「ない」との関係です。「ない」の影響範囲が「なおかつ」の後ろの文にだけ及ぶか、それとも前の文にまで及ぶかによって、二つの解釈が出てきます。

> 薬物に頼って、なおかつストレスを解消しない（ようにしましょう）。
> ⇨（**言い換え1**）[薬物に頼って]、なおかつ[ストレスを解消しない]（ようにしましょう）。
> ⇨（**言い換え2**）[薬物に頼って、なおかつストレスを解消する]ということをしない（ようにしましょう）。

多くの方は、(2)の文を読んだとき、「言い換え2」の方が頭に浮かぶでしょう。こちらの解釈は、「薬物に頼ってストレスを解消すること」を禁止するという常識的なものです。

これに対し、「言い換え1」の方は、「薬物に頼る」ことと、なおかつ「ストレスを解消しない」ことの両方を勧めるという、常識から見てありえない解釈になっています。このような非常識な解釈は、むやみに薬物に頼ってはならないことを知っている人なら、ほぼ無意識に排除します。ただ、この文自体にこういう曖昧さがあること自体は押さえておきましょう。

応用のヒント 5

数量を述べる表現を使うときのポイント

ここまでの数節では、「すべての○○」「十人の○○」「七割以上の○○」のなどといった「数や量を述べる表現」の関わる曖昧さを見てきました。日常でこういう言葉に気をつけなければならない場面としては、規則やルールを述べる状況や、他人に仕事を指示する状況などが挙げられます。そういった場面を想定して、これらの言葉の曖昧さにどのように対処したらよいかを考えてみましょう。

応用問題

次の説明や指示には、どのような曖昧さがあるだろうか？　また、その曖昧さを回避するには、どのような工夫が必要だろうか？　考えてみよう。

(1) 塾の授業に関する規則

「もし六割以上の生徒が授業に出席しない場合、その授業は休みになります」

(2) ゲームのルールの説明

「このゲームでは、十人がチームを組んで対戦します。チームのメンバーが先に3ポイントを獲得したら勝ちとなります」

(1)は、「六割以上の生徒が授業に出席しない」の部分に、次の二通りの解釈があります。

解釈1.「六割以上の生徒が授業に出席する」ということはない。

解釈2. 六割以上の生徒のそれぞれについて、その生徒が授業に出席しないということがあてはまる。

曖昧さの原因は、「六割以上の生徒」という言葉と、「(出席し)ない」という否定の言葉の関係にあります。解釈1は、すぐ前の節で見た「言い換え方その1」から出てくる解釈、解釈2は「言い換え方その2」から出てくる解釈です。

こういった曖昧さを回避し、言いたいことを明確にする方法として有効なのが「別の表現に言い換える」というものです。たとえば、もし(1)の「解釈2」の方を明確に伝えたければ、「授業に出席しない」の代わりに「欠席する」という表現を使うという手があります。実際、以下の文では、解釈1は消え、解釈2のみが残るはずです。

「もし六割以上の生徒が欠席する場合、その授業は休みになります」

なぜ曖昧さが消えるかというと、「ない」という言葉を使うのを避けたからです。(1)の文の曖昧さは「六割以上の○○」と「ない」という言葉の相互作用から生じているため、「ない」を使わなければ曖昧さは消えます。(より正確に言えば、「欠席する」という言葉の中に否定の意味が組み込まれるため、「六割以上の○○」の影響範囲が否定を含む解釈が残ります。)

また、数を述べる際に「六割以上の○○が」のような言い方をせず、「〜が六割以上である」とか「〜が六割に満たない」のように、述語として述べるという方法もあります。たとえば(1)の文を次のように言い換えると、解釈1のみが可能になり、解釈2は消えます。

「もし出席する学生の数が六割に満たない場合は、その授業は休みになります」

こういった言い換えがつねにできるとは限りませんが、できるだけ曖昧さのない言い方になるよう工夫してみましょう。

(2)は、まず「十人がチームを組んで対戦します」の部分が曖昧です。このままでは、「十人が一つのチーム」を組むのか、それとも「五人ずつの二つのチーム」に分かれるのかが不明です。

また、「チームのメンバーが先に3ポイントを獲得したら」という部分にも曖昧さがあります。このままでは、「チーム全体の合計が先に3ポイントになったら」という意味なのか、「チームのメンバーのうち、一人が先に3ポイント獲得したら」という意味なのか、「チームのメンバー全員が、それぞれ3ポイント獲得したら」という意味なのか分かりません。

ここでも、曖昧さを回避する上では「言い換え」が有効です。たとえば「チームのメンバーがそれぞれ3ポイントを獲得したら」とか、「チームのメンバーが全体で3ポイントを獲得したら」のように言葉を補うことによって、解釈を明確にすることができます。

また、具体例を挙げることも有効です。つまり、文が言わんとしている状況を適切に例示するのです。たとえば、文と一緒に「Aさん、Bさん、Cさん、Dさん、Eさんがチームを組む状況」とか「Aさんが1ポイント、Cさんが2ポイント獲得した状況」などを例示し、それらの状況で何が起こるかを述べるわけです。必要に応じて図などを利用するとより分かりやすいでしょう。

数量を表す言葉は、個々の状況をまとめて述べることができるという点で、とても便利なものです。しかし、それだけに曖昧さも生じやすくなります。こういった言葉を使う側としては、短く言い切って終わりにするのではなく、可能な限り、言い換えや例示などを駆使することが、誤解の回避につながります。また、言葉による説明や指示を受ける側としては、曖昧さの起こるポイントに気をつけ、適切に質問をするなどといったことが重要になるでしょう。

2.8 常識と含意に基づく推論

（テレビの旅番組を見ながら）あー、アメリカ行ってみたいなあ。

俺は、シアトルに行ったことがあるぞ。猫が行く「猫ツアー」でな。

ふ〜ん。

何よ、あんた、反応うすいね。ジョージがアメリカの話してんのに。

えっ、そうなの？

だって、「ジョージがシアトルに行った」ってことは、「ジョージはアメリカに行った」ってことになるでしょ？　論理的に考えたら、そうじゃない。ねえジョージ、そうよね？

今リズが言ったことを推論の形で書いたら、こうだな。

（前提） ジョージはシアトルに行ったことがある。
（結論）（だから、）ジョージはアメリカに行ったことがある。

これは、前提が真ならば、結論も必ず真になる。そういう意味で正しい推論だ。

しかし問題は、カンタロウにそれが通じていないことだな。理由は、カンタロウが「シアトルはアメリカの一部である」ことを知らないということにある。

あー、シアトルってアメリカの中にあるんだね。知らなかった。

これまでに、「推論の部品」として、「ならば」とか「なおかつ」、「あるいは」、「ではない」、「すべて」、「ある・いる」などの言葉を見てきたよな。だが日常では、そういった言葉が入っていない推論を見聞きする機会もたくさんある。そして、そういった推論の中には、「言葉の意味や常識を使った推論」が多く含まれているんだ。

上のような推論も、実は、これまでに見た「推論の型」にのっとっている。ただし、前提から結論までの間に、常識とか、言葉の意味とかに関する「隠れた前提」が入っている。だから、表面上は「推論の型」にのっとっていないように見えるんだ。

ええと、つまり、「シアトルはアメリカの一部である」っていう常識が、さっきの推論の「隠れた前提」だってこと？

そうだ。だが、「隠れた前提」はそれだけではないし、さらには「別の推論」も隠れている。ここで、この推論に関わっている隠れた前提と、推論の筋道をすべて書いてみよう。

まず、準備段階として、次のような「隠れた推論」がある。これは、「行く」という言葉についての知識と、「アメリカは国だ」という常識を前提とした推論だ。ここから、1.8節で学んだ「正しい推論の型その3」によって、「アメリカの一部に行ったことがある者はみな、アメリカに行ったことがある」という「隠れた結論1」が導かれる。

（隠れた前提1＝「行く」という言葉についての知識）すべての国について、その国の一部に行ったことがある者はみな、その国に行ったことがある（ことになる）。
（隠れた前提2＝常識）アメリカは国だ。
（隠れた前提1と2から「正しい推論の型その3」によって出てくる、隠れた結論1）アメリカの一部に行ったことがある者はみな、アメリカに行ったことがある。

次に、さっきの推論の前提である「ジョージはシアトルに行ったことがある」と、「シアトルはアメリカの一部だ」という常識から、1.9節で学んだ「正しい推論の型その4」によって、「ジョージが行ったことがあるような場所で、アメリカの一部であるような場所がある」という「隠れた結論2」が導かれる。さらにこれは、「ジョージはアメリカの一部に行ったことがある」というふうに言い換えられる。

(前提) ジョージはシアトルに行ったことがある。

(隠れた前提3=常識) シアトルはアメリカの一部だ。

(前提と、隠れた前提3から「正しい推論の型その4」によって出てくる、隠れた結論2)

ジョージが行ったことがあるような場所で、アメリカの一部であるような場所がある。

→ **(隠れた結論2の言い換え)** ジョージはアメリカの一部に行ったことがある。

そして、「隠れた結論1」と「隠れた結論2の言い換え」から、ようやく「ジョージはアメリカに行ったことがある」という結論が出てくるんだ。

(前提=隠れた結論1) アメリカの一部に行ったことがある者はみな、アメリカに行ったことがある。

(前提=隠れた結論2の言い換え) ジョージはアメリカの一部に行ったことがある。

(隠れた結論1と隠れた結論2の言い換えから「正しい推論の型その3」によって出てくる結論) ジョージはアメリカに行ったことがある。

うわ、面倒くさい。

面倒くさいけど、一個一個のステップは、確かにこれまでに習った「正しい推論の型」に基づいているのね。でもさ、「準備段階」の「隠れた前提1」って、無駄にややこしくない？　「すべての国について、その国の一部に行ったことがある者はみな、その国に行ったことがある」なんて言わなくても、単に「部分に当てはまることは、全体にも当てはまる」って言えばいいんじゃない？

だが、つねに「部分に当てはまることが、全体にも当てはまる」とは限らないぞ。たとえば上の推論の「〜に行く」を、「〜を気に入っている」に変えてみよう。すると次のようになるが、この推論は正しい推論だろうか？

(前提) ジョージはシアトルを気に入っている。

(結論) ジョージはアメリカを気に入っている。

正しいんじゃないの？

姉ちゃん、よく考えようよ。シアトルを気に入っているからって、アメリカ全体を気に入ってるとは限らないじゃない。

あ、そうか。部分を気に入っても、全体を気に入らないことはあるよね。

こんなふうに、さっきの推論には、単に「全体と部分」についての知識だけではなく、「行く」と「気に入っている」という言葉の違いについての知識も関わっているんだ。人間は、そういった常識を頭の中にたくさん持っていて、推論をするときにはそれらを無意識に使っている。無意識だから、途中のステップを復元するのはけっこうたいへんなんだ。

推論の時に無意識に使われる常識には、上で挙げたような「全体と部分」の関係や、「行く」や「気に入っている」といった言葉についての知識以外にも、さまざまなものがある。例題を解いて、どんなものがあるかを考えてみよう。

例題　次の推論は正しいだろうか？　正しいとしたら、そこにはどんな知識が関わっているだろうか。考えてみよう。

(1)

(前提) カンタロウはスプーンを手に取った。

(結論) カンタロウはさじを手に取った。

(2)

(前提) リズは猫を飼っている。

(結論) リズは動物を飼っている。

(3)

(前提) ジョージは猫レスリングで三匹の猫に勝利した。

(結論) ジョージは猫レスリングで二匹以上の猫に勝利した。

(1)は正しいに決まってるよね。「スプーン」と「さじ」って同じだもん。

つまりこれは「同義語」、つまり同じ物事を表す言葉についての知識が関わっているケースだ。この手の推論には、次のようなものもある。

(前提) ジョージはロサンゼルスに一週間滞在した。
(結論) ジョージはL.A.に一週間滞在した。
(「ロサンゼルス」と「L.A.」が同義語であるという知識に基づく推論)

(2)も正しい推論よね。(2)に関わっているのは、「猫」は「動物」の一種だってこと？

そうだ。専門用語では、「上位語」「下位語」と呼んだりする。この場合は、「動物」が上位語で、「猫」は下位語だ。この手の推論としては、次のような例もある。

(前提) カンタロウはカツカレーを食べた。
(結論) カンタロウはカレーを食べた。
(「カレー」が「カツカレー」の上位語であるという知識に基づく推論)

上位語・下位語の知識が関わる推論は、述語の違いによって成り立つ場合とそうでない場合があるので、注意が必要だ。たとえば、上の推論の述語を「好きだ」に変えると、必ずしも正しくない推論になる。

(前提) カンタロウはカツカレーが好きだ。
(結論) カンタロウはカレーが好きだ。
(カツカレーが好きだからといって、カレー全般が好きだとは限らない)

(3)の推論も正しそうだね。

そうだ。ここで関わってるのは、「3は2以上である」という、数についての知識だ。同じような推論には、次のようなものがある。

（前提）カンタロウは七割の問題に正解した。
（結論）カンタロウは六割以上の問題に正解した。

これらの他にも、さまざまな知識が関わる「正しい推論」があるぞ。

出来事についての推論
（前提）リズは公園でジョギングをした。
（結論）リズはジョギングをした。

時間についての推論
（前提）ジョージは昨年アメリカに行った。
（結論）ジョージは過去にアメリカに行ったことがある。

動作とその結果についての推論
（前提）カンタロウがコップを割った。
（結論）コップが割れた。

まあでも、どれも常識の範囲で考えればわかるよね。

ただし、常識の範囲で考えることには落とし穴もある。次の例題を考えてみてくれ。

例題　**次の推論は正しいだろうか？**

(1)

（前提）リズは納豆をよく食べる。
（結論）リズは納豆が好きだ。

(2)

（前提）ジョージはバートランドに会いに行った。
（結論）ジョージはバートランドに会った。

(3)

（前提）カンタロウは部屋を掃除した。

（結論）部屋がきれいになった。

(1)は正しいんじゃないの？　姉ちゃんは実際に納豆をよく食べるし。よく食べるってことは、好きだってことだよね、普通。

いや、私、そんなに納豆が好きなわけじゃないよ。体に良さそうだから食べてるだけで。だから、(1)は必ずしも正しくない推論ってことになるね。

そうだったんだ。知らなかった。でも、(2)は正しい推論だよね？　会いに行ったってことは、会ったってことでしょ？

俺は昨日、実際にバートランドに会いに行ったんだが、バートランドは飼い主と散歩に行ってて留守だった。だから、「会いに行ったけど、会えなかった」ということになる。

えー、じゃあ、(2)も「必ずしも正しくない」推論なのか。(3)はどうなんだろう。僕はあんまり掃除しないから分からないけど。

まあ、掃除したからといって、きれいになるとは限らないよね。これも、「必ずしも正しくない推論」ね。

なるほど、「常識的に考えれば分かる」って思っていたけど、「常識的に考えて、たぶんそうだろう」っていうのが正しい推論だとは限らないのね。

でもさ、「ならば」とか「なおかつ」とか「すべて」とかが入ってない推論で、正しい推論とそうでない推論を見分けるにはどうしたらいいの？

厳密にやるには、さっきのように「隠れた前提」をすべて洗い出して、一つ一つのステップが正しい推論になっているかを確かめる必要がある。しかし、それはとてもたいへんな作業だし、日常生活ではそこまでやる必要はあまりないだろう。

日常的には、次のような方法を使うのが手っ取り早い。

推論の正しさを確かめるテスト

① 「前提となる文」と、「結論となる文を否定したもの」とをつなぎ合わせて、一つの文にする。

② その文に矛盾が感じられるなら、その前提からその結論を導く推論は正しい推論である。

③ 矛盾が感じられないなら、その前提からその結論を導く推論は、必ずしも正しい推論ではない。

えーと、何言ってるか全然分かんないんだけど。

では、次の「正しい推論」を例にして説明しよう。

(前提) ジョージはシアトルに行ったことがある。
(結論) ジョージはアメリカに行ったことがある。

まずは、前提の文と、結論の文を否定したものとをつなぎ合わせる。自然な文にするために、ここでは「が」を使ってつないでいるぞ。否定には、「わけではない」を使うといい。

(前提の文と、結論の文の否定をつないだもの)
ジョージはシアトルに行ったことがあるが、(ジョージは)アメリカに行ったことがあるわけではない。

そして、この文に矛盾が感じられるかどうかを確かめるんだ。矛盾が感じられたら、元の推論は「正しい推論」で、そうでなければ「必ずしも正しくない推論」ということになる。

ええと、これはどう考えても矛盾してるよね。シアトルに行ったのに、アメリカに行かなかったってことはありえないんだから。えーと、矛盾が感じられるから、元の推論は「正しい推論」ってことでいいのよね。

そうだ。では、次の推論はどうだろう。

(前提) リズは納豆をよく食べる。
(結論) リズは納豆が好きだ。

さっきと同じように、前提の文と、結論の文の否定をつなげる。

リズは納豆をよく食べるが、(リズは) 納豆が好きなわけではない。

そして、矛盾しているかどうかを見る。

これは別に矛盾してないよね。実際、姉ちゃんはさっき、「私は納豆をよく食べるけど、納豆が好きなわけではない」って言ってたし。

つまり、これは「必ずしも正しくない推論」だということになる。このテストは万能ではないが、それなりに使えるから、覚えておいたら便利だ。

この推論はどうかな?

(前提) ジョージは論理が得意だ。
(結論) だから、ジョージは論理を使って悪さをしている。

ええと、さっき習ったテストのとおりにすれば、「ジョージは論理が得意だが、論理を使って悪さをしているわけではない」っていう文が矛盾しているかどうか見ればいいのよね。別に矛盾はしてないから、この推論は必ずしも正しくないことになるね。まあ、結論は正しそうに見えるけど。

うん、僕も、この結論は正しいと思う。

お前ら……いい加減にしろよ。

POINT

- 推論の中には、言葉の意味についての知識や一般常識が「隠れた前提」になっているものがある。
- そういった推論の中で正しいものとそうでないものを見分けたいときには、次のテストが使える場合がある。
  ① 前提となる文と、結論となる文の否定とをつなぎ合わせて一つの文にする。
  ② その文に矛盾が感じられるようなら、その前提からその結論を導く推論は「正しい推論」である。
  ③ 矛盾が感じられないようなら、その前提からその結論を導く推論は、必ずしも正しい推論ではない。

解説

この節で見た「推論の正しさを確かめるためのテスト」を使う練習をしてみましょう。

練習問題 次の推論は正しいだろうか？　さっき紹介したテストを使って調べてみよう。

(1)

（前提）向かいの家の人は大きな家に住んでいる。
（結論）向かいの家の人は金持ちである。

(2)

（前提）リズはカンタロウにお菓子をあげた。
（結論）カンタロウはリズにお菓子をもらった。

(3)

（前提）リズは昨日ジョギングをした。
（結論）リズは昨日、公園でジョギングをした。

解答

(1)を、先ほど紹介した「テスト」にあてはめると、次のようになります。カッコの中身は、面倒ならば読まなくてもかまいません。

> **(前提の文と、結論の文の否定をつなぎ合わせる)**
> 向かいの家の人は大きな家に住んでいるが、(向かいの人は)金持ちであるわけではない。

これには別に矛盾は感じられないと思います。実際、大きな家に住んでいるからといって、その人が金持ちであるとは限らないからです。よって、(1)は「必ずしも正しくない推論」だということになります。

(2)はどうでしょうか。前提の文と、結論の文の否定をつなぐと、次のようになります。

> リズはカンタロウにお菓子をあげたが、カンタロウはリズにお菓子をもらったわけではない。

これには、ほとんどの人が矛盾を感じるでしょう。よって、これは「正しい推論」だと言えます。(もしかすると、中には「別に矛盾してないよ?」と思う人もいるかもしれませんが、そういう人は「リズはカンタロウにお菓子をあげた」の部分を「リズはカンタロウにお菓子をあげたつもりだった」のように解釈したり、カンタロウが二人いるようなSF的な設定を考えたりしているはずです。)

(3)については、次のようになります。

> リズは昨日ジョギングをしたが、(リズは昨日)公園でジョギングをしたわけではない。

これには、とくに矛盾は感じられないと思います。リズが昨日ジョギングをしたからといって、昨日「公園で」ジョギングをしたとは限らないからです。よってこれは、「必ずしも正しくない推論」です。

以上のように、この節でご紹介したテストは、手っ取り早く推論の正しさを確かめたいときに便利です。ただし、このテストは万能ではなく、長い文や複雑な文では使いづらいこともあります。そのような場合の対処法については、次の節でご紹介します。

2.9 言外の意味の推測

何よ、この話！　納得いかないなあ。

どうしたの？

推理小説を読んでたんだけど、容疑者が七人いたの。で、探偵が「この中に犯人がいる」って言うから、誰が犯人なんだろうと思ったら、なんと七人全員が犯人だったんだよ。こんなのずるくない？

確かにそれはずるいね。普通、「この中に犯人がいる」って言われたら、全員が犯人だとは思わないよね。

まったく、二人とも、まだまだだな……。

何よ、ジョージ。文句あるの？

お前たちがした推論は、具体的には、こうだな。

(前提) この中に犯人がいる。
(結論) (だから、)この中にいるすべての人が犯人だというわけではない。

つまりお前たちは、「この中に犯人がいる」っていう前提があったら、「全員が犯人だというわけではない」っていう結論が論理的に出てくると考えたわけだ。

だって、実際にそうなるでしょ？

それを確かめるために、お前たちの推論を、今までに学んだ「推論の型」に近い形に整理して考えてみよう。

まず、前提の「この中に犯人がいる」という文は、「この中にいる人で、犯人であるような者がいる」という「ある・いる文」に言い換えることができる。そして、結論の「この中にいるすべての人が犯人だというわけではない」では、「わけではない」の影響範囲をはっきりさせるために、「この中にいるすべての人が犯人だ」の部分をカッコでくくっておこう。すると、次のようになる。

(前提) この中にいる人で、犯人であるような者がいる。
(結論) (だから、)「この中にいるすべての人が犯人だ」というわけではない。

その上で、この推論を「型」に直すと、次のようになる。

(前提) aであって、bであるようなものがいる。
(結論) [すべてのaがbである]というわけではない。

お前たちは、これを「正しい推論」だと思っているわけだが、ちゃんと確かめたのか?

ええっと、面倒くさそうだから確かめてないけど、「正しい推論」なんじゃないの?

そうそう。私たち、「正しい推論」と「必ずしも正しくない推論」をたくさん見てきて、なんとなく「正しそうな感じ」が分かるようになってきた気がするのよね。なんというか、論理に対するカンが鋭くなったっていうか。

リズまで「カン」とか言ってるのか。「分かってきた」と実感するのはいいが、それは同時に落とし穴にもなる。実際、今の推論の例は、「日常の言葉と論理のずれ」を表す重要な例だ。面倒だろうが、きちんと確かめてみよう。

前に見たように、「aであって、bであるようなものがいる(ある)」の意味は、aが表すものの集合と、bが表すものの集合との間に「重なり」がある、ということだ。ただし、その「重なり方」にもいろいろある。つまり、「aであって、bであるようなものがいる(ある)」という前提が真であるということは、「次の三つの場合のどれかが成り立っている」ということだ。

1. aの集合とbの集合に重なりがあるが、aの集合はbの集合を含んでおらず、また、bの集合はaの集合を含んでいない場合：

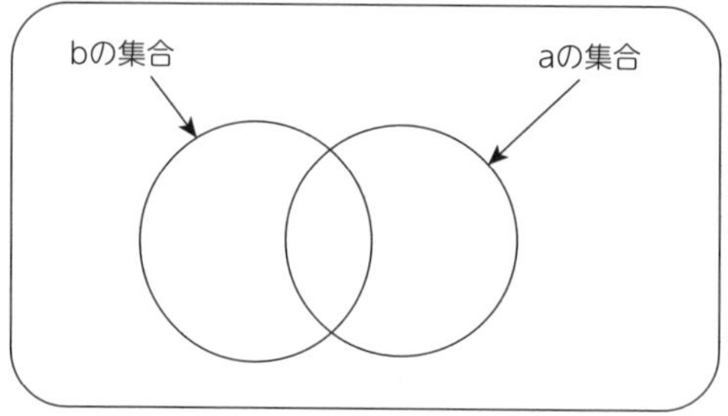

2. aの集合がbの集合を含んでいる場合：

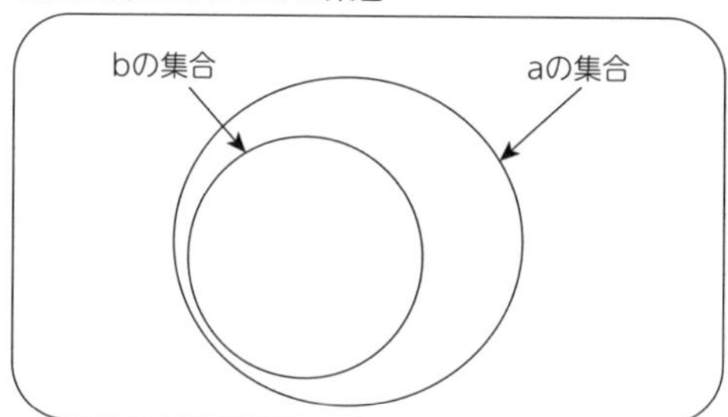

3. aの集合がbの集合に含まれている場合：

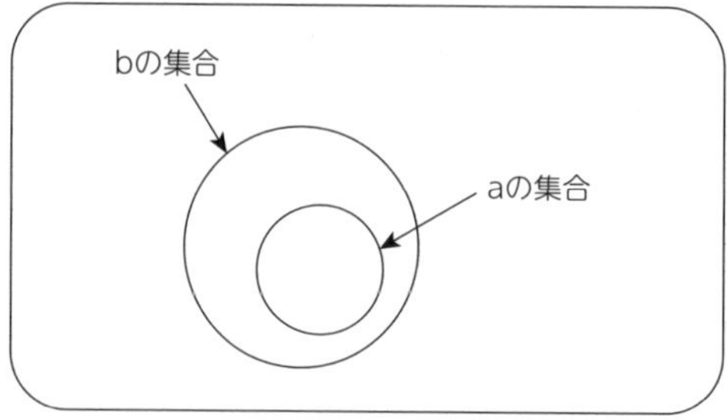

単に「aであって、bであるようなものがいる(ある)」と言うだけでは、これらのうちのどれだか分からない。もしかすると、三番目の場合のように、aの集合がbの集合に含まれているかもしれない。この場合、結論の「[すべてのaがbである]というわけではない」の真偽はどうなる?

ええと、もしaの集合がbの集合に含まれていたら、「すべてのaはbである」は真になるんだったよね。ということは、「[すべてのaがbである]というわけではない」は、偽になっちゃうってこと?

そうなんだ。このように、さっきの「推論の型」では、前提が真であっても、結論が偽になる場合がある。つまり、「この中に犯人がいる」という前提から「この中の全員が犯人だというわけではない」という結論を導く推論は、「必ずしも正しくない推論」なんだ。

う〜ん、理屈は分かったよ?　でもさ、納得できないよ。普通、「この中に犯人がいる」って言われたら、「全員が犯人ってわけじゃないんだな」って思うじゃない。もし全員が犯人だって分かってるんだったら、最初から「全員が犯人です」って言わなきゃダメだろ。

カンタロウの言うことはもっともだ。実は、俺たちは他人と会話をするとき、相手が「事実を、もっとも適切な言い方で伝えてくれるだろう」と思い込んでいる。たとえば、容疑者の全員が犯人であることが分かっている場合は、「この中の全員が犯人だ」と言うのが普通だと感じる。だからこそ、「この中に犯人がいる」という言い方をされると、「全員が犯人だというわけではないんだな(=犯人ではない人がいるんだな)」という推測をしてしまうんだ。

でも、そういう推測は、今までに見てきた「正しい推論」とは違う、ということね?

そうだ。ここで挙げた例のように、「相手があえてこういう言い方をするんだから、こうであるはずだ」と推測される内容を、専門用語では「会話的含み」や「推意」などと言う。まあ、いわゆる「言外の意味」の一種だと思ってもらえればいい。

ところで、「1. 論理編」の1.4節で、「明日雨が降ったならば、運動会が中止になる」という「ならば文」を見たな。この文が、「明日雨が降らず、運動会が中止になる世界」で真になるか偽になるかで意見が割れたのを覚えているか？

うん。僕は「偽になる」って思ったけど、姉ちゃんは「真になる」って言ったんだよね。

確か、私の答えの方が、「論理の範囲では正解」ってことだったよね。

あのときにカンタロウがした推論は、こうだ。

(前提) 明日雨が降ったならば、運動会が中止になる。
(結論) (だから、) 明日雨が降らなかったならば、運動会は中止にならない。

「AならばB」という前提から必ずしも「Aではないならば、Bではない」という結論が出てこないことは、「1. 論理編」の1.7節でも学んだ。だが、日常ではこのような推論をするケースが非常に多い。それはなぜかというと、「相手があえてこういう言い方をするんだから、こうであるはずだ」という推測が働くからだ。

つまり、もし雨が降っても降らなくても運動会が中止になるのであれば、最初から単純に「運動会は中止になります」と言えばいい。だが、「雨が降ったならば」という部分が「あえて」付け加えられていることから、聞き手は「雨が降らなかったら運動会は中止にならないんだろうな」という推測をしてしまうんだ。こういう推測は、推論としては必ずしも正しくないが、日常では頻繁に使われる。

「推論としては必ずしも正しくないけど、よくある推測」ってことね。でも、そういうのと正しい推論とを、どうやって見分ければいいの？

前の節で紹介したテストがここでも使えるぞ。推論の前提と、結論の否定をつなげて、矛盾が感じられるかどうか見ればいいんだ。そういう文を実際に作ると、次のようになる。

明日雨が降ったら運動会が中止になるが、明日雨が降らなかったら運動会が中止にならないというわけではない。

こういう文に矛盾が感じられたら「正しい推論」で、矛盾が感じられなければ「必ずしも正しくない推論」なんだったね。でもさ、この文、ちょっとややこしくない？　何言ってるか分かりにくいよ。

そう思うときは、自然に聞こえるように形を変えていい。重要なのは、前提の文を肯定した上で、結論の文を否定するということなんだ。その上で、矛盾が生じるかどうか考えればいい。たとえば、先生のセリフとして、次のようなものを考えるという手がある。

「明日雨が降ったら運動会は中止になります（＝前提の肯定）。ただし、雨が降らなかったからといって、運動会が開催されるとは限らないですよ（＝結論の否定）。他にもいろんな事情で中止になるかもしれませんからね」

なるほど。確かに、こっちの方が分かりやすいね。こういうふうに言い換えると、別に矛盾してないってことも分かるね。

こんなふうに、「相手があえてこういう言い方をするんだから、こうであるはずだ」という推測の内容、つまり「会話的含み」は、後から取り消せるんだ。これが、「正しい推論の結論」と違うところだな。

ふーん。あ、運動会と言えばさ、私、来週の日曜にボランティアで地区の運動会のお手伝いをすることになったの。人手が足りないらしいんだけど、カンタロウも来ない？

あー、僕、友達と遊ぶ約束があるんだよね。

あ、そう。あんたの好きな糸元さんも手伝いに来るらしいんだけど、あんたは来れなくて残念ね。

え？　あのー、ええっと、さっきの僕の返事は別に「来れない」っていう意味じゃないから。

それ、本当？　普通、「友達と約束がある」ってことは、「来れない」って言ってることになると思うけど？

いやいや、違うって。さっきは、「友達と遊ぶ約束があるんだよね。だから、ちょっと遅れて行くよ」って言おうとしたんだよ。「友達と遊ぶ約束がある」からといって、必ずしも「来れない」ってことにはならないでしょ？　ねえ、ジョージ？

カンタロウのやつ、「会話的含み」を取り消したんだな。さっき習ったことを早速使いこなしてるのはいいことだ。だが、俺が糸元さんの飼い猫のルートヴィッヒに聞いたところでは、糸元さんは次の日曜は他に用事ができて、ボランティアに行くのをやめたらしいぞ。

えっ、そうなの？

カンタロウ、もう遅いわよ。あんた、さっきはっきり「行く」って言ったからね。

あーあ……「後から取り消せる」ってのも、いいことばかりじゃないんだね。

POINT

- 会話においては、「相手があえてこういう言い方をするんだから、こうであるはずだ」という推測が働く。そのような推測の内容を、専門用語で「会話的含み」や「推意」などと言う。
- そういった推測は、推論としては必ずしも正しくない。よって、後から取り消しても矛盾は起こらない。

解説

私たちは、「相手があえてこういう言い方をするんだから、こうであるはずだ」という推測を頻繁に行っています。そのような推測の内容（つまり会話的含み）は実際に当たっていることも多いのですが、それを「論理的な結論」と混同しないようにすることは大切です。以下で練習をしてみましょう。

練習問題 以下が「正しい推論」ではなく、「必ずしも正しくない推論」であることを確認しよう。

(1)

(前提) カンタロウがリズに電話で「今すぐ帰ってこれる?」と尋ねた。
(結論) カンタロウはリズに、今すぐに帰ってきて欲しがっている。

(2)

(前提) 先生が、「このクラスに、100点を取った人がいます」と言った。
(結論) このクラスの中には、100点を取れなかった人もいる。

(3)

(前提) 会社の同僚に「今日は鈴木さん、休み?」と聞いたら、「鈴木さんは、お子さんが熱を出したそうです」という答えが返ってきた。
(結論) 鈴木さんは、今日は休みを取っている。

(1)のように、家族から「すぐに帰ってこれる?」と尋ねられたら、「すぐに帰ってきて欲しいんだな」と考えるのが普通です。しかし、これは「必ずしも正しくない推論」です。このことを確かめるために、例のテストの手順に従い、前提の肯定と結論の否定をつなげた文を作ってみましょう。

カンタロウはリズに電話で「今すぐ帰ってこれる?」と尋ねた(＝前提の肯定)が、(カンタロウは)リズに今すぐに帰ってきて欲しいわけではない(＝結論の否定)。

これには別に矛盾は感じられないと思います。もちろん、すぐに帰ってきて欲しいわけでもないのに、なぜそもそも「今すぐ帰ってこれる?」などと聞くのだろうという疑問は湧きますが、カンタロウの側には、何かもっともな理由があるかもしれません。たとえば、カンタロウが友達と「姉ちゃんがすぐに帰ってこられる場所にいるかどうか」という賭けをしているなどという状況を考えると、上の文はいくぶん自然に聞こえます。

(2)は、この節で見た「この中に犯人がいます」と同様の例です。これも一見すると、正しい推論であるように見えます。というのも、もしこのクラスの全員が100点を取っていたら、先生は「このクラスの全員が100点を取りました」と言うはずで、そう言わずにあえて「このクラスに、100点を取った人がいる」と言っているということから、「100点を取れなかった人もいるんだな」と推測できるからです。しかし、これも論理の面から見れば「必ずしも正しくない推論」です。

このことを確かめるには、次のような文を作って、矛盾が感じられるかどうかを見ます。

> 先生は「このクラスに、100点を取った人がいます」と言ったが、このクラスの中に100点を取らなかった人もいるわけではない。

ただし、この文はちょっと分かりづらいかもしれません。そういう人は、もっと自然に「前提を肯定して、結論を取り消す方法」を考えるといいでしょう。たとえば、先生の台詞として、次のようなものを考えることができます。

> 先生「このクラスに、100点を取った人がいます(=前提の肯定)。それは、皆さん全員のことです(=結論の否定)。よく頑張りましたね」

こういう言い方はちょっともったいぶった感じがしますが、「矛盾している」という感じはしません。このことから、(2)の推論が「必ずしも正しくない推論」であることが分かります。

(3)についても同様です。同僚の答えは「今日は鈴木さんは休みです」と言っているように思えますが、必ずしもそうであるとは限りません。というのは、前提を肯定した上で結論を否定できるからです。

> 同僚「鈴木さんは、お子さんが熱を出したそうです(=前提の肯定)。でも、休むわけではなくて(=結論の否定)、午後には出社すると言っていました」

聞く側としては、この同僚に対して「先に、鈴木さんが休暇を取っていないことをはっきり言ってくれればいいのに」と思わなくもありませんが、別にこの発言が矛盾しているわけではありません。つまり(3)の推論は「必ずしも正しくない推論」です。

以上のように、会話的含みは「取り消すことができる（つまり、否定しても矛盾が起こらない）」という点で、正しい推論から出てくる「論理的な結論」とは異なります。その一方で、会話的含みが円滑なコミュニケーションを助けていることも事実です。相手が推測するであろう「会話的含み」をはぐらかすような言動をしすぎると、不親切な印象を与えることもありますので注意が必要です。

2.10 「誰が言ったか」に惑わされないためには

（朝）

ねえ、ジョージはお天気当てるの得意だよね？　今日、雨降るかな？

そうだな。今日は降るかもしれないな。

じゃあ、傘を持って行こうっと。あ、カンタロウ、ジョージがね、今日は雨が降るって言ってるよ。

ジョージがそう言ってるの？　じゃあ、絶対に降るね。傘を持って行こう。

（夕方）

結局、今日は雨降らなかったね。傘持っていって損したよ。ジョージが「雨が降る」って言うから持っていったのに。

ちょっと待て。俺はリズに「雨が降るかもしれない」って言っただけだぞ。「雨が降る」なんて断言はしていない。

じゃあ、姉ちゃんが悪いんだね。

ちょっと、私のせいにしないでよ。ジョージが「雨が降るかもしれない」って言った

ら、普通「雨が降るんだな」って思うじゃない。実際、ジョージはお天気をよく当てるし。カンタロウだって、そう思ったから傘を持っていったんでしょ？

まあ確かに、ジョージが「雨が降る」って言ったんだったら、絶対降るんだろうなって思ったよ。

こういうのは、日常ではよくある推論だな。

> **(前提)** ジョージが「今日は雨が降る」と言った。
> **(結論)** (だから、) 今日は雨が降る。

お前たち、これが「必ずしも正しくない推論」だということは分かっているよな？

ええと、例のテストを使えばいいんだよね。前提の肯定と結論の否定をつなげて、矛盾してるかどうか見るのよね。こう？

> ジョージは「今日は雨が降る」と言ったが、今日は雨が降るわけではない。

まあ、確かに矛盾はしていないよね。ということは、さっきのはやっぱり「必ずしも正しくない推論」なのか。でも、正しそうに聞こえるよね。

それは、リズとカンタロウが俺の言うことを重視しているからだ。つまり、こういうことだ。

> **(前提)** 信用できる人が (/偉い人が/その道の専門家) が「A」と言った。
> **(結論)** (だから、) A (は正しい)。

こういう推論は、俺たちが日常で何かを判断するときには重要な役割を果たす。俺たちの知識には限りがあって、何もかも知った上で判断を下すことはできない。だから、信頼できる人の意見を参考にするわけだ。だが、そういう人の言うことが100パーセント正しいとは限らない。

まあ、いくら専門家だろうと、間違うことはあるよね。

それに、さっきの話にはもう一つ、注意すべき問題がある。それは、リズが俺の「雨が降るかもしれない」という発言を、勝手に「雨が降る」に変えたことだ。

それって、いけないことなの？　「雨が降るかもしれない」と「雨が降る」って、ほとんど同じだと思うけど？

俺は「雨が降るかもしれない」と言うことで、「雨が降る」ということに対する自分の確信がそれほど強くないことを表現したつもりだった。だが、「雨が降る」という文は曖昧で、「雨が降る可能性が高い」のようにも聞こえるし、「絶対に雨が降る」とか「雨が降るに違いない」のようにも取れる。

注意しなければならないのは、「雨が降るかもしれない」という前提からは、必ずしも「雨が降る可能性が高い」とか「絶対に雨が降る」などという結論は出てこないことだ。このことも、例のテストで確かめられるぞ。お前たちで確認してみてくれ。

例題 次の推論が「必ずしも正しくない推論」であることを、前々節で紹介したテストを使って確かめてみよう。

(1)

(前提) 雨が降るかもしれない。
(結論) 雨が降る可能性が高い。

(2)

(前提) 雨が降るかもしれない。
(結論) 絶対に雨が降る。

ええと、(1)は、こういう文を作って、矛盾してるかどうか見ればいいのよね。

雨が降るかもしれないが、雨が降る可能性が高いわけではない。

まあ、矛盾はしていないかな。だから、「必ずしも正しくない推論」だね。

(2)は、こういう文になるね。まあ、これも別に矛盾はしてないね。

雨が降るかもしれないが、絶対に雨が降るわけではない。

なるほど。だからジョージは「雨が降るかもしれない」という発言を、「雨が降る可能性が高い」とか「絶対に雨が降る」のように受け取られたら困るわけだね。

そうなんだ。俺の発言の最後にある「かもしれない」を取り去ると、俺がどれくらいの確信でそう言っているかが伝わらなくなるし、あたかも強い確信を持っているかのように受け取られる危険性も出てくる。

「かもしれない」とか「可能性がある」のような部分は、文の最後の方に出てくるせいか、けっこう見過ごされがちだ。「伝言ゲーム」になると、あっさり切り落とされてしまうこともある。だが、こういった表現が切り落とされると、「それほど確信のない、ただの憶測」が、あたかも事実であるかのように受け止められ、騒ぎになることだってあるんだ。

なるほど。じゃあ、僕が台所から魚が盗んだ犯人についての「おくそく」を言う時には、「ジョージが犯人だ」じゃなくて、「ジョージが犯人かもしれない」とか「ジョージが犯人である可能性がある」って言えばいいんだね。

でもそれ、「ジョージが犯人だ」って言ってるのとほとんど同じように聞こえるよね。

そりゃそうだ。たとえ「かもしれない」とか「可能性がある」をつけても、わざわざそういうことを言っているという時点で、カンタロウが俺を強く疑っていること自体は伝わるからな。

実際、世の中には、きわめて可能性の低いことを「○○かもしれない」と言い、他人に「○○は事実なんだな」とか「○○である確率は高いんだな」と思い込ませようとする者もいる。「かもしれない」「可能性がある」を付ければ何を言ってもいい、ということにはならないんだ。だから、カンタロウもいい加減なことを言うなよ。

そもそも、俺が犯人であるという証拠はない。だから、俺は犯人じゃない。じゃあ、俺は散歩に行くからな。

あれっ？　今ジョージが言ったこと、推論として正しいのかな……？

POINT

- 「信頼できる人がAと言っていた」という前提から「A」という結論を導き出すような推論は、日常ではよく見られる。しかし、必ずしも正しい推論ではない。
- 「かもしれない」「可能性がある」などのように、話し手の確信の強さを表す言葉は文の終わりの方に来る。それらを見落とすと、誤解が生じることがあるので注意。

解説

文の最後の方に出てくる重要な言葉は、上で紹介した「かもしれない」以外にもたくさんありますが、見落とされたり、勝手に解釈されたりしがちです。そのあたりに気をつけるために、練習問題をやってみましょう。

練習問題　次の推論は正しいだろうか？　確かめてみよう。

(1)

（前提）ドラえもんのようなロボットを作るのは難しい。

（結論）ドラえもんのようなロボットを作るのは不可能だ。

(2)

（前提）ジョージが犯人であるという証拠はない。

（結論）ジョージは絶対に犯人ではない。

(3)

（前提）テレビによく出ているお医者さんが「毎日納豆を食べた方がいい」と言っていた。
（結論）毎日納豆を食べなければならない。

例の「推論の正しさを確かめるテスト」を使って、(1) ～ (3)の正しさを確かめてみましょう。

(1) ドラえもんのようなロボットを作るのは難しいが、ドラえもんのようなロボットを作るのが不可能であるというわけではない。

(2) ジョージが犯人であるという証拠はないが、ジョージが絶対に犯人ではないというわけではない。

(3) テレビによく出ているお医者さんが毎日納豆を食べた方がいいと言っていたが、毎日納豆を食べなければならないというわけではない。

どの文にも矛盾は感じられないと思います。つまり、(1) ～ (3)の推論はどれも「必ずしも正しくない推論」だということになります。

しかし、(1) ～ (3)を見て、「自分もけっこうこういう推論をしてしまう」と思った人は多いのではないでしょうか。「○○は難しい」ということから「○○は不可能だ」と推測したり、「○○である証拠がない」ことを「絶対に○○ではない」と受け取ったり、専門家が「○○した方がいい」と言うのを聞いて「○○しなければならない」と思い込んだりするということは、誰にでもあると思います。こういう推論をしてはならないわけではありませんが、結論が必ずしも正しくないことを、頭の片隅に置いておいた方がいいでしょう。

2.11 その言い方は適切だろうか？

学校の宿題でさ、自分の家族や趣味とかについて作文しないといけないんだ。書いてみたんだけど、聞いてくれる？

いいよ。

「僕には三つ年上の姉がいます。姉は、勉強はよくできます。姉はアイドルグループのHLB23が好きで、部屋中ポスターだらけです。

それから、ジョージという猫を飼っています。ジョージは猫だけど、頭がいいです。ジョージは昔、アメリカを転々としていたそうです。

僕の趣味は、アニメとゲームです。とくに、アニメの『論理戦士ゲンツェン』が好きです。似たようなアニメに『不完全戦士ゲーデリアン』がありますが、これは『論理戦士ゲンツェン』のパクリです。」

どうかな？

あんた、私のことバカにしてんの？　なんかムカつくんだけど。

へ？　バカになんかしてないよ。事実を書いただけじゃないか。姉ちゃんは勉強が得意だし、HLB23が好きだし、部屋にもポスターをいっぱい貼ってるし。

いやいや、「姉は、勉強はよくできます」ってどういうことよ？　それに、「ポスターだらけ」って何？　まるでポスターを貼ってることが悪いことみたいに聞こえるんだけど。

いやいや姉ちゃん、それは考えすぎだよ。ジョージは、この作文でいいと思うよね？　ジョージのこと、「頭がいい」って褒めてるんだよ？

だが、「猫だけど、頭がいいです」って言われても、あまり嬉しくはないな。それに、俺はアメリカのいろんな場所に行ったことがあるが、別に「アメリカを転々としていた」わけじゃないぞ？

ちぇっ、姉ちゃんもジョージも、細かいなあ。

だが、何かを言うときに、言い方が適切かどうかに気をつけるのは重要だぞ。言い方一つで、自分が何をどう受け止めているかが相手に伝わってしまう。そういった「イメージ」や「印象」は、推論にも影響を及ぼす。

たとえば、リズの部屋にポスターがいっぱい貼ってあることを「部屋中ポスターだらけ」と書くのは、リズの部屋について「マイナスのイメージ」を付け加えていることになる。俺がアメリカのいろんな場所に行ったことを「アメリカを転々とする」と書くと、俺があたかもアメリカを放浪したかのような「余計なイメージ」が加わる。

うーん、僕は思ったまま、そう書いたんだけどなあ。

つまり、カンタロウは実際に、状況をそのようなイメージで捉えていたわけだな。そのこと自体は、別に悪いことではない。だが、それを言葉にするときは、自分の捉え方や印象が本当に正しいのか、またそれを他人に伝えていいのか、気をつける必要がある。

言葉が与える印象に敏感になるために、例題を解いてみよう。

例題　次の文は、読む人にどのような印象を与えるだろうか？　考えてみよう。

(1) その議員は、「私はその意見に反対です」とわめいた。

(2) ジョージはカンタロウのそばに忍び寄った。

(3) シロギズム学園の生徒が問題を起こした。

(1)は、「わめく」という言葉がひっかかるね。この言葉、あんまりいいイメージじゃないよね。

そうだ。単に「大きな声で言った」と言うのと違って、不用意に騒いだような印象を与える。

(2)は、ジョージが何か企んでいるように聞こえるね。

そうだろう。俺が単にカンタロウに近づいただけなのを、勝手に「忍び寄った」などと言われたらちょっと迷惑だ。

でも、(3)はどうおかしいの？　いまいちよく分からないんだけど。

たとえば、(3)がニュースで報道されたとしよう。お前たちの学校の生徒が問題を起こしたのは事実だとして、それを「シロギズム学園の生徒が〜」と表現する必要はあるだろうか？

そうねえ。確かに、わざわざ学校名を言う必要はないかもね。

そう？　僕は気にならないけど。学校名ぐらい、みんな知りたいでしょ？

カンタロウがそう思うのは構わないが、もし問題を起こした生徒がたまたま『論理戦士ゲンツェン』が好きで、ニュースで「『論理戦士ゲンツェン』のファンが問題を起こしました」って報道されたらどうする？

何だよそれ！　まるで、『論理戦士ゲンツェン』を好きなことが良くないみたいじゃないか！

そうだろう。「シロギズム学園の生徒が問題を起こした」も「『論理戦士ゲンツェン』のファンが問題を起こした」も、中身は「ある・いる文」だ。つまりこれらは、次のように言い替えられる。

シロギズム学園の生徒であって、問題を起こした者がいる。
『論理戦士ゲンツェン』のファンであって、問題を起こした者がいる。

このような「ある・いる文」について気をつけなくてはならないのは、「〇〇であって、問題を起こした者がいる」と言うとき、〇〇に何を入れるかということだ。

誰かが問題なり事件なりを起こしたとき、その「誰か」の持っている特徴や性質はたくさんある。その人のことを述べるときに、それらの特徴や性質の中からどれを選ぶかによって、聞く人に与える印象が変わってくる。もし「シロギズム学園の生徒が問題を起こした」と言えば、学校に問題があるんじゃないかと思う人が出てくるだろうし、「『論理戦士ゲンツェン』のファンが問題を起こした」と言ったら、「そんなアニメを見ているから問題を起こすんだ」と思う人が出てくるかもしれない。

つまり、「Aであって、Bであるような者がいる」という文のBが「悪いこと」である場合、Aに学校や会社、趣味、年齢層、出身地や国籍の情報を入れると、聞いた人がそれらを「悪い出来事」と結びつけやすくなるんだ。

人は、ほんのちょっとの例を「似たようなもの全般」に広げやすいんだったね。そういう意味でも、「ある○○はナントカだ」とか「○○であって、ナントカであるような者がいる」って言うときは、○○に何を入れるか気をつけた方がいいね。

また、「自分にとってそう見える」ということを「事実だ」と思い込んでいないか、ということも重要だ。カンタロウは作文の中で、アニメの『不完全戦士ゲーデリアン』は『論理戦士ゲンツェン』のパクリだと言っていたが、実際は違うぞ。『論理戦士ゲンツェン』は『不完全戦士ゲーデリアン』の続編だからな。

えっ、そうなの？　知らなかった……。僕は先に『論理戦士ゲンツェン』を見て、後から『不完全戦士ゲーデリアン』を見たから、「あ、似てる。パクリだ」と思ったんだ。でも、違ったのか。

さらに、「ジョージは猫だけど、頭がいい」っていう表現にも問題がある。これは暗に、「猫は普通、頭が良くない」ということを言っていることになるからな。

そうかな？

そうだよ。単にジョージは頭がいいってことを言いたいなら、「猫だけど」とか余計なことを言わずに、「ジョージは頭がいい」って書けばいいじゃない。あんただって、「カンタロウは、アニメやゲームが好きだけど頭がいい」とか言われたらカチンと来るでしょ？

ああ、確かに、「アニメやゲームが好きで何が悪い！」って感じになるね。

「aだけど、b」とか「aだが、b」とか「aなのに、b」などといった文は、「aは普通、bではない」という隠れた思いを伝えてしまうんだ。

そういう「隠れた思いを伝える表現」は、他にもある。次の例題を考えてみてくれ。

例題 **次の文には、話し手の「隠れた思い」が表れてしまっている。それはどういったものだろうか。考えてみよう。**

(1)リズは勉強はよくできる。
(2)この問題には、カンタロウでさえ正解できる。

(1)は、カンタロウの作文の中にあった文よね。これ、「勉強以外はできない」って言ってるように聞こえるから、イラッとするのよね。

なるほど。言われてみればそういうふうに読めるかな。

この「は」は、「対比の『は』」と呼ばれている。日本語の「は」という表現には、「カンタロウはカンが鋭い」とか「リズは勉強がよくできる」のように、その文で話題になっていることを示す「主題の『は』」と、「リズは勉強はよくできるが、運動はできない」のように、複数のことを比較して述べる「対比の『は』」がある。一般に、「が」や「に」や「を」と言った方が自然なところで「は」を使うと、「対比の意味合いがあるんだな」と受け止められやすくなる。

(1)の場合、普通は「リズは勉強がよくできる」と言えばいいところを、わざわざ「勉強はよくできる」と言っているから、対比の意味だと捉えられやすいんだ。その結果、「勉強はできるが、他のことはできない」という意味合いが出てきてしまう。

ふーん。で、(2)は何？　僕、これ、イラッとするんだけど。

これは、「さえ」という言葉が悪さをしてそうね。

そうだ。(2)のような言い方をすると、「カンタロウがこの問題に正解できる確率は、他の多くの人よりも低いはずだ」という思いを伝えてしまう。こういう意味合いは、「さえ」の他に、「すら」や「でも」といった表現からも出てくる。

なるほどね。とにかくカンタロウはこういうことにも注意して、もっと考えて文章を書くべきよ。まったく、あんたは作文も下手なんだから。

あれっ、なんか今、すっごくバカにされた気がする。なんでだろ……。

POINT

・何かを言うときに、言い方が適切かどうかに気をつけるのは重要。言い方一つで、自分が何をどう受け止めているかが相手に伝わってしまう。とくに、

➢ 余計なイメージを与えるような表現を使うこと

➢ 「自分にそう見える」ことを、確認もせずに事実として述べてしまうこと

➢ 自分の隠れた思いが表面化するような表現を使うこと

などに注意する必要がある。

解説

この節のポイントを押さえるために、次の練習問題を見てみましょう。

練習問題 カンタロウは、自分の結婚観を次のように語っている。この中にはカンタロウのどんな思いが出ているか、また聞く人にどういう印象を与えるか、考えてみよう。

「僕は将来結婚したら、相手のことも大事にするつもりだよ。ゴミ出しならやってあげるし、相手がご飯を作らない日があっても怒ったりしないよ」

まずは一文目、「相手のことも大事にする」の「も」に着目しましょう。「も」という言葉は、「他にも同様の事物が存在する」ということを相手に伝えます。つまり「相手のことも大事にする」という文は、「相手以外にも大事にするものがある」という思いを伝えることになります。結婚相手以外に大事なものがあることが必ずしも悪いわけではありませんが、ここは「相手のことを大事にするよ」と言った方が無難かもしれません。

二文目の「ゴミ出しならやってあげる」は「ならば文」です。前の節で見たように、日常では、「AならばB」が「AでなかったらBではない」のように解釈されがちです。つまり、聞く人

によっては、「ゴミ出しでなかったらやらない」、つまり「ゴミ出しはするが、それ以外のことはしない」という意味に取られかねません。

また、二文目の「やってあげる」に含まれる「あげる」という表現からは、「自分の行いによって相手に利益を授けている」という意味合いが出てきます。つまり、「自分がゴミ出しをすることで、相手に利益を授けている」といったニュアンスが出ます。この部分は、聞き手から「家事を自分ごととして考えておらず、本来相手がやるべきことと考えている」と受け取られるかもしれません。

また、「相手がご飯を作らない日があっても怒ったりしない」という部分には、「ても」という言葉が入っています。「AであってもBではない」という文は、これを発する人が「普通は、AならばBだ」と考えていることを伝えてしまいます。つまりカンタロウはこの文を口にすることで、「普通は、相手がご飯を作らない日があったら怒るだろう。でも、僕はそんなことをしないよ」と言っているわけです。ここに「相手が毎日ご飯を作るのは当たり前だ（相手がそれをしない場合、普通ならば怒る）」というカンタロウの思い込みが表れてしまっています。

このように、ちょっとした言葉遣いの中に、自分の思いが紛れてしまうことがあります。偏見や思い込みは誰にでもありますので、そういった「事故」を完全に無くすことは不可能ですが、自分が口に出そうとしている言葉に目を向けることによって、ある程度は危険を回避することができます。

また、言葉に伴う余計なイメージは、良いイメージであれ悪いイメージであれ、物事を正しく認識したり、論理的に物事を考えたりするときに邪魔になることがあります。適切なコミュニケーションをし、建設的な議論をする上では、表現の仕方に十分な注意を払う必要があります。

2.12 その前提は適切か

推論をするときには、前提の立て方が適切かどうかをよく考える必要がある。前にも言ったが、たとえ推論そのものは正しくても、前提がおかしければおかしな結論が出るからな。

たとえばの話だが、カンタロウはリズを尊敬しているか？　それともバカにしているか？

へ？　姉ちゃんを？　うーん、別に尊敬はしてないなあ。

は？　何よ、それ。じゃあ、あんたは私のことバカにしてるのね？

いやいや、そうは言ってないでしょ！

はい、そこでいったんストップしよう。今リズがイラッとしたのは、こういう推論をしたからだな。

（前提）カンタロウはリズを尊敬していない。
（結論）（だから、）カンタロウはリズをバカにしている。

この推論は、次のような「隠れた前提」を付け加えると、正しい推論になる。

（隠れた前提）カンタロウはリズを尊敬しているか、あるいはバカにしている。
（前提）カンタロウはリズを尊敬していない。
（結論）（だから、）カンタロウはリズをバカにしている。

これ、最初の方に出てきた「型」だよね。選言的三段論法、だっけ。

そうだ。さっき、リズは無意識に、「カンタロウはリズを尊敬しているか、あるいはバカにしている」ということを前提にして推論をしたんだ。なぜリズがそういう前提を立ててしまったかというと、俺がカンタロウに「リズを尊敬しているか？　それともバカにしているか？」という尋ね方をしたからだ。

でも、僕は姉ちゃんのこと、バカにはしてないよ。別に尊敬もしてないけど。記憶力とかはけっこうすごいと思うし、将来のこととかちゃんと考えてて偉いと思うし。

なんか上から目線でムカつく……。でも、何が問題なのかは分かった気がする。隠れた前提の「カンタロウはリズを尊敬しているか、あるいはバカにしている」っていう文に問題があるのね。

そうだ。「尊敬している」とか「バカにしている」というのは程度の問題で、その中間には「尊敬してはいないが、バカにしてもいない」という状態がありうる。し

かし「尊敬しているか、あるいはバカにしている」という前提を立ててしまうと、あたかも中間の状態がないかのように聞こえてしまうんだ。

確かに、そんなふうに言われると、「尊敬している」か「バカにしている」かのどちらかしかなさそうに聞こえるね。

「あるいは文」というのは、ありうる選択肢を並べる文だ。ただし、そこで述べられていない選択肢が見えにくくなることもある。とくに、「程度を表す言葉」と一緒に「あるいは」が使われるときは注意が必要だ。

また、「ならば文」や「すべて文」を前提に持つ推論についても気をつけるべきことがある。次の推論について考えてみてくれ。

「ならば文」**(モーダスポネンス)**

(前提1) もしこの人が私と違う意見を持っているならば、この人は私の敵だ。

(前提2) この人は私と違う意見を持っている。

(結論) (だから、) この人は私の敵だ。

「すべて文」**(定言的三段論法)**

(前提1) 私と違う意見を持っている人はみな、私の敵だ。

(前提2) この人は私と違う意見を持っている。

(結論) (だから、) この人は私の敵だ。

なんだか、どっちも極端なことを言ってるよね。

でも、どちらも「正しい推論の型」には従っているのよね。極端な結論になるのは、そもそも前提が極端だからなのね。

そうだ。「敵」とか「味方」という言葉をどのように考えるかは、人それぞれだ。だが、これらの推論の前提1のように、意見が少し違うだけで他人を「敵」だということにしてしまうと、建設的な話し合いはできないだろうし、争いも起こりやすくなるだろうな。

そうよね。私はこんなふうには思わないけど。

ただ、人間は誰しも極端な考えにとりつかれてしまうことがある。自分が何らかの推論をして結論を出したときは、たまに前提にまでさかのぼって、極端な前提を立てていないかとか、何か重要な選択肢を見落としていないかとか、確認した方がいいかもしれないぞ。

POINT

- 推論をするときには、前提の立て方が適切かどうかをよく考える必要がある。
- 「あるいは文」については、その中で述べられている選択肢以外にも選択肢がないかどうかに注意する必要がある。
- 「ならば文」や「すべて文」についても、極端なことを言っていないかに注意。

解説

前提の適切さを確認する練習をしてみましょう。

練習問題　次の各問題について考えてみよう。

(1) ある人に「あなたはこの壺を買って幸せになるか、買わずに不幸になるかのどちらかだ」と言われた。だが、選択肢は本当にこれだけだろうか?

(2) ジョージがカンタロウに「お前の部屋が散らかってるぞ」と文句を言ったら、カンタロウは「姉ちゃんの部屋の方が散らかってる(=前提)。だから、僕の部屋が散らかってるのは問題ではない(=結論)」という推論の形で反論した。カンタロウが「正しい推論の型その2(モーダスポネンス)」に従っているとしたら、カンタロウはどんな「隠れた前提」を持っているだろうか?　また、その前提は適切だろうか?

正しい推論の型その2(モーダスポネンス)

(前提)もしAならば、B。

(前提)A。

(結論)(だから、)B。

解答

(1)の「あなたはこの壺を買って幸せになるか、買わずに不幸になるかのどちらかだ」という文は、この中で述べられている「壺を買って幸せになる」と「壺を買わずに不幸になる」以外の選択肢を見えにくくしています。実際は、「壺を買って不幸になる場合」があるかもしれないし、「買わずに幸せになる」こともありえます。

こんなふうに、「あるいは文」を使って「選択肢をわざと狭める」というのは、他の選択肢を隠し、他人の判断を誘導するのに使われる場合があるので注意が必要です。たとえば、商品を売る側が客に「三年保証にしますか？　それとも五年保証にしますか？」と尋ねてどちらかを選ぶよう誘導し、「保証をつけない」という一番安いオプションを隠すといった例などがあります[6)]。

(2)のカンタロウの推論が「正しい推論の型その2（モーダスポネンス）」に従っているとすれば、次のような隠れた前提があることになります。

(隠れた前提) 姉ちゃんの部屋の方が散らかっているならば、僕の部屋が散らかっているのは問題ではない。

(前提) 姉ちゃんの部屋の方が散らかっている。

(結論) (だから、)僕の部屋が散らかっているのは問題ではない。

しかし、このような前提を立てることは適切でしょうか？　実際は、カンタロウの部屋が散らかっていることと、リズの部屋が散らかっていることの間には、とくに関係はありません。つまり、この前提の「ならば文」は、「あまり関係のない二つのこと」をわざわざ結びつけているのです。このように、あまり意味のない前提を立てて自分の主張を無理やり正当化するというケースは、日常でもよく見られます。

これまでに見てきたように、「ならば文」や「あるいは文」は正しい推論の前提としてよく使われるものです。だからこそ、それらの文の中身が適切かどうかに気をつける必要があります。

6) ロバート・レヴィーン（著）、忠平美幸（訳）(2006)『あなたもこうしてダマされる　だましの手口とだまされる心理』、草思社、p.173より。

応用のヒント6

グレーな状況を認識する

極端な考え方は、しばしば人間の視野を狭め、冷静さを失わせたり、間違った判断をさせたりします。論理についての知識は、そういった考え方に対抗することができるでしょうか？　次の問題を考えてみてください。

応用問題

次のような考え方について、問題がないかどうか考えてみよう。

(1) テレビで気候の専門家が「地球の温暖化が進んでいる」と言っていた。だが、いくら専門家でも間違うことはある。だから、地球が温暖化しているなどということはありえない。実際、私が尊敬する○○先生も、「地球が温暖化しているというのは嘘だ」と言っている。

(2) 私は、世界で今起こっているありとあらゆる問題は、世界征服を企む闇の勢力によって引き起こされていると確信している。だが、それを他人に言うと「闇の勢力なんているわけがない。そうだというなら証拠を見せろ」と言われてしまう。確かに証拠はないが、証拠がないからといって、実際に闇の勢力が存在しないということにはならない。それに、今のところ、闇の勢力が存在しないという証拠も見つかっていない。だから、やはり闇の勢力は存在する。

(1)については、一文目と二文目までは論理的に問題ありません。2.10節でも見たように、誰かがこう言っていたからといって、それが正しいという保証はないからです。専門家が言うことは、そうでない人の言うことよりも信頼できる面はありますが、それでも「100%正しい」とは限らないわけです。

問題は、(1)のように言う人が「いくら専門家でも間違うことはある（＝地球が温暖化しているという説が、100%正しいとは限らない)」という前提から、「地球が温暖化しているなどということはありえない」という「必ずしも正しくない結論」を導き出しているところです。さらにこの人は、自分の尊敬する先生の意見を拠り所に、自分の説を強化しようとしています。気候の専門家の言うことは疑い、「尊敬する先生」の言うことは無条件に受け入れているわけです。

論理の観点から言えば、「誰々がAと言っていた」という前提からは、「Aは絶対に正しい」という結論も「Aは絶対に間違っている」という結論も出てきません。つまり論理の面から厳密に考えれば「Aかどうか」はグレーであり、私たちはさまざまな情報や自分の信念などに左右されながら、白に近い方か黒に近い方を選ぶわけです。一般に私たち人間には、「信頼できる」とか「自分と考え方が近い」と思う相手の言うことを重視し、「信頼できない」「自分と考え方が違う」と思う相手の意見は軽視する傾向があります。また私たちには、多すぎる選択肢や曖昧な状況に不安を覚え、物事を単純化したがる傾向もあります。しかし、そういう判断の仕方がつねに真実を捉えられるとは限りませんし、視野が狭まるぶん、的外れであることに気づけない場合もあります。

何らかの文の真偽を見極めようとするとき、「そう言っている人」ではなく「言われている内容そのもの」に焦点を当てるのは、けっこう難しいことです。ただ、そういうとき、「もし、まったく同じことを別の人が言っていたら、自分はどう思うだろうか?」と想像してみるのはどうでしょうか?　もしかしたら、そうすることで、「これは絶対に正しい(/間違っている)」という自分の思いが、実はそれほどしっかりしたものではないことが分かるかもしれません。また、全面的に正しいと思っていた内容の中にも、「危うい部分」があることに気づける場合もあるでしょう。いずれにしても、何らかの切実な問題について考えるときは、多方面から情報を集めて柔軟に判断することが重要です。

(2) は、証拠というものをどう考えるかという問題です。論理の観点では、この人が言うように、闇の勢力が存在するという証拠がないからといって、必ずしも「闇の勢力は存在しない」ということにはなりません。問題は、最後あたりで述べられている「闇の勢力が存在しないという証拠がない。だから、闇の勢力は存在する」という推論です。少し考えれば分かるように、闇の勢力の存在を否定する証拠がないからといって、「存在する」ということにはなりません。つまり、これは「必ずしも正しくない推論」です。

まとめると、論理の観点では、Aを肯定する証拠がないからといって「Aではない」

ということにはなりませんし、Aを否定する証拠がないからといって、「Aである」ということにもなりません。直接的な証拠がないとき、私たちはしばしば「Aである（/ではない）と考えた方が、現実の状況をうまく説明できそうだ」ということを根拠にして、「Aである（/ではない）」という仮説を立てます。この推論は、すでに見た「アブダクション」です。アブダクションで得られる仮説はあくまで仮説ですので、絶対に正しいという保証はありません。

論理というものを厳密に考えていくと、「絶対に正しいと言えること」がいかに少ないかが分かります。正しいかどうかが分からないグレーな状況の中で、どういった立場を取るかは個人の自由です。しかし、「自分の信じていることが間違っている可能性がある」ことは心に留めておくべきでしょうし、自分の考えを口に出すときは細心の注意を払うべきでしょう。

3 コンピュータ・AI編

——機械にとって論理とは?

これまで論理についていろいろ見てきたけど、やっぱり、なんかややこしいよね。

そりゃそうだ。論理そのものが簡単ではないし、さらにそこに言葉やコミュニケーションの複雑さや、人々の考え方の違いなどが加わるからな。

そうなんだったらさ、やっぱり難しいことはもう「えーあい」に任せちゃった方が良くない?

お前は前にもそう言ってたな。だが、今のAIにだって苦手なことはあるぞ。それに、たとえAIが優秀な人間に置き換わるほど進化したとしても、何でも機械任せにしていいだろうか? お前たちが何かを判断したり、重要な選択をしたりするとき、AIの言うとおりにしていいと思うか?

何でもAI任せに? うーん、私は、なんとなく抵抗あるなあ。

そう? 僕はAI任せにして楽をするけど?

そう思うのは自由だが、そのAIの言うことが本当に信頼できるかどうかを、どうやって判断するんだ?

なんとなく、カンで。

やっぱり、カンなのね……。でもさ、コンピュータやAIは論理的で公平だから、その点では人間よりも信頼できるんじゃない?

実際、そういうふうに考えている人間は多いようだな。だが、「コンピュータやAIは論理的だ」というのが実際にどういう意味か、お前たちは分かっているのか?

ええと……分かんない。

何が機械に任せられて、何が任せられないかは、そのあたりを知らないと判断できないだろう。この章では、コンピュータやAIと論理との関わりを見ていくぞ。

3.1 そもそもコンピュータとは?

まず、コンピュータとはどんな機械かを見ていこう。今のコンピュータは、文書を作成したり、メールを書いたり、画像を見たり、音楽や動画を再生したりなど、さまざまなことに使える。しかし重要なのは、コンピュータが「数の計算をする道具」であるということだ。

数の計算をする道具って、スマホに入ってる計算機みたいに、足し算とか引き算とかをするやつ?

そうだ。

でもさ、ただの計算機だったら、文字を書いたり写真を見たりできないんじゃない?

ポイントは、コンピュータの中では文字や画像や音がすべて「数字」として扱われているというところにある。俺たちがコンピュータの画面で見る文字や写真なんかは、コンピュータの内部では「数字」になっているんだ。

ぜんぜん分からない……。だって、キーボードの「A」っていうのを押したら、「A」っていう文字が出てくるじゃん。どこに数があるのさ?

コンピュータの中では、文字は「文字コード」という数字になっているんだ。文

字コードというのは、一つ一つの文字に割り当てられた番号だ。お前たちの電話番号とか出席番号みたいな感じだと考えてもらっていい。たとえば「ASCIIコード」という文字コードでは、英語のキーボードの各文字に対して、次のような数字が割り当てられている。

ASCIIコード・コード表

（前半３桁）

（後半４桁）

	000	001	010	011	100	101	110	111
0000	NUL	DLE	SP	0	@	P	`	p
0001	SOH	DC1	!	1	A	Q	a	q
0010	STX	DC2	"	2	B	R	b	r
0011	ETX	DC3	#	3	C	S	c	s
0100	EOT	DC4	$	4	D	T	d	t
0101	ENQ	NAK	%	5	E	U	e	u
0110	ACK	SYN	&	6	F	V	f	v
0111	BEL	ETB	'	7	G	W	g	w
1000	BS	CAN	(	8	H	X	h	x
1001	HT	EM	)	9	I	Y	i	y
1010	LF/NL	SUB	*	:	J	Z	j	z
1011	VT	ESC	+	;	K	[	k	{
1100	FF	FS	,	<	L	\	l	|
1101	CR	GS	-	=	M	]	m	}
1110	SO	RS	.	>	N	^	n	~
1111	SI	US	/	?	O	_	o	DEL

つまり「A」には、こんな数字が割り当てられている。

A：1000001

でも、こんな数字、見たことないよ。

そうだろう。この数字はあくまで「コンピュータの内部での『A』」だからな。つまりコンピュータが「A」という文字を、他の「B」とか「C」とかと区別するための数字なんだ。そして、画面に現れる「A」という文字は、この数字に対応した「書体の画像」だ。

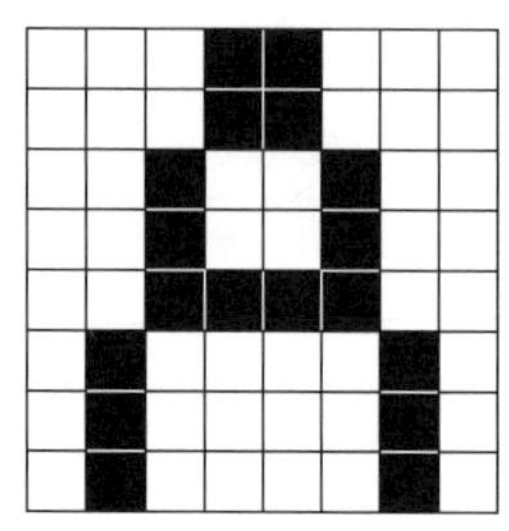

実はこの画像も、コンピュータの中では「数字」になっている。画像の白いところを0、黒いところを1で表せば、この画像の上から一行目は「0, 0, 0, 1, 1, 0, 0, 0」のように表すことができる。コンピュータがこの数字のとおりに「0を白く、1を黒く」表示していけば、画面に「A」という文字が現れるわけだ。つまりコンピュータが「A」という文字を表示するときに扱っているのも、やっぱり数字なんだ。

ふーん。でもさ、そこまで言われると、今度は逆に、コンピュータがなんで数字ばっかり扱うのかが気になってくるよね。

確かに、数字みたいなややこしいものを扱うより、文字を覚えたり書いたりする方が簡単そうだよね。

なぜコンピュータが数字を扱うのかというと、それは「コンピュータが電気製品だから」だ。

は？　電気が関係あるの？

大ありだ。電気には「電気が流れている状態」と、「電気が流れていない状態」があるだろう？　つまり「オン」と「オフ」だ。

オンとオフって、スイッチ入れたり消したり、みたいな？

そうだ。コンピュータの内部には、電気のオンとオフを切り替える小さなスイッチのようなものがたんさん入っていると考えるといい。そういうスイッチのオンとオフが、それぞれ「1」と「0」という二種類の数字だと見なせるんだ。

　さっきから俺が説明している「文字コード」や「書体の画像」を表す数字に、1

と0しか入っていないことに気づいているか？　その1と0という数字が、電気のオンとオフに対応しているということだ。

えーと、よく分かんないけど、つまり「電気のオンとオフだったら、コンピュータにも分かる」ってこと？

「コンピュータにも分かる」というより、「コンピュータにも扱える」と言った方が正確だな。つまりコンピュータというのは、電気のオンとオフで表された情報、つまり電気信号を扱う機械なんだ。

POINT

- コンピュータは「数の計算をする道具」である。
- コンピュータの内部では、文字も画像も音声も「数字」として扱われている。
- コンピュータの内部では、電気のオンとオフがそれぞれ「1」と「0」という数字を表している。

解説

コンピュータという機械を理解するために、コンピュータの側に立って考えてみるというのは有効かもしれません。ためしに、練習問題を解いてみてください。

練習問題　コンピュータの気持ちになってやってみよう。

(1) ジョージの説明にあったように、コンピュータの内部では、文字は「文字コード」という数字として扱われている。この節に出てきたASCIIコードの表を参考にして、次の「文字コード」がどんな文字の列を表しているか、考えてみよう。ちなみに、表の中の「SP」は、「空白」のことである。

(a) 1000111 1100101 1101111 1110010 1100111 1100101

(b) 1010100 1101000 1100101 1110010 1100101 0100000 1101001 1110011 0100000 1100001 0100000 1100011 1100001 1110100 0100001

(2) 次の数字は、ある文字の形を表している。

(一行目) 0, 0, 1, 1, 1, 0, 0, 0　　(二行目) 0, 1, 0, 0, 0, 1, 0, 0
(三行目) 1, 0, 0, 0, 0, 0, 1, 0　　(四行目) 1, 0, 0, 0, 0, 0, 0, 0
(五行目) 1, 0, 0, 0, 1, 1, 1, 0　　(六行目) 1, 0, 0, 0, 0, 0, 1, 0
(七行目) 0, 1, 0, 0, 0, 1, 1, 0　　(八行目) 0, 0, 1, 1, 1, 0, 1, 0

次の白いマスの一行目から八行目まで、0のところはそのままで、1のところを黒に塗りつぶしてみよう。どんな文字が現れるだろうか?

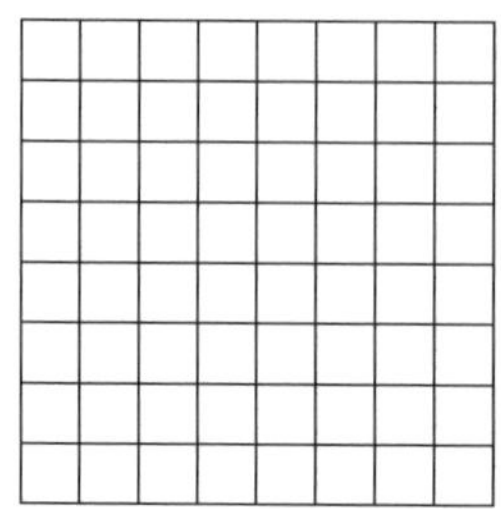

(1) 表に従って文字コードを文字に置き換えていくと、次のようになります。

(a) George
(b) There is a cat!

実際にやってみた人には気づいていただけたと思いますが、同じアルファベットでも、大文字と小文字は違う文字コードで表されています。また、空白にも文字コードが割り当てられています。

ちなみに、この節で紹介した「ASCIIコード」は、英語のキーボードの文字を表すためのコードで、日本語の文字を表すコードは入っていません。日本語のかなや漢字を表すには、また別の種類のコードを使う必要があります。日本語の文字を表すコードには、Shift_JISなどがあります。

(2) 一行目から八行目まで、「1」のマスを黒に塗りつぶすと、「G」という文字が現れます。ジョージ（George）のイニシャルの「G」です。

コンピュータが画面に文字を表示するときは、(1) その文字に割り当てられた数字（文字コード）がコンピュータの内部から送られ、(2) 文字の形を表す数字に従って画面に文字が描き出されるということが起こっています。

文字に限らず、画像や音声など、コンピュータで扱われるものは何らかの形で「数字」として扱われています。くわしく知りたい方は、この本の著者が書いた『コンピュータ、どうやってつくったんですか？』（東京書籍）の第一章を読んでみてください。

3.2 コンピュータは論理から生まれた

コンピュータが文字とか画像とかを「1と0で表される数字」として扱ってるのはなんとなく分かったよ。でもさ、1と0しかないんだったら、数の計算なんてできないんじゃない？

そこで重要になってくるのが「二進法」だ。

普段俺たちが見る数字のほとんどは、0, 1, 2, 3, 4, 5, 6, 7, 8, 9という10個の数字を組み合わせたものだ。こういう数の表し方を「十進法」という。これに対して「二進法」は、0と1の二つの数字だけであらゆる数を表す。

0と1の二つだけであらゆる数を表すの？　2とか3とか4とかはどうするの？

0と1だけで表される数を小さい方から大きい方へ並べるとしよう。その場合、0, 1の次に来るのは何だ？

ええと……10かな？

そうだ。だから、2という数は「10」という数字で表す。

え？　2が「10」で表されるんだったら、10っていう数はどう表すのよ？

十進法の10という数は、二進法では別の方法で表されることになるんだ。次の例題を考えてみてくれ。

例題　1と0だけで表される数を、小さい方から大きい方へ並べてみよう。

0, 1, 10, (　　), (　　), (　　), (　　), (　　), (　　), (　　)

ええと、1と0だけからなる数で、0, 1, 10の次に来るのは、11よね？　で、11の次は……まさか、100？

そのとおり。11の次にいきなり100が来るのはびっくりするかもしれないが、「1と0だけからなる数」を考えると、100を持ってくるしかないんだ。

で、次には「100より大きい、1と0だけからなる数」が来る。これは何だろう？

101だよね。普通に考えれば。

そうだ。そんな感じで順番に並べていくと、次のようになる。

0, 1, 10, 11, 100, 101, 110, 111, 1000, 1001, 1010

これらがそれぞれ、十進法の0から10に対応する。つまり、十進法の「10」は、二進法では「1010」なんだ。

0,	1,	10,	11,	100,	101,	110,	111,	1000,	1001,	1010	（二進法）
0,	1,	2,	3,	4,	5,	6,	7,	8,	9,	10	（十進法）

変なの……。こんな数、どうやって計算するんだよ？

そこでいよいよ、論理の登場だ。

えっ、論理？　今、数の計算の話をしてるよね。論理が関係あるの？

もちろんだ。コンピュータに数の計算ができるのは、論理のおかげなんだ。

一番簡単な計算を見ていくぞ。次の足し算を解いてみてくれ。ただし数字は二進法を使うんだ。

1 + 1 = ?

1 + 0 = ?

0 + 1 = ?

0 + 0 = ?

こんなの簡単すぎるよ。1 + 1 は 2 でしょ?

答えは二進法の数字で表してくれ。

あ、そうだった。じゃあ、1 + 1 = 10 だね。

他の計算は、

1 + 0 = 1

0 + 1 = 1

0 + 0 = 0

でいいのよね。これは、十進法でも二進法でも同じね。

それで正解だ。ここで、答えとなる数字を、二つの桁で表してみよう。つまり 1 + 1 = 10 と同じように、他の計算の答えも 1 + 0 = 01、 0 + 1 = 01、 0 + 0 = 00 のように二桁で表すんだ。

1 + 1 = 10

1 + 0 = 01

0 + 1 = 01

0 + 0 = 00

すると、次のような表にまとめることができる。

+の前の数	+の後ろの数	答えの左の桁	答えの右の桁
1	1	1	0
1	0	0	1
0	1	0	1
0	0	0	0

なんかこういう表、どっかで見たような……。

カンが鋭いな。ここで、表から「+の前の数」「+の後ろの数」「答えの左の桁」の三つを取り出してみよう。

+の前の数	+の後ろの数	答えの左の桁
1	1	1
1	0	0
0	1	0
0	0	0

その上で、1を「真」、0を「偽」に変えてみよう。すると、こうなる。

+の前の数	+の後ろの数	答えの左の桁
真	真	真
真	偽	偽
偽	真	偽
偽	偽	偽

あっ、「世界と真偽の対応表」だ！

確かにそうね。しかも「答えの左の桁」は、「なおかつ文」のパターンと同じよね。「なおかつ文」は、「なおかつ」の前の文と後ろの文が真のときだけ真になって、他のときは偽になるんだったよね。

そうなんだ。そして、「答えの右の桁」の方は、1と0を「真」と「偽」に置き換えると、次のようになる。

+の前の数	+の後ろの数	答えの右の桁
真	真	偽
真	偽	真
偽	真	真
偽	偽	偽

あー、なんか、これにも似たのがあった気がする。

「あるいは文」に「どちらか片方バージョン」があったのを覚えているか？　あれは、「あるいは」の前の文か後ろの文のどちらか片方だけが真であるときに真になり、他のときは偽になる文だった。

つまり、二進法で「1と0だけを使った足し算」をすると、答えの左の桁が「なおかつ文」と同じパターンになり、答えの右の桁は「あるいは文（どちらか片方バージョン）」と同じパターンになるんだ。

なるほどね～。でも、単に足し算が「あるいは文」とか「なおかつ文」と似てるってことが分かっても、計算はできないよね。

そこで出てくるのが「論理回路」だ。これを見てくれ。

AND回路

入力が二つあり、両方の入力に電気が流れているときだけ出力に電気が流れる。

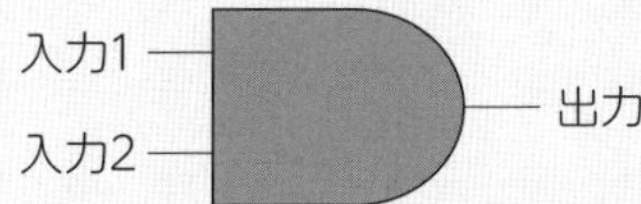

XOR回路

入力が二つあり、入力の片方のみに電気が流れているときだけ出力に電気が流れる。

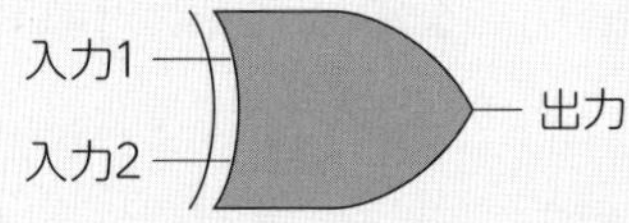

AND回路は「なおかつ文」に似た回路で、XOR回路は「あるいは文（どちらか片方バージョン）」に似た回路だ。この二つを次のようにつなげると、「半加算器」という回路ができる。

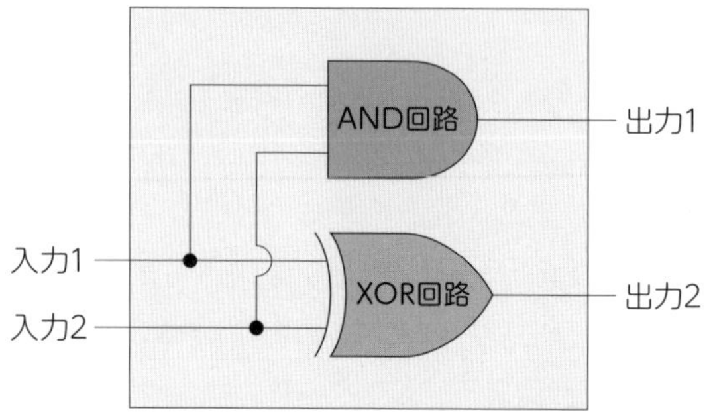

半加算器の「入力1」を「+の前の数」、「入力2」を「+の後ろの数」としよう。また、「出力1」は「答えの左の桁」、「出力2」は「答えの右の桁」と考える。

その上で、「電気が流れている状態(オン)」が「1」という数に相当し、「電気が流れていない状態(オフ)」が「0」に相当すると考える。

つまり、「1+1」の計算をしたければ、「入力1」と「入力2」の両方に電気を流すんだ。このとき、「出力1(答えの左の桁)」と、「出力2(答えの右の桁)」はどうなる?

「出力1」は、AND回路っていうのを通って出てくるのよね。AND回路は、「両方の入力に電気が流れているときだけ出力に電気が流れる」から、出力1には「電気が流れる」。つまり「1」になるのね。

えっと、「出力2」はXOR回路っていうのから出てくるのか。この回路は「入力の片方のみに電気が流れているときだけ出力に電気が流れる」。でも今は両方の入力に電気が流れちゃってるから、出力2には「電気は流れない」。これで合ってる?

合ってるぞ。つまり出力2は「0」という数に対応することになる。答えの左の桁を表す出力1が「1」、右の桁を表す出力2が「0」ということは、答えは「10」。これで、「1+1=10」という、さっきの足し算の通りの答えが出てくるんだ。論理と計算の関係が、少し掴めただろうか?

POINT

- コンピュータの内部では、数は二進法で表されている。二進法は、0と1の二つの数字で数を表す。
- コンピュータの内部での数の計算には、論理に基づいた電気回路(論理回路)が関わっている。

解説

「1+1=10」以外の場合も、「半加算器」から正しい結果が出てきます。練習問題で確認してみましょう。

練習問題　**半加算器に次の数を入力したとき、出力が何になるかを確認しよう。**

入力(+の前の数)	出力(+の後ろの数)	出力1(答えの左の桁)	出力2(答えの右の桁)
1	0		
0	1		
0	0		

入力1が「1」で、入力2が「0」のときは、入力1にのみ電気が流れていることになります。このとき、AND回路から出てくる出力1は「0」、XOR回路から出てくる出力2は「1」になります。つまり答えは「01」です。

入力(+の前の数)	出力(+の後ろの数)	出力1(答えの左の桁)	出力2(答えの右の桁)
1	0	0	1

入力1が「0」で、入力2が「1」のときは、入力2にのみ電気が流れていることになります。このとき、AND回路から出てくる出力1は「0」、XOR回路から出てくる出力2は「1」になります。ここでも、さっきと同じく答えは「01」になります。

入力（+の前の数）	出力（+の後ろの数）	出力1（答えの左の桁）	出力2（答えの右の桁）
1	0	0	1
0	1	0	1

入力1と入力2がどちらも「0」のときは、どちらの入力にも電気が流れません。このとき、AND回路から出てくる出力1は「0」、またXOR回路から出てくる出力2も「0」になります。つまり答えは「00」です。

入力（+の前の数）	出力（+の後ろの数）	出力1（答えの左の桁）	出力2（答えの右の桁）
1	0	0	1
0	1	0	1
0	0	0	0

以上の答えを足し算の形で書き直すと、次のようになります。

1 + 0 = 01

0 + 1 = 01

0 + 0 = 00

これは、二進法の足し算の答えと同じになっています。以上で、半加算器で一桁の数どうしの足し算ができることが確認できました。

もっと大きな数の足し算をするには、桁上がりなどの仕組みが必要になるので、計算のための電気回路はより複雑になります。しかし、そういった複雑な回路も、AND回路やXOR回路のような、基本的な回路を組み合わせて作ることができます。また、AND回路やXOR回路以外にも、「ではない文」に相当するNOT回路や、「あるいは文（両方OKバージョン）」に相当するOR回路などがあり、コンピュータでの計算に使われています。こんなふうに、コンピュータが行う数の計算は、論理に基づいているのです。くわしく知りたい方は、本書の著者が書いた『コンピュータ、どうやってつくったんですか？』（東京書籍）の第二章を読んでみてください。

3.3 プログラミングと論理

論理はプログラミングとも深い関係があるぞ。

プログラミングって、コンピュータに「ああしろ、こうしろ」って命令することでしょ？

そうだ。より正しく言えば、プログラミングとは「プログラムを書くこと」で、プログラムとは「コンピュータにさせたい仕事の手順を書いたもの」だ。コンピュータがやることは「数の計算」だから、プログラムは「計算の手順を書いたもの」ということになる。

たとえば、消費税を計算するプログラムを書くとしよう。今の消費税、どうなっているか知ってるか？

ええと、食べ物や飲み物は8%の消費税がかかって[7)]、それ以外は10%だっけ？

でも、同じ食べ物や飲み物でも、お店で食べたら10%なんだよね。あと、お酒はどこで飲んでも10%。

面倒くさいな！

問題は、商品によって税率が違うということだ。それを機械にやらせるには、うまく「場合分け」をしないといけない。手始めに、カンタロウが言った「食べ物や飲み物は8%の消費税がかかって、それ以外は10%がかかる」ということをプログラムしてみよう。ここで登場するのが「ならば文」だ。次の文を見てくれ。

> 商品が食べ物か飲み物ならば、消費税額＝商品の値段×0.08である。
> そうでないならば、消費税額＝商品の値段×0.1である。

確かに、「ならば文」が入ってるね。これを使って場合分けをするのか。

7）2021年1月現在、新聞（定期購読の場合）の消費税率も8%です。

それに、「あるいは文」も入ってない？　一文目の「食べ物か飲み物」って部分は、「あるいは文」でしょ？

そのとおりだ。「食べ物か飲み物」の部分が「あるいは文」であることが分かりやすいように書き直すと、次のようになる。つまり、「ならば文」の中に「あるいは文」が入っていることになる。

> (商品が食べ物であるか、あるいは飲み物である)ならば、
> 消費税額＝商品の値段×0.08である。
> そうでないならば、消費税額＝商品の値段×0.1である。

さらにここに、「店内飲食用ではないならば8％」という条件を加えると、次のようになる。

> ((商品が食べ物であるか、あるいは飲み物であり)、なおかつ(店内飲食用ではない))ならば、消費税額＝商品の値段×0.08である。
> そうでないならば、消費税額＝商品の値段×0.1である。

「なおかつ文」と「ではない文」まで入ってくるのか……。

プログラムの中の「ならば文」は、「ならば」の前の部分が真であるときに、「ならば」の後の部分が実行される。つまり、今のプログラムでは、

> (商品が食べ物であるか、あるいは飲み物であり)、なおかつ(店内飲食用ではない)

という部分が真であるときに、「消費税額＝商品の値段×0.08」という計算が行われるんだ。この部分が偽である場合は、二文目の「そうでないならば」の後の、「消費税額＝商品の値段×0.1」という部分が実行される。

さて、ここでちょっと例題をやってみよう。

例題　今のプログラム（以下）で、商品が(1)(2)である場合は、どんな結果が出るだろうか？

((商品が食べ物であるか、あるいは飲み物であり)、なおかつ（店内飲食用ではない)）ならば、消費税額＝商品の値段×0.08である。
そうでないならば、消費税額＝商品の値段×0.1である。

(1) 商品がノートだった場合
(2) 商品が「お店で食べるドーナツ」だった場合

ノートだったら10％でしょ？

そんなふうに知識で答えるんじゃなくて、プログラムの中身がどう動くかを考えてくれ。まず、商品がノートだった場合、一つ目の「ならば文」の、「ならば」の前の部分の真偽はどうなる？

ええと、「（商品が食べ物であるか、あるいは飲み物であり)、なおかつ（店内飲食用ではない)」っていう部分だよね。これは「なおかつ」が「商品が食べ物であるか、あるいは飲み物であり」と「店内飲食用ではない」をつないでいるのか。

「なおかつ文」は、「なおかつ」の前の文と後の文が真であるときにだけ、真になるんだったね。ノートは食べ物でも飲み物でもないから、「なおかつ」の前の「商品が食べ物であるか、あるいは飲み物であり」は偽ね。つまり、「なおかつ文」全体としては偽。

そうだな。そんなふうに、一文目の「ならば」の前の部分が偽になるから、この文の後ろの「消費税額＝商品の値段×0.08」という計算は実行されない。また、一文目の「ならば」の前の部分が偽になることによって、二文目のはじめの「そうでない」という部分は真になる。よって、「消費税額＝商品の値段×0.1」という部分が実行され、消費税の額は「商品の値段の10％」ということになる。

では、(2)の「お店で食べるドーナツ」についてはどうだ？

今の考え方でいくと、一文目の「ならば」の前の「(商品が食べ物であるか、あるいは飲み物であり)、なおかつ(店内飲食用ではない)」という部分は「偽」かな? ドーナツは食べ物だから、「なおかつ」の前の「あるいは文」は真になるけど、お店で食べるわけだから、「なおかつ」の後の「店内飲食用ではない」は偽になるよね。だから、「ならば」の後ろの「消費税額=商品の値段×0.08」は実行されない。

それで、二文目の「そうでない(ならば)」が真になって、「消費税額=商品の値段×0.1」が実行されるのか。だから、10%。

そのとおりだ。こんなふうに、プログラムと論理は深い関係にある。プログラムをきちんと書くためには、論理の知識が必要なんだ。

POINT

- プログラムとは、「コンピュータにさせたい計算の手順を書いたもの」である。
- プログラムを書いたり、プログラムの動作を予測したり、間違いを正したりする際に、論理の知識が必要になってくる。

解説

プログラムの中の論理について、もう少し練習をしてみましょう。

練習問題 さっきリズが言っていたように、商品がお酒である場合は、店内で飲むか持ち帰るかにかかわらず、消費税は10%かかる。そのことをプログラムの中に書いて、お酒の消費税額の計算も正しくできるようにしたい。そこで、次のようにプログラムを変えてみたが、これは正しく動かなかった。

((商品が食べ物であるか、あるいは飲み物であり)、なおかつ(店内飲食用ではないか、あるいはお酒ではない))ならば、消費税額=商品の値段×0.08である。
そうでないならば、消費税額=商品の値段×0.1である。

(1) 商品が「家で飲むビール」である場合に、このプログラムが正しく動かないことを確かめよう。

(2) プログラムをどう変えれば、正しく動くようになるだろうか?

解答

(1) 商品が「家で飲むビール」のときに、一文目の「ならば」の前の文(つまり、次の部分)が真になるかどうかを確かめてみましょう。

(商品が食べ物であるか、あるいは飲み物であり)、なおかつ(店内飲食用ではないか、あるいはお酒ではない)

まず、「家で飲むビール」は飲み物なので、「なおかつ」の前の、「商品が食べ物であるか、あるいは飲み物であり」は真になります。

また、「家で飲むビール」はお酒ですが、店内飲食用ではありません。よって、「なおかつ」の後ろの、「店内飲食用ではないか、あるいはお酒ではない」は真になります。

「なおかつ」の前と後ろの両方が真なので、「(商品が食べ物であるか、あるいは飲み物であり)、なおかつ(店内飲食用ではないか、あるいはお酒ではない)」全体は真になります。

つまり、一文目の「ならば」の前の文が真なので、「ならば」の後ろの「消費税額=商品の値段×0.08」が実行されることになります。

しかしこの結果は、ビール(お酒)の実際の消費税額が商品の値段の10%だということと食い違っています。

(2) プログラムから正しい結果が出るようにするには、「店内飲食用ではないか、あるいはお酒ではない」の部分を、「店内飲食用ではなく、なおかつお酒ではない」に変えるという方法があります。つまり、「あるいは」を「なおかつ」にするのです。

((商品が食べ物であるか、あるいは飲み物であり)、なおかつ(店内飲食用ではなく、なおかつお酒ではない))ならば、消費税額=商品の値段×0.08である。
そうでないならば、消費税額=商品の値段×0.1である。

では、実際に、「家で飲むビール」で正しい結果が出るか見てみましょう。

まず、「家で飲むビール」は飲み物なので、「商品が食べ物であるか、あるいは飲み物であり」は真になります。

「家で飲むビール」は店内飲食用ではありませんが、お酒です。このことにより、「店内飲食用ではなく、なおかつお酒ではない」は偽になります。

「商品が食べ物であるか、あるいは飲み物であり」は真ですが、「店内飲食用ではなく、なおかつお酒ではない」が偽であるため、一つ目の「ならば文」の「ならば」の前の文全体は偽になります。

よって、一つ目の「ならば文」の「消費税額＝商品の値段×0.08」は実行されず、二つ目の「ならば文」の「消費税額＝商品の値段×0.1」が実行されることになります。

このように、プログラムの中で「あるいは」と「なおかつ」のどちらを使うかによって、プログラムの動きが変わってきます。

プログラムを書くための「プログラミング言語」にはさまざまなものがありますが、ほぼどの言語においても、「ではない」や「なおかつ」や「あるいは」に相当する記号があります。それらは、「論理演算子」と呼ばれます。また、「ならば文」に相当する「if文」は、「こういう場合はこうする」という条件を書くのに使われます。プログラムを書いたり、間違いを正したりするときに、論理の知識は不可欠なのです。

3.4 AIとは？　機械学習とは？

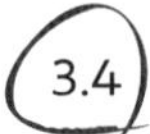

さて、ここでAIの話に移ろう。AIというのは「人工知能」のことだ。人工知能の英語「Artificial Intelligence」の頭文字を取ってAIと呼んでいるんだ。「人工知能」を文字通りに読めば、「人間が作った知能」ということになる。

AI って要するにさ、ドラえもんみたいなロボットのことでしょ？

ドラえもんのようなロボットは、人間のように考えて行動し、人間がやることなら何でもできるような機械だな。でも、今「AI、AI」と騒がれているのは、そういうものではない。

違うの？　みんな、何でもできるロボットが出てきたから騒いでるんじゃないの？翻訳とか、会話とか、自動運転とかさ。

「人間がやることなら何でもできる機械」は「汎用人工知能」と呼ばれていて、盛んに研究されている。でも、そういう機械はまだ実現していない。

今騒がれているAIは、何でもできる機械ではなく、「決められた仕事をする機械」だ。たとえば翻訳をするAI、会話をするAI、自動運転をするAIは、それぞれ別々に開発された別のシステムなんだ。

また、AIの仕事の仕方も、人間と同じだとは限らない。たとえば、翻訳をするAIが、人間の翻訳者と同じように考えて翻訳しているわけではない。

なんか、イメージと違うな……。意外と地味っていうか。

だが、今のAIは、そういった個々の仕事を非常にうまくこなせるようになっている。これは本当にすごいことなんだ。一昔前は「絶対にできない」と思われていたことまで、できるようになってきたんだからな。

AIってどうやって作られてるの？　やっぱりプログラミング？　前の節で、消費税を計算するプログラムを見たよね。あんなふうにプログラムを書いて、機械に「こういうときはこうしろ」って命令するわけ？

AIもコンピュータの上で動くシステムだから、AIを作るには当然、プログラミングが必要になる。そして実際、「仕事の仕方」や「問題の解き方」を直接プログラムすることでAIが作られることはある。そういう方法は、少し前の時代に盛んに使われていた。

しかし最近のAIは、人間が「問題の解き方」を直接プログラムするのではなく、機械に発見させる方法で開発されている。そういう方法を「機械学習」という。

キカイガクシュウ？　何それ？　機械が僕らみたいに先生に教わったり、教科書を読んだり、ノートを取ったりするの？

機械はそんなことはしない。そもそも今の機械には意志がないし、人間と同じような頭脳を持っているわけでもない。機械学習っていうのは、「問題の解き方を機械に見つけさせるための計算方法」なんだ。そしてその手がかりとして、「問題とその答え」のデータを使うことが多い。

まあ、こんなふうに言ってもイメージしづらいと思うから、ちょっと例を出してみよう。お前たちは、次の問題をどんなふうに解く？

直径が6cmの円の円周の長さを求めよ。

当然、直径に3.14を掛けて円周を出すよね[8)]。「円周＝直径×3.14」だから、直径が6なら、円周は6×3.14で、18.84。答えは、18.84cmでしょ？　小学校の算数の問題だよね。

そうだ。そんなふうに、人間ならば「円周＝直径×3.14」という解き方を学校で習い、それを使って問題を解く。そして、コンピュータに同じ問題を解かせるときも、普通は「円周＝直径×3.14」という式をプログラムに書き込む。「解き方をプログラムに直接書いてAIを作る」というのは、こういうことなんだ。

解き方をプログラムして「直径から円周を求めるAI」を作る場合：
・プログラムに「円周＝直径×3.14」と書く。

このようにして作られるAIは、プログラムに書かれた解き方に従って、直径から円周を求めることになる。

これに対し、今のAIの多くに使われている機械学習では、機械に解き方を直接プログラムせず、「問題と答え」のデータを与える[9)]。そういったデータを手がかりにして、機械に「解き方」を見つけさせるんだ。

たとえば、もし機械学習で「直径から円周を求めるAI」を作るとしたら、機械に直接「円周＝直径×3.14」という解き方をプログラムするかわりに、こんなものを与える。つまり「問題と答え」のサンプルだ。こういうものを「訓練データ」と呼ぶ。

8）ここでは、円周率=3.14としています。
9）問題と答えのデータを与える機械学習の方法は、「教師あり学習」と呼ばれています。機械学習にはこの他にも「教師なし学習」や「強化学習」などがありますが、ここでは説明を簡単にするために教師あり学習を例にとって説明します。くわしくは解説をご覧ください。

（訓練データ）

問題（直径）： 6　　　答え（円周）：18.84

問題（直径）：10　　　答え（円周）：31.41

問題（直径）： 3　　　答え（円周）： 9.42

・・・・・・・

その上で、これらのサンプルを手がかりにして、機械に「円周＝直径×3.14」という「解き方」を求めさせるんだ。

機械学習で「直径から円周を求めるAI」を作る場合：

- 機械に「問題（直径）と答え（円周）」のサンプル（訓練データ）をたくさん与える。
- 訓練データを手がかりにして、機械に「円周＝直径×3.14」という解き方を導き出させる。

機械学習によって開発されるAIは、問題と答えのサンプルを手がかりにして解き方を導き出し、それを使って新しい問題を解くことになる。

ふーん。「問題と答えのサンプル」から「解き方」を出すのが今風のAIなのね。でもさ、解き方を直接教えた方が楽なんじゃない？

もちろん、「直径から円周を求める問題」のように、解き方がはっきりしている問題を機械に解かせる場合は直接プログラムするのが普通だ。

だが、世の中には、どうやって解いたらいいか分からない問題もたくさんある。たとえば猫の画像と犬の画像を見分ける問題とか、な。俺たちは猫の画像を見て「あ、猫だ」と思うが、なぜそんなふうに思うのか、また犬の画像とどうやって区別しているのかを言葉にするのは難しい。

そんなの、「顔が丸くて、耳が三角で、毛がフサフサだったら猫」とか書いとけばいいんじゃないの？

そうだろうか？　犬の中にも、顔が丸くて耳が三角で毛がフサフサなのがいるんじゃないか？　ポメラニアンとかは、毛の手入れの仕方によっては顔が丸く見えるぞ。それに、猫の中にも毛がないやつとか、耳が丸っこかったり折れ曲がったりしたやつがいる。また、同じ猫の写真でも、顔が半分隠れてたり、後ろを向いたりしているものがある。それにもかかわらず、人間は猫の写真をちゃんと見分けられる。その「見分け方」を言葉にするのは難しいんだ。

それに、さっき見たように、画像はコンピュータにとっては「数字の列」だ。数字の列のどこが「耳」でどこが「顔」なのかを機械に直接教えるのは、かなり難しいことだ。

その点、機械学習なら「問題と答えのサンプル」をたくさん用意すれば、機械に「解き方」を求めさせることができる。たとえば、猫の画像と犬の画像を見分けるAIを作るときは、こんなデータをたくさん与えるんだ。

問題：猫の画像1　　答え：猫
問題：猫の画像2　　答え：猫
問題：猫の画像3　　答え：猫
・・・・・・
問題：犬の画像1　　答え：犬
問題：犬の画像2　　答え：犬
問題：犬の画像3　　答え：犬
・・・・・・

その上で、もし機械学習がうまくいけば、機械は俺たちが言葉にできない「猫の画像に共通する特徴」とか「犬の画像に共通する特徴」とかを見つけ出し、「犬と猫の画像の見分け方」を導き出すことができる。

なるほど、「問題と答えのサンプル」を与えて、機械に「解き方」を探させるやり方は、人間が解き方をうまく言い表せないようなときに便利なのね。

POINT

- AIの作り方には、「仕事の仕方」や「問題の解き方」を直接プログラムに書く方法と、そうでない方法がある。
- 今の主流のAIは、「機械学習」を利用して開発されている。機械学習とは「問題の解き方を機械に導き出させるための方法」である。
- 機械学習では、「問題と答えのサンプル」を機械に与え、機械に解き方を導き出させる。

解説

この節で見たように、機械学習はAIを開発するために使われる技術の一つです。ジョージは機械学習のことをごく簡単に「機械に問題と答えのサンプルを与えて、解き方を導き出させる方法」だと説明しましたが、ここで、もう少しだけ突っ込んだ説明をしておきましょう。

読者の皆さんの中には、「問題と答えのサンプルから、どうやって解き方を導き出すのだろう」と思われた方も多いでしょう。それを理解するためには、ここで言う「解き方」が「関数」に相当することを押さえる必要があります。

関数というのは、皆さんが中学校や高校の数学の時間に習う、$y=2x+1$とか、$y=x^2+2x+3$のようなものです。実際、この節で例に挙げた「直径から円周を求める問題の解き方」も、「円周＝直径×3.14」という関数でした。関数という言葉を聞いて、座標上のグラフなどを思い浮かべる人は多いと思いますが、ここでは簡単に「数を入れたら、数を出すもの」と考えましょう。つまり「円周＝直径×3.14」という関数は、直径に相当する数を入れたら円周に相当する数を出すものです。

機械学習は、ごく簡単に言えば「関数を求めるための方法」です。そして、関数を求めること自体も数の計算によって行われています。犬と猫の画像を見分ける問題を解くAIや、音声を聞き取るAIなどは、一見するとあまり「数の計算」と関係なさそうに思えるかもしれませんが、そういったAIを機械学習で開発する場合も、数の計算によって「関数」が求められています。すでに見たように、コンピュータでは画像も文字も「数字」として扱われますので、犬と猫の画像を見分ける問題を解くAIは「犬の画像を表す数を入れたら『犬』という言葉に相当する数を出し、猫の画像を表す数を入れたら『猫』という言葉に相当する数を出す関数」と見なすことができます。

この節で説明したような「機械に問題と答えのサンプルを与えて、解き方を導き出させる方法」は、「教師あり学習」と呼ばれるものです。機械学習にはこの他にも、問題のみのサンプルを与えて解き方を導き出させる「教師なし学習」や、「機械にとりあえず行動させる → 結果にもとづいて報酬を与える」ということを繰り返して望ましい行動の仕方を導き出させる「強化学習」などがあります。

この本では以下でも「教師あり学習」を中心に話を進めていきますが、どの学習の仕方も「人間が問題の解き方(=仕事の仕方)を直接プログラムせず、機械がいくつかの事例を手がかりに解き方を導き出す」という点は共通しています。

3.5 今のAIの作り方と「論理」

ここで、AIの作り方を整理しておこう。前の節の話をまとめると、おおよそ次のようになる。

AIの作り方

1. 人間が問題の解き方を直接プログラムするやり方
2. 機械に問題と答えのサンプルを与えて、解き方を求めさせるやり方
 (=機械学習。今のAIの主流)

実は、この二つのやり方は、第一章で見た「演繹(えんえき)」と「帰納」という、二つの推論に対応しているんだ。

ええと……エンエキっていうのは確か、「正しい推論」のことだったよね。「前提が本当なら結論も必ず正しくなる推論」のことを難しく言ったのが「演繹」なんだっけ。

そうだ。演繹的な推論の型はいくつもあったが、その中に「すべて文」が関わるものがあったことを思い出そう。「すべて文」は、法則、つまり「つねに成り立つ関係」を表すものだ。たとえば、次のような「正しい推論の型(定言的三段論法)」では、前提1の「すべてのaはbだ」が「法則」に相当する。そして、前提2の「xはaだ」は「一つの事例」であり、結論の「xはbだ」は「一つの事例に法則をあ

てはめた結果」と見なせる。

(前提1) すべてのaはbだ。←法則を述べる部分
(前提2) xはaだ。←一つの事例
(結論) だから、xはbだ。←一つの事例に法則をあてはめた結果

なんか、何を言ってるかよく分からないんだけど……。

具体的な例を挙げよう。たとえば、「円周＝直径×3.14」という公式も、円周と直径の間に成り立つ法則だ。この法則を「すべて文」として書くと、次のようになる。ちょっとややこしいが、「xが何であれ」の部分が「すべて」に相当すると考えてくれ。これが上の型の「前提1」、つまり「法則を述べる部分」だ。

直径がxの円は、xが何であれ、円周がx×3.14になる。

それから、次のような文は「一つの事例」(前提2)に相当する。

この円は、直径が6の円である。

そして、直径が6であるような円が与えられたときには、法則に従って、円周＝6×3.14＝18.84という答えを出す。実はこれは、次のような推論だと見なすことができる。

(前提1) 直径がxの円は、xが何であれ、円周がx×3.14になる。(=法則)
(前提2) この円は、直径が6の円である。(=一つの事例)
(結論) だから、この円は、円周が6×3.14(＝18.84)になる。(=一つの事例に法則をあてはめた結果)

実は、「あらかじめ解き方を機械に直接プログラムした上で、問題を解く」というAIの作り方は、こういう「正しい推論」、つまり演繹と見なすことができるんだ。

(前提1=法則) こういう問題が入力された場合はすべて、こういう計算をして答えを出す。

(前提2=一つの事例) こういう問題が入力された。

(結論=一つの事例に法則をあてはめた結果) こういう計算をして答えを出す。

これに対し、「機械に問題と答えのサンプルを与えて、解き方を求めさせる」という機械学習のやり方は、推論で言えば帰納に対応する。

「帰納」っていうのは、こういうものだったよね。

(前提) ジョージはマタタビが好きである。

(前提) 隣の猫のアルフレッドはマタタビが好きである。

・・・・・・

(結論) すべての猫はマタタビが好きである。

そうだ。「型」で書くと、下のようになる。実は、帰納はいくつかの事例を前提にして、結論として「法則」を導くものだ。つまり帰納というのは、いくつかのサンプルの観察から法則を見いだすという推論だ。

(前提1=一つの事例) (aであるような) x_1 はbである。

(前提2=一つの事例) (aであるような) x_2 はbである。

・・・・・・

(結論=法則) だから、すべてのaはbである。

たとえば、機械学習で「円周の求め方」を出すところを推論の形で書けば、こんなふうになる。

(前提1) 直径が6であるような円は、円周が18.84である。(問題と答えのサンプル)

(前提2) 直径が10であるような円は、円周が31.4である。(問題と答えのサンプル)

・・・・・・

(結論) 直径がxであるような円は、xが何であれ、円周が$x \times 3.14$になる。(解き方＝法則)

なるほど、確かに帰納と同じ形だね。

図式的に書けば、機械学習の考え方はこうなる。

(前提＝一つの事例) こういう問題に対する答えはこうだ。

(前提＝一つの事例) こういう問題に対する答えはこうだ。

・・・・・・

(結論＝法則) こういう問題が入力された場合はすべて、こういう計算をして答えを出す。

なるほどね。「解き方をプログラムする」っていうAIの作り方が演繹に対応してて、「問題と答えのサンプルを与えて機械に問題の解き方を求めさせる」っていう機械学習が帰納に対応するわけね。でも、この話、どんな意味があるの？

じゃあ聞くが、演繹と帰納の一番の違いは何だったか覚えているか？

ええと……演繹は「正しい推論」だから、前提が本当だったら結論も必ず本当になる。でも、帰納はそうだとは限らない。

帰納で結論が正しくなるのは、前提ですべてが列挙されている場合だったな。これ以外の場合は、前提をいくら増やしても、結論が真であるとは限らないんだった。

……ということは、今のAIのやり方も、必ずしも結果が正しいとは限らないってことになる?

実は、そうなんだ。とくに、機械に与えられるサンプルに偏りがあるときは、機械が導き出す「解き方」も現実からずれていく。

前に、リズがカレーのチェーン店「ハワードカリー」の一号店から六号店がおいしかったことから、「ハワードカリーのお店はすべておいしい」という「帰納」をやったことを覚えているか? あの「ハワードカリーのお店はすべておいしい」という結論は、残念ながら正しくなかった。

同じことが、機械学習についても起こるんだ。つまり、機械学習を使って作られたAIが出してきた「解き方」が絶対に正しいという保証はないし、その「解き方」によって導き出された答えも、100%正解だとは限らない。

でもさ、「ハワードカリー」の場合は、サンプルが少なかったわけでしょう? コンピュータはいくらでもサンプルを集められるから、結論も正しくなるんじゃない?

もちろん、帰納で信頼できる法則を導き出すために、サンプルが多いに越したことはない。だが、単純にサンプルが多いからといって、出てきた結論が正しくなるとは限らないんだ。

たとえば、ありえない話だが、仮に「ハワードカリー」の店舗が百万軒あって、リズがそれらの店舗すべてに食べに行って「おいしい」ことを確認したとしよう。しかし、だからといって、その後に新しく出店される「ハワードカリー」のお店も「おいしい」とは限らない。新しいお店が、何らかの理由で「たまたまおいしくない」ということもあり得る。

リズのように「コンピュータはいくらでもサンプルを集められる」と考える人は多いかもしれない。だが、「AIに解かせたい問題」や「させたい仕事」の特徴をきちんと備えた「質の良いサンプル」ってのは、集めるのも作るのも簡単ではないんだ。当たり前のことだが、変なものが大量に混じったサンプルを機械に与えたら、正しい結論は出ない。

ふーん。AIを作るのも、意外とたいへんなんだねえ。でも僕は、たくさんのサンプルを使って作られたAIの言うことなら信頼していいと思うけどね。

もちろん、それも一つの考え方だ。だが、機械学習で作られたAIの判断について考えるときは、「開発のときに、どんなサンプルを与えられたか」ということには気をつけなければならない。

たとえば、実際にこういうことがあった[10)]。ある会社で、新しい社員を採用するときにAIの判断を参考にしていた。だが、しばらくして、そのAIが女性を差別するような判断をしていたことが分かったんだ。

えっ。何それ？　機械が女性を差別してたってわけ？

実はそのAIは、「過去10年間に、その会社に採用された人と、されなかった人のデータ」を使って開発されたものだった。そして、そのデータの中には「男性が採用された例」が圧倒的に多かったんだ。そういうサンプルを利用して開発されたAIは、「女性はうちの会社には不向き」という判断を下してしまった。

それはひどいね。もし私がそんな理由で就職できなかったら、絶対納得いかないよ。

そうだろう。このように、機械学習、つまり「サンプルからの帰納」に基づいたAIでは、「公平さ」を保証するのが難しいことがある。

機械学習はとても便利な方法だが、それが導き出した「結論」が必ずしも正しいとは限らず、ときには公平さを欠くことには気をつけなければならない。今のAIにみられる問題は他にもあるから、興味のある人はこの本の著者が書いた『ヒトの言葉　機械の言葉』（角川新書）の第一章を読んでみてくれ。

10）NHK NEWS WEB「WEB特集 AIがあなたを差別するかもしれません」、2019年12月16日。

POINT

・AIを作る方法のうち、「解き方を直接プログラムする方法」は演繹に相当し、「問題と答えのサンプルから機械に解き方を導き出させる方法（＝機械学習）」は帰納に相当する。

・機械学習によって導き出された「解き方（＝法則）」は、絶対に正しいとは限らない。よって、機械学習で開発されたAIの判断も、100%正しいことが保証できない。

解説

以上、コンピュータとAIと論理の関係についてひととおり説明してきました。ここで、この章の冒頭でも話題に上った、「AIは論理的で公平か」という問題について考えてみましょう。

まず、AIの二つの作り方のうち、人間が解き方を直接プログラムするやり方は「演繹」、すなわちこの本で見てきた「正しい推論」に相当します。このことから、読者の皆さんの中には、この方法で開発されたAIなら論理的で信頼できる、と思う方がいらっしゃるかもしれません。しかし、これまでに何度も見てきたように、推論そのものが正しくても、もし前提が間違っていたら結論は必ずしも正しくなりません。つまり、プログラムに書かれた解き方そのものが適切でなければ、必ずしも正しい答えは出てこないわけです。解き方が適切かどうかは、人間が判断し、修正していく必要があります。

また、機械学習を利用してAIを開発する方法は、「帰納」に相当します。機械学習では、できるだけ多くのデータを利用し、できるだけ100%に近い結果が出せる解き方を求めることを目指します。現在では、さまざまな課題において大量のデータが利用できるようなった上、機械学習の方法自体も進化したため、AIの精度は劇的に向上しました。ただし、帰納自体は「必ずしも正しくない推論」なので、100%正しい結果が出るとは限りません。つまり、原理上、機械学習によって開発されたAIの精度が100%になることはありません。

この章で見てきたように、コンピュータやAIが論理と密接な関係にあることは確かです。しかし、そのことは必ずしも「コンピュータやAIの出す結論は論理的だから、絶対に正しい」ということにはなりません。コンピュータやAIは便利な道具ですが、これらを神様や魔法の箱のように考えるのは危険です。コンピュータやAIが出す結果をどのように利用するかは、今後も考えていかなければならない問題です。

AIという言葉に出会ったら

ここまでのお話を理解してくださった方は、「AI」という言葉がかなり曖昧であることに気づかれたことと思います。今の世の中には、「AIが○○を自動的に判断します」とか「AIが予測するから安心」といった宣伝文句があふれていますが、実際にそのように謳われている製品を重要な仕事で利用したり、職場に導入したりする際には、その「AI」の実体は何なのかを見極める必要があるでしょう。ポイントは次の三つです。

1. AIという言葉が何を指しているのか。
2. そのAIはどうやって作られているのか。
3. そのAIが行う仕事は、どのように定義されているのか。

1. AIという言葉が何を指しているのか。

この章でお話ししたとおり、「AI」といっても、今のAIは「知的なことなら何でもできる機械」ではなく、「特定の仕事をするシステム」です。また、世間での「AI」という用語の使われ方を見ていると、おおよそ「機械学習によって開発されたシステム」の意味で使われていることが多いようです。ただし、中には宣伝効果を狙って「AI」を付けているだけのケースもあるようなので、注意が必要です。

2. そのAIはどうやって作られているのか。

1に関連することですが、「AI」と称されているシステムが 1) 機械学習によって開発されている部分を含むのか、2) 動き方がすべてプログラムされているのかを知ることは重要です。これまでに見てきたように、機械学習によって開発されたAIは、原則として、それが出してくる結果の正しさを100%保証することができません。また、大量のデータを利用した大規模なシステムになればなるほど、内部で何が起こっているか、またAIがデータのどこに着目しているのかを見極めるのが困難になります。AIの出してくる結果を上手に利用するには、そういった弱点を認識しておくことも重要です。

3. そのAIが行う仕事は、どのように定義されているのか。

コンピュータに仕事をさせるには、その仕事がどのようなものであるかをきちんと定義する必要があります。つまり、「コンピュータが、どんな入力を受け付けて、何を出力すれば、その仕事を正しく行ったことになるのか」という観点で、仕事を捉えなおす必要があるのです。この点は、コンピュータシステムの一種であるAIも例外ではありません。

たとえば機械翻訳という仕事は、「機械が原文を入力として受け付けて、その意味を過不足なく表現できる訳文を出力する仕事」として定義されています。この定義から、機械に対する入力と出力がどちらも「文（単語の連なり）」であることが出てきますし、またどういった場合に機械が正解を出していると言えるのかもある程度分かります。

世の中には、「人の心が分かるAI」とか「言葉を理解するAI」などといった、漠然とした文句で宣伝されているシステムも見受けられます。そのような宣伝文句を見ると、私たちはあたかもそのAIが自分たちと同じように他人の心や言葉を理解できるのだと思ってしまいますが、実際は「人間の表情の画像を、『喜び』『悲しみ』『怒り』などといったいくつかのカテゴリーに分類するシステム」だったり、「人間からの問いかけを入力とし、それに対して最適な返答を出力するシステム」だったりします。AIを利用する前に、それが実際に何を入力とし、何を出力するシステムなのかをきちんと知るのが望ましいでしょう。

おわりに

さて、ここまで論理の基本について話してきたが、どうだ？　お前たちのものの考え方とか、判断の仕方に変化はあったか？

ええと、それが……なんか私、前よりも自信がなくなっちゃった。

自信がなくなった？　どういうことだ？

前は、自分は絶対に正しいと思ってポンポン意見を言っていたんだけど、今では「私、本当に正しいのかな？」って思うようになっちゃったのよね。そうしたら、口数が減っちゃって、友達からも「リズは最近おとなしいよね。大丈夫？」って心配されてるんだよね。

あと、前は偉い人の言うことは絶対に正しいって思ってたんだけど、今は「本当かな？」って思うようになっちゃった。そうしたら、何を信じたらいいか分からなくなって、余計に口数が減ったのよね。

僕は友達から、「理屈っぽくなった」とか「イヤな奴になった」って言われちゃったよ。なんかさ、どいつもこいつもいい加減なことばっかり言ってるんだよ。友達の中には「機械は人間より賢いんだ、だからAIの言うことは絶対正しい」とか言う奴もいてさ。そういうのにいちいち口を挟んでたら、「お前、偉そうにしやがって」ってムカつかれちゃった。

なるほどな。二人とも、論理を少し理解したのはいいが、ちょっと薬が効きすぎたみたいになってるな。そういうのはそのうち自然と治るはずだから、あまり心配は要らないだろう。だが、ここで改めて、「論理とは何のためにあるのか」を振り返っておくのは重要かもしれない。

まず、論理は「他人に偉そうにするための道具」ではない。論理について少し勉強すると、人の意見のおかしなところが前よりもよく見えるようになる。だが、注意しなければならないのは、誰だって間違ったり、いい加減なことを言ったりするということだ。

最初に言ったように、いつでも、どんな状況でも論理的に考えて判断することができる人間は存在しないし、そうしなきゃならないというわけでもない。それを踏まえた上で、人に対してどのように接するか——論理的な間違いを指摘するのか、するとしたらどんな言葉で指摘するのかを、よく考える必要がある。

なるほどね。よく考えたら、僕も友達の言うことを全部「おかしい」って言う必要はなかったかもなあ。まあ、言うにしても、もうちょっと相手の気持ちを考えて、言い方を工夫すれば良かったかも。

また、「誰だって間違える」ということは当然、自分にもあてはまる。自分の考えが正しいかどうか確かめるとき、論理の知識を使って、「それはどんな前提から、どんな推論によって出てきているのだろうか」とか、「その前提は本当なのだろうか」などと考えるのは大切だ。そうすれば、自分の考えを口に出す前に、論理を使ってチェックすることができるからな。

たぶん、リズは頭の中でそういうことをし始めたから、口数が減っているんだと思うぞ。俺は、それは良いことだと思う。

でも、分かんないことやスッパリ決められないことが増えると、すごく不安だよね。

そうだろうな。だが、分からないことや決められないことが「増えた」のではなくて、そういうことは最初から「多い」んだ。つまり、世の中は本来、分からないことだらけなんだ。それなのに俺たちは、あたかも分かったようなつもりになっていることが多い。

論理を学ぶと、明確に分かっていることがどんなに少ないかが実感できるはずだ。重要なのは、「世の中には分からないことが多い」という前提に立った上で、物事を調べたり、考えたりすることだ。

もちろん、理屈としてはそうだろうなって思うよ？　でもさ、何か急いで判断しないといけないときはどうするの？　何もかも調べてから論理的に決めるって無理でしょ？

それはそうだ。そういうときは、論理だけでなく、自分の人生経験とか、直感などを使って「とりあえず決める」ことになるだろうな。ただしそういうときでも、「自分は今とりあえずこれが正しいと思っているが、間違っているかもしれない」「自分は今とりあえずこう思っているが、いずれ違う考えを持つかもしれない」ということを頭のどこかに置いておくべきだろう。

なんだか、面倒だな……。前みたいに、全部自分のカンで決めた方が楽そうだな。どうせ、誰の言うことも信じられないんだしさ。

おいおい、そんなふうに極端な方向に行くのは「論理的」か？　どんなに偉い人の言うことでも100％正しいとは限らないが、だからといって、「誰の言うことも信じられない」ということにはならないぞ？

あ、そうか。僕、ちょっと言い過ぎちゃったね。

実際、何かを決めるときに信頼できる人の言うことを参考にするのは、賢明なことだと俺は思う。もちろん、鵜呑みにするのは良くないけどな。

論理は、ぱっと見た感じでは、俺たちの考え方を制限しているように思えるかもしれない。「こういう考え方はダメ」とか、「そんなふうに考えるのは間違っている」とかな。だが実際は、論理はより広い、柔軟な考え方を示してくれるんだ。

たとえば、今「絶対にこうでなければならない」と思っていることだって、実際は「前提が変われば成り立たなくなること」かもしれない。また、「こんなふうに考えたらダメだ」と思ってることも、絶対に間違っているわけではないかもしれない。そういった数々のことに、論理は気づかせてくれる。

人生は、どっちつかずの状況の連続だ。誰しも、そんな中で泳いでいかなくてはならない。そんなとき、論理は良い道しるべになるはずだ。

あと、くれぐれも論理を悪用しないようにな。

ジョージはたまに悪用してるけどね……。

さらに学びたい方へ

以上、本書では論理の基本について解説してきました。しかし、論理をしっかりと身につけるには、さらなる勉強が必要です。論理については多くの本が出ており、力点の置き方もさまざまなので、視野を広げるためにもできるだけ多く読むのが望ましいでしょう。ここでは、この本を読まれた皆様に向けて、筆者が個人的にお勧めしたい本をご紹介します。

論理学についての本

① 山下正男（1985）『論理的に考えること』、岩波ジュニア新書。

② 仲島ひとみ（著）、野矢茂樹（監修）（2018）『大人のための学習マンガ　それゆけ！ 論理さん』、筑摩書房。

③ 野崎昭弘（2017）『詭弁論理学 改版』、中公新書。

①②は、本書をお読みくださった方が次に読む本として適しています。①は中学生から読めるように書かれた論理の本で、論理学の基本が簡潔かつ丁寧に解説されています。②は可愛らしいマンガで楽しく論理が学べる稀有な本で、練習問題も豊富に用意されています。③は日常にありがちな詭弁や強弁、また愉快なパズルに触れることで、論理の楽しさを味わえる本です。

文章の読み書きと論理

④ 野矢茂樹（2001）『論理トレーニング101題』、産業図書。

⑤ 飯間浩明（2008）『非論理的な人のための論理的な文章の書き方入門』、ディスカヴァー・トゥエンティワン。

④は、論理に関する多くの問題を解くことで、接続詞の使い方や論証の見極め方などが学べる実践的な本です。解説が詳しいので独習に適しています。⑤では「問題＋結論＋理由」からなる「クイズ文」という形式を軸に、論理的で分かりやすい文章の書き方が豊富な事例とともに解説されています。

数学と論理の関わり

⑥ 新井紀子（2009）『数学は言葉』、東京図書。

⑦ 竹山美宏（2011）『日常に生かす数学的思考法　屁理屈から数学の論理へ』、化学同人。

⑧ 崎山理史、松野陽一郎（2018）『総合的研究 記述式答案の書き方――数学I・A・II・B』、旺文社。

論理は数学と密接な関係にあります。⑥では、数学の言葉と日本語との橋渡しをする「数文和訳」「和文数訳」を通して、数学の根幹にある言葉とそこで働く論理を味わうことができます。⑦は、明快な数学の論理を出発点として、日常に論理を生かすヒントを豊富に提示してくれる本で、本書の内容と、大学レベルの「記号論理学」との関係をつなぐのに適しています。⑧は数学の記述式問題への答え方についての本（高校生向け）ですが、きちんと読んでもらえる答えを明確に書く練習を通して、論理的な「伝え方」が学べます。

考えること全般について

⑨ 植原亮（2020）『思考力改善ドリル　批判的思考から科学的思考へ』、勁草書房。

⑩ 戸田山和久（2020）『思考の教室　じょうずに考えるレッスン』、NHK出版。

⑨⑩は、論理の枠を超えてさらに広く「考えること」全般を見直したり、鍛えたりするための本としてお勧めです。⑨では豊富な問題をクイズ感覚で解いていくことにより、私たちが陥りがちな思考の罠に気づき、科学的にものを見る練習をすることができます。⑩は「じょうずに考えるとはどういうことか」という考察を出発点にして、私たちの思考の弱点を克服するための実践的な方法を数多く紹介しています。

あとがき

個人的な印象ですが、論理とは何かをわざわざ教わらなくとも、論理的に考えるのが得意な人はたくさんいらっしゃるように思います。私はどうだったかというと、学問の道に入ってかなりの時間が経つまで、論理的に考えることが苦手でした。当時は、そもそもどういう考え方が論理的なのか、まったく分かっていませんでした。私の専門は言語学ですが、言語学と論理学は密接な関係にあります。当初は研究のために論理を仕方なく勉強していましたが、今では文章を書く仕事や日々の思考に至るまで、論理が自分を幅広く助けてくれていると感じています。また、言語学を学んだことで、論理学と日々の思考とをつなぐために必要な材料も手に入れられたと思っています。

以上のような経緯もあり、論理は私にとって、いつかは書きたい重要なテーマの一つでした。東京図書の清水さんから論理の書籍の企画のお話をいただいたとき、ようやく論理について書くときが来たように感じました。しかし実際に取り組んでみると、思った以上にたいへんでした。とくに、そもそも論理関連の本が溢れている世の中で、自分が論理の本を書く意義はどこにあるのか、また何をどのように伝えるかについては非常に悩みました。

結果的にたどり着いたのは、(1) 中学生から大人まで、「論理とは何かがまったく分かっていない人」に向けて書くことと、(2) 論理と言葉の関係について書くことです。とくに(1)については、中高生の頃の自分に向けて書くことを意識しました。本当に初歩の内容なので、論理についてある程度知っている人にはまどろっこしいかもしれませんが、そういった方にも「そもそも論理とは何なのか」を振り返っていただけるきっかけになればと思います。また清水さんからは、練習問題を多く盛り込んだ「練習ノート」にすること、コンピュータとAIと論理の関わりについて書くことをご提案いただき、そのおかげで現代を生きる人々の問題意識に沿った実践的な内容になったと思っています。

当初は、本書を対話形式にすることは考えていませんでした。論理というのは多くの人々にとって重要な内容であるため、普通に説明をした方が伝わりやすいと思っていたからです。しかし実際に書き始めてみると、「適度に間違えてくれる人」や「ツッコミを入れてくれる人」の存在が必要になり、リズとカンタロウ、そして猫のジョージに登場してもらうことになりました。読者の皆様にも、あたかも飼い猫に教わるかのような気楽さを感じていただけたら嬉しく思います。

本書の企画から執筆まで、担当編集者の清水さんにはたいへんお世話になりました。執筆には苦労し、途中で何度も迷いそうになりましたが、清水さんを始め編集部の皆様に助けていただきながら、どうにか完走できました。心より御礼申し上げます。また、親しみやすさの中にもメリハリのあるすっきりした本に仕上げてくださったデザイナーの今垣知沙子様、ジョージ、リズ、カンタロウの愉快な生活ぶりを、生き生きとして暖かみのあるタッチで描いてくださったイラストレーターの小嶋美澄様に感謝を申し上げます。

昨今の情勢を見るにつけ、論理と言葉を適切に使えることの重要性はますます大きくなっているように感じます。この本の内容が、読んでくださった皆様の生活に少しでもプラスになれば幸いです。

参考文献（本文で紹介したもの以外）

・池谷裕二（2013）『自分では気づかない、ココロの盲点』、朝日出版社。

・久野暲（1973）『日本文法研究』、大修館書店。

・沢田允茂（1976）『考え方の論理』、講談社。

・清水義夫（1984）『記号論理学』、東京大学出版会。

・C. M. ビショップ（著）、元田浩、栗田多喜夫、樋口知之、松本裕治、村田昇（監訳）（2012）『パターン認識と機械学習 上』、丸善出版。

・戸次大介（2012）『数理論理学』、東京大学出版会。

・矢田部俊介（2020）「哲学的論理学入門 第一回 哲学的論理学の「哲学」とは何のつもりか」、『フィルカル』Vol.5, No.1、pp.226-251。

・矢田部俊介（2020）「哲学的論理学入門 第二回 ハーモニー」、『フィルカル』Vol.5, No.2、pp.256-292。

・山口和紀（2016）『情報 第2版』、東京大学出版会。

・Grice, P.（1975）'Logic and Conversation', in P. Cole & J. L. Morgan（eds.）*Syntax and Semantics 3: Speech Acts*, 41-58, Academic Press, New York.

・Hayashishita, J. -R.（2004）*Syntactic and Non-Syntactic Scope*, Doctoral Dissertation, University of Southern California.

著者　川添 愛（かわぞえ あい）
九州大学文学部、同大学院ほかで理論言語学を専攻し博士号を取得。津田塾大学女性研究者支援センター特任准教授、国立情報学研究所社会共有知研究センター特任准教授などを経て、言語学や情報科学などをテーマに著作活動を行う。著書に『ふだん使いの言語学』『聖者のかけら』（新潮社）、『ヒトの言葉 機械の言葉』（角川新書）、『働きたくないイタチと言葉がわかるロボット』（朝日出版社）、『白と黒のとびら』『精霊の箱』『自動人形の城』『言語学バーリ・トゥード』（東京大学出版会）、『コンピュータ、どうやってつくったんですか？』『数の女王』（東京書籍）など。

イラスト　小嶋美澄
装幀　今垣知沙子

論理と言葉の練習ノート——日々の思考とAIをつなぐ現代の必須科目

2021年 9 月25日　第1刷発行
2021年12月10日　第2刷発行

Printed in Japan

著 者　川添 愛
発行所　東京図書株式会社
〒102-0072　東京都千代田区飯田橋3-11-19
電話　03-3288-9461
振替　00140-4-13803
ISBN 978-4-489-02368-2
http://www.tokyo-tosho.co.jp/